Jornada CSC

Organização e curadoria:
Antonio Muniz
Timóteo Tangarife
Eden Paz
Laércio Ávila
Marcelo Pardi
Cátia Pereira

Jornada CSC

Unindo práticas e experiências
que potencializam o mundo dos
Centros de Serviços Compartilhados

Rio de Janeiro
2021

Copyright© 2021 por Brasport Livros e Multimídia Ltda.

Todos os direitos reservados. Nenhuma parte deste livro poderá ser reproduzida, sob qualquer meio, especialmente em fotocópia (xerox), sem a permissão, por escrito, da Editora.

Editor: Sergio Martins de Oliveira
Gerente de Produção Editorial: Marina dos Anjos Martins de Oliveira
Editoração Eletrônica: Abreu's System
Capa: Clairton Braun e Claudio Oliveira
Arte final: Trama Criações
Imagens: BRAUN BRANDING @braunbranding

Técnica e muita atenção foram empregadas na produção deste livro. Porém, erros de digitação e/ou impressão podem ocorrer. Qualquer dúvida, inclusive de conceito, solicitamos enviar mensagem para **editorial@brasport.com.br**, para que nossa equipe, juntamente com o autor, possa esclarecer. A Brasport e o(s) autor(es) não assumem qualquer responsabilidade por eventuais danos ou perdas a pessoas ou bens, originados do uso deste livro.

J82	Jornada CSC : unindo práticas e experiências que potencializam o mundo dos Centros de Serviços Compartilhados / Antonio Muniz ... [et al.]. – Rio de Janeiro: Brasport, 2021.
	384 p. ; il ; 17 x 24 cm.
	Inclui bibliografia e apêndice.
	ISBN 978-65-88431-43-6
	1. Governança. 2. Transformação digital. 3. Inovação. 4. Serviços corporativos. I. Muniz, Antonio. II. Tangarife, Timóteo. III. Paz, Eden. IV. Ávila, Laércio. V. Pardi, Marcelor. VI. Pereira, Cátia. VII. Título.
	CDU 005.591.6

Catalogação na fonte: Bruna Heller (CRB10/2348)

BRASPORT Livros e Multimídia Ltda.
Rua Washington Luís, 9, sobreloja – Centro
20230-900 Rio de Janeiro-RJ
Tels. Fax: (21)2568.1415/3497.2162
e-mails: marketing@brasport.com.br
vendas@brasport.com.br
editorial@brasport.com.br
www.brasport.com.br

Apresentação da Jornada CSC

Antonio Muniz
Timóteo Tangarife

O mundo vem evoluindo numa velocidade exponencial e com ela vieram a pandemia, a transformação digital e a economia digital acelerando e transformando os negócios. O ecossistema de Centro de Serviços Compartilhados obviamente também foi bastante impactado. Mas a estrutura de um CSC nos demonstrou na prática um modelo de gestão ágil, maduro e bastante versátil. Bem-vindos a essa fantástica jornada... a Jornada CSC!

O livro "Jornada CSC" foi elaborado a partir de um sonho antigo da Associação Brasileira de Serviços Compartilhados (ABSC) de apresentar e aprofundar conhecimentos relacionados ao tema de serviços compartilhados, de forma colaborativa, com a participação de representantes das nossas empresas associadas, deixando assim um legado para o ecossistema ao consolidar informações relativas a pesquisa de mercado, cenário brasileiro com um olhar global, conteúdo técnico sobre o mundo dos CSCs e principalmente ajudar na construção do futuro do modelo, gerando e compartilhando conhecimento.

Sem fins lucrativos, a ABSC é formada por profissionais e empresas do mercado de Serviços Compartilhados, representando a maior iniciativa do país de aproximação e consolidação do segmento frente ao mercado, à sociedade e ao governo.

E encontramos na Jornada Colaborativa o parceiro ideal para essa realização através de sua experiência metodológica na elaboração de diversos livros.

A Jornada Colaborativa une milhares de pessoas apaixonadas por compartilhar experiências brasileiras em livros lançados pela editora Brasport e palestras na Jornada Summit. Tudo começou com um professor universitário que sonhava em escrever um livro após o mestrado em 2006. A união de várias pessoas gerou dezenas de livros, novas amizades e muita troca de experiências relevantes. Sonhamos transformar mais vidas com a inteligência coletiva e o apoio de empresas amigas... nosso time conta com reconhecidos executivos e especialistas em agilidade, tecnologia, desenvolvedores de software, inovação, LGPD, *DevOps*, SRE, produto, projeto, serviços e saúde. Com o lançamento de 11 livros, até o momento arrecadamos R$ 251.500,00 para 15 instituições e capacitamos mais de 14 mil participantes em 21 edições da Jornada Summit.

A escrita colaborativa potencializa a inteligência coletiva de pessoas com experiências diversificadas, mas ao mesmo tempo explicita opiniões diferentes – e crescemos muito nesse processo tão enriquecedor. A curadoria é fundamental para o sucesso dos livros colaborativos e parabenizamos o grande comprometimento do nosso time organizador: Cátia Pereira, Eden Paz, Laércio Ávila e Marcelo Pardi.

Parabéns a todo o time de coautores, organizadores e executivos: temos a certeza de que cada leitor potencializará a sua Jornada CSC com este conteúdo incrível!

Antonio Muniz
Fundador da Jornada Colaborativa e JornadaCast, Criador da formação LiderProExpert

Timóteo Tangarife
Diretor Presidente da Associação Brasileira de Serviços Compartilhados (ABSC)
Líder do time organizador e curadoria

Organização do livro

O livro é organizado de maneira que o leitor possa navegar nas diversas perspectivas que compõem uma jornada para construção, estabilização e crescimento escalável de uma estrutura de Centro de Serviços Compartilhados.

PARTE I. Histórico (fique por dentro do ecossistema de CSC)
A Parte I deste livro apresenta a estrutura de um CSC como modelo de gestão corporativa. Abordamos o contexto brasileiro, a evolução, os desafios e as oportunidades. Ampliamos o nosso olhar e fizemos um recorte da evolução do modelo no país e como a América Latina se desenvolve como plataforma de serviços globais. Trazemos a visão de dois países da América Latina que mantêm acordo de cooperação com a ABSC, que são a Colômbia e a Costa Rica. No primeiro país trazemos a evolução do CSC passando da transformação digital básica ao desenvolvimento. E no segundo, mostramos como o setor de serviços corporativos se transformou num motor da economia da Costa Rica. E fechamos com a importância da ABSC para o ecossistema de CSCs e apoio para o desenvolvimento do país.

PARTE II. Requisitos para implantação (por onde começar)
A Parte II apresentará por onde começam as ideias da criação de um CSC, passando pelos itens e detalhes do porquê as empresas decidem ter esse modelo de operação. A abordagem passa pelos diversos motivos e desafios do patrocínio do projeto, reforçando e confirmando que a estratégia inicial definida na implantação pode colaborar decisivamente para o sucesso. A abordagem traz os desafios iniciais da gestão operacional concorrendo com a inovação, a forte governança que serve como ferramenta de *compliance* e performance. E também, tão importante quanto os demais, os perfis de profissionais que fazem a diferença nessa cultura.

PARTE III. Implantando o modelo
A Parte III deste livro tem por objetivo apresentar, de forma mais aprofundada, desde o planejamento até a implantação do modelo de CSC em diversas empresas, privadas

VIII Jornada CSC

ou públicas. Aborda todos os aspectos importantes da implantação, incluindo o acompanhamento pós-implantação e também como a transformação digital impacta positivamente e diretamente no modelo, assim como as boas práticas.

Apresentamos caminhos para facilitar a governança (sustentabilidade, relacionamento e *compliance*) do CSC dentro das organizações e os modelos possíveis de gestão de pessoas, de mudanças e melhoria contínua para assegurar as entregas do CSC. Mostramos o que deve ser pensado na elaboração de um projeto de implantação de CSC nas corporações, bem como a localização adequada para instalação do seu CSC no Brasil e os passos para fazê-lo.

Discorremos sobre a importância de conhecermos os custos de todos os seus serviços x custo de gestão x formas de controle e cobrança junto às empresas/operações da empresa/grupo. Destacamos a importância de que todos os envolvidos com o CSC entendam os conceitos de "prestação de serviços", a importância de se colocar no lugar do outro *versus* um procedimento padrão *versus* resolver a demanda e o entendimento da priorização das atividades, e as competências necessárias com o objetivo de agregar valor para os clientes internos.

De forma prática e objetiva, mostramos por que é importante criar um catálogo de serviços e manter seus clientes atualizados sobre o que o seu CSC oferece juntamente com os SLAs correspondentes, posicionando um catálogo de serviço como um panorama de soluções para os clientes. Vale também um destaque sobre a importância de uma plataforma de demandas robusta com um fluxo de gestão de demandas bem estruturado, permitindo uma melhor organização dos pedidos, estabelecendo prioridades e criando uma hierarquia para atender aqueles mais urgentes em casos de pouca oferta.

Conheça a importância que a gestão da mudança organizacional tem na vida de um CSC, como e quando aplicar, benefícios obtidos, como ela pode alavancar novas oportunidades para a empresa e como desenvolver o comprometimento dos colaboradores do CSC.

Veja por que reconhecemos a importância dos escritórios de projetos e processos para orquestrar todas as demandas, garantindo que sejam aproveitadas as lições aprendidas nas outras iniciativas, evitando retrabalhos, reduzindo investimentos com uma boa gestão de processos e projetos e fazendo uma relação com automação, inovação e com o CSC Digital.

Abordamos também o cliente como peça-chave no CSC (*customer experience*), pensando em maneiras de tornar o cliente feliz através do processo de atendimento, desde o primeiro contato até o seu atendimento final, usando recursos tecnológicos e gestão da equipe. Em se tratando de usuários, precisamos olhar para dentro de casa e observar como estão os profissionais do CSC e reconhecer as suas constantes mudanças de *mindset*... desde a operação até a gestão, não somos mais os mesmos... sem falar da importância de manter nossos profissionais bem preparados e capacitados em uma busca permanente de aprimoramento (*lifelong learning*).

E, por fim, abordamos a importância de monitorar a performance do CSC, bem como a sua maturidade, sua satisfação (NPS) e melhoria contínua. Fechamos com um capítulo bem disruptivo nos CSCs atuais, trazendo um tema muito relevante que é a aplicabilidade do ESG/ASG e sua relação com os Centros.

PARTE IV. Transformação digital e inovação dos CSCs

Em um mundo com mudanças cada vez mais velozes, profundas e intensas, a tecnologia tem assumido o protagonismo de vetor transformacional, causando impactos diretos na rotina e na cultura da humanidade contemporânea.

Os CSCs, como verdadeiros eixos de operação e transformação organizacional, têm sido instigados a se tornarem protagonistas e condutores para que a Transformação digital e também a transformação cultural aconteçam na velocidade que o momento exige, mas com o planejamento característico do modelo. Ou seja, ser um dos vetores para promoção da inovação organizacional passou a ser imperativo e também um enorme desafio.

Nesse contexto, saber interpretar, planejar e liderar o uso das novas tecnologias passa a ser crucial para qualquer profissional que atue em um Centro de Serviços Compartilhados e busque verdadeiramente entregar valor para as organizações, de modo a torná-las mais competitivas.

Buscando abordar sistematicamente o assunto é que na Parte IV do nosso livro iremos trazer reflexões que julgamos de suma importância para o momento atual, bem como para o futuro dos CSCs.

Trataremos desde a implementação com o olhar tecnológico, vislumbrando toda a preparação e planejamento, passando ainda pela automação e robotização de processos (RPA) e também pela relação entre os CSCs x *startups* e o ecossistema de inovação.

Nossa jornada continua ao vislumbrarmos o CSC como plataforma digital, que utilizará uma gama assombrosa de dados para estabelecer métricas e medição de valor.

Falaremos também do CSC como verdadeiro Centro de Excelência na era digital e da evolução do modelo que fatalmente passará pela hiperautomação, culminando em uma reflexão profunda de como entendemos a perspectiva humana na transformação digital.

Tudo isso, e um pouco mais, será abordado na Parte IV do nosso livro. Vamos lá, o futuro é bem ali...

PARTE V. Pandemia COVID-19: desafios e aprendizados

A Parte V deste livro apresenta uma visão de como o "novo normal" ficou velho (e rápido), abordando também alguns desafios encontrados nesse período. Mostramos como a ABSC lidou com esse momento difícil e quais ações foram feitas para apoiar os associados. Apresentaremos uma abordagem de um executivo das empresas associadas mostrando as ações feitas, através de um *case* real de enfrentamento a esse momento tão desafiador. Também poderemos refletir sobre as mudanças sofridas ou implementadas no modelo de CSC e sobre por que o modelo de gestão de serviços compartilhados (CSC) é atual e continua sendo utilizado.

PARTE VI. Cases de sucesso do Brasil

Aqui mostramos na prática como algumas organizações executaram alguns projetos dentro dos seus CSCs para servir de inspiração e *benchmarking* para você. Em cada *case* de sucesso existe um *QRCode* que o levará para a entrevista na íntegra do caso, com riquezas de detalhes.

PARTE VII. Tendências e visão de futuro para o ecossistema de CSCs

Finalizando o livro, abordamos aqui uma reflexão sobre o momento e destacamos algumas tendências de futuro para o ecossistema, observadas e pautadas nos principais pilares estratégicos do modelo, como inovação contínua, gestão de gente, experiência do cliente, excelência em processos, inteligência em dados e cultura. O futuro está sendo construído agora, vamos lá?

Prefácio

O nascimento da ABSC

Relembrar a nossa origem no GESC – Grupo de Estudos em Centros de Serviços Compartilhados – é como fazer uma viagem no tempo. Éramos um grupo de abnegados profissionais que trabalhava muito para convencer as suas próprias empresas a abrir seus processos para uma troca de boas práticas com grandes empresas do mercado; seria uma forma de alavancar resultados de excelência em um curto espaço de tempo. Vale lembrar que nessa época as empresas mantinham um grande sigilo sobre os seus principais processos. Em síntese, estávamos propondo algo muito à frente do tempo em que estávamos vivendo.

Para que a ideia vingasse, procuramos limitar em 20 o número de empresas participantes, sem que tivéssemos negócios concorrentes no grupo, mas até isso conseguimos quebrar com o passar do tempo. Com muita competência, conseguimos comprovar que os Centros de Serviços Compartilhados agregam valor ao negócio, usando para isso indicadores perfeitamente alinhados aos processos e respectivos resultados das empresas.

Durante muito tempo procuramos valorizar internamente os CSCs e os seus profissionais, buscando posicioná-los em níveis de relevância na hierarquia das empresas, pois cada vez mais procurávamos absorver, nos CSCs, novos processos e consequentemente mais responsabilidades.

Outro trabalho importante foi dar mais visibilidade ao GESC no mercado, fazendo pesquisas que comparavam os resultados entre as empresas, usando para isso uma padronização nos critérios de avaliação dos processos, feita por uma consultoria independente que consolidava os resultados, o que gerava um espírito de competitividade e de melhoria contínua. O nosso grande objetivo com isso foi atrair grandes empresas para o grupo, o que foi plenamente alcançado. Não foi um trabalho fácil, pois, à medida que as empresas iam sofrendo reestruturações organizacionais, os novos gestores que assumiam os CSCs tinham que ser convencidos da importância da participação no GESC, e muitas vezes isso provocava instabilidade no funcionamento do grupo e insegurança nos próprios profissionais.

O mais importante é que conseguimos vencer todos esses obstáculos e nós, como gestores de CSCs, passamos a entender que o até então GESC precisava muito ter vida própria e passar a ser autossustentável. A imagem construída, os resultados já alcançados e o conhecimento acumulado já nos permitiriam ter os nossos próprios produtos para ofertar às empresas e aos profissionais dos CSCs. Foi nesse momento que decidimos criar uma pessoa jurídica que servisse de guarda-chuva para todos os nossos sonhos. Nascia ali a figura da Associação. O que em alguns momentos pareceu ser impossível é realidade hoje e foi indiscutivelmente um marco de realização pessoal para mim e para os demais membros do GESC.

Antônio Marques de Almeida
(Ex-executivo CSC e um dos idealizadores da ABSC)

A jornada ABSC
Ter a oportunidade de participar deste projeto, que apresenta uma visão prática das principais experiências de implantação de Centros de Serviços Compartilhados no Brasil, e ainda dividir o espaço com os amigos Marques e Hannas, é motivo de orgulho e grande satisfação. Venho acompanhando essa trajetória desde 2004, quando o tema era ainda incipiente no Brasil e pude participar do processo de diferentes prismas, sendo na implantação de um CSC, na condição de *head* de um dos principais CSCs do Brasil, na fusão de dois grandes CSCs, como usuário em área corporativa e também como prestador de serviços em uma empresa de BPO. Essas diferentes visões me deram a condição de entender as nuances do universo dos Serviços Compartilhados, tanto dos desafios de reduzir custos e melhorar o nível de serviço, quando CSC, assim como na condição de abrir mão da autonomia e se submeter a um contrato de ANSs quando usuário.

Há um provérbio espanhol que diz: "falar de touros não é a mesma coisa que entrar na arena!", que me traz uma boa reflexão para entender o universo dos CSCs. É preciso "colocar o pé na lama", sentir o "pulsar" da rotina, as dificuldades, as oportunidades e principalmente quais os benefícios que um processo bem estruturado pode trazer para uma organização, seja o CSC próprio, terceirizado ou consorciado quando atende a empresas associadas.

Prefácio **XIII**

E, nesse contexto, entendo que a ABSC vem desempenhando um papel fundamental na história de sucesso dos CSCs no Brasil. Apesar de ter uma história mais recente, a jornada da ABSC teve início em 2005, quando os primeiros eventos e congressos do tema começaram a acontecer no Brasil. Alguns dos idealizadores da ABSC participaram desta fase e desde o princípio discutiam como organizar os principais CSCs do Brasil, oportunizando a troca de experiências, divulgando boas práticas e buscando soluções conjuntas para enfrentar os problemas mais comuns.

A ABSC é a concretização de um sonho desses profissionais que são precursores da história dos Centros de Serviços Compartilhados no Brasil, e foi em um dos primeiros congressos de serviços compartilhados que se lançou a ideia de criar um grupo de estudos para troca de experiências, comparação de modelos e definição de padrões que pudessem servir de base para promover melhorias nos CSCs. Pouco depois disso foi criado o GESC (Grupo de Estudo de Serviços Compartilhados), que se propunha a organizar encontros mensais, na sede de cada um dos participantes, para apresentação de seu modelo e experiências de sucesso.

A criação do GESC motivou a criação de outros grupos que tinham objetivos similares e ampliou a participação de empresas que por diversas questões não estavam participando do GESC. E então surgiram o Compartilha, Somar, Inova e Coopera+, grupos que ampliaram o debate, trouxeram mais *cases*, criaram pesquisas de *benchmarking*, premiaram os *cases* de sucesso, os melhores CSCs, os profissionais destaques e fizeram mais eventos relacionados ao tema. A partir desses grupos deu-se a musculatura necessária para criação da ABSC.

Mas a jornada da ABSC não teria tido sucesso se não fosse pela dedicação e competência de muitos outros profissionais que se juntaram à "causa", que colaboraram para fortalecer cada vez mais o debate, a troca de experiências e a busca pela excelência na prestação de serviços. Este livro traz muito dessa bela jornada, especialmente por ter sido elaborado com a participação de diversas pessoas que vivem o dia a dia dos CSCs, que falam com propriedade e buscam a melhoria a cada momento, a cada serviço entregue.

Esta jornada ainda está se iniciando, pois, na medida em que a tecnologia avança e traz mais oportunidades de racionalização de processos que impactem positivamente na redução de custos e melhoria dos níveis de serviços, estas podem ser rapidamente absorvidas, especialmente nos CSCs mais estruturados, que, quando contam também com equipes bem-preparadas, podem ser um importante diferencial competitivo para seus clientes, sejam estes internos ou externos. Então, o que posso dizer é "apertem os cintos", pois estamos entrando em "velocidade de cruzeiro". Sucesso a todos os envolvidos nesta jornada!!!

Jair Bondicz
Conselheiro da ABSC

A realização da ABSC

No dia 22 de janeiro de 2015, no escritório da Anima Educação em São Paulo, foi lavrada a Ata de Constituição da Associação Brasileira de Serviços Compartilhados. Participaram da reunião, em ordem alfabética, Eden Paz, Flávio Korn, Jair Bondicz, José Paulo Palumbo, Luiz Ciocchi, Marcio Hannas, Valdemir Ferreira e Vanessa Saavedra. A reunião foi presidida por Marcio Hannas e secretariada por Vanessa Saavedra, quando foram definidos papéis e responsabilidades da Diretoria e do Conselho de Administração. Nessa oportunidade, o Ozires e Silva, que era conselheiro da Anima na época, estava no escritório e se reuniu conosco, incentivando e nos inspirando a seguir em frente com a Associação, sempre buscando fazer algo novo que transformasse a prática de Serviços Compartilhados. Ali começava o desafio de implantar uma associação do zero.

Elegemos a Diretoria Executiva da ABSC para os primeiros dois anos de mandato, sendo Marcio Hannas Presidente, Eden Paz Vice-Presidente, José Paulo Palumbo Tesoureiro e Vanessa Saavedra Secretária da Diretoria Executiva. Elegemos também o Conselho de Administração, composto por Jair Bondicz (presidente do conselho), Flávio Korn, Luiz Ciocchi e Valdemir Ferreira, e o Conselho Fiscal, composto por Cláudio Campos e Wagner Marques. Esses primeiros dois anos foram de estruturação da ABSC. Inicialmente, definimos e aprovamos o Estatuto, o Regimento Interno e a proposta de valor para os associados, além do plano estratégico para a ABSC. Começamos um esforço de convencer as empresas a se associarem à ABSC, o que rendeu inicialmente 34 associados e nos permitiu ter o mínimo de recursos para implantar a ABSC. Como todo início de qualquer empreendimento, tínhamos muitas ideias, muito trabalho à frente e poucos recursos, mas carregávamos uma responsabilidade enorme de fazer jus à confiança dos primeiros associados que apostaram na criação da ABSC.

Nos meses seguintes definimos orçamento, modelos de contratos para associados e para parceiros, contratamos escritório de contabilidade, produzimos um *media kit*, registramos marca, desenvolvemos site e criamos página no LinkedIn, que logo nos primeiros meses já possuía mais de 200 seguidores. Fizemos também pesquisas para gerar conteúdo exclusivo da ABSC nesse primeiro ano. Todo esse esforço de criação e organização da ABSC foi coroado no primeiro evento aberto ao público, realizado em 13 de setembro de 2016 em São Paulo, onde, além da apresentação de temas e de *cases* relevantes, lançamos o Prêmio Centro de Serviços Compartilhados do Ano e o Prêmio Profissional de Serviços Compartilhados do Ano.

A partir daí a ABSC ganhou vida própria. Seguindo o seu regimento interno, foram sendo eleitos novos membros do Conselho de Administração, do Conselho Fiscal e novas Diretorias Executivas que transformaram o sonho daquele grupo inicial em realidade. Hoje a ABSC conta com cerca de 60 empresas associadas e a página do LinkedIn está próxima a 3.000 seguidores, tornando-se uma referência e fonte de informação e conhecimento para o tema de CSC no Brasil.

Marcio Hannas
Empresário
Fundador e ex-presidente da ABSC

Motivação e público-alvo

Este livro foi motivado pela vontade de deixar para o mercado um guia prático, produzido por executivos e profissionais do ecossistema com suas experiências e vivências no processo, seja na implantação e/ou na gestão do modelo atuando em diversas áreas. O objetivo é acelerar o processo de construção do modelo nas empresas e também o aprimoramento daquelas que já têm o modelo implantado.

O público-alvo é bastante diverso, começando pelas empresas e profissionais que ainda não conhecem e nunca tiveram contato com o modelo de CSCs. Nossa intenção aqui é passar informações relevantes com uma visão global do ecossistema no Brasil e também em outros mercados. Mostramos também informações importantes para tomada de decisão ao optar pelo modelo. E, obviamente, o "como fazer" e "por onde começar".

Para as empresas que já possuem o modelo implantado, é uma ótima oportunidade de conhecer, na visão dos especialistas, a melhor forma de gerir cada parte do Centro de Serviços utilizando o livro como um grande guia de aprimoramento dos seus processos.

Sendo assim, temos um livro dedicado ao mercado de CSCs e construído de forma compartilhada e integrada com nossos associados, aproveitando o próprio modelo do ecossistema e trazendo uma dinâmica inovadora e disruptiva. Uma experiência singular que fortalece ainda mais os laços dos associados.

Agradecimento especial

Agradecemos em especial aos nossos patrocinadores no lançamento da nossa primeira edição.

Patrocinador Diamante

Patrocinador Prata

XX Jornada CSC

Patrocinadores Bronze

Patrocinadores Apoio

Sumário

PARTE I.
HISTÓRICO (FIQUE POR DENTRO DO ECOSSISTEMA DE CSC)

1. **CSC como modelo de gestão corporativa** 2
   - Histórico 2
   - Conceitos 4
   - Benefícios 7

2. **Contexto brasileiro, evolução, desafios e oportunidades** 11
   - Retrato do mercado brasileiro de CSC 11
   - Evolução do mercado de CSC no Brasil e estimativa de CSCs no país 12
   - Localização e abrangência de atendimento 13
   - Porte e escopo dos CSCs 15
   - Boas práticas de CSC 16
     - Custeio, precificação e cobrança 17
     - Relacionamento com clientes internos 18
     - SLA e SLA Reverso 19
   - Gestão de processos 20
   - Gestão de pessoas 21

3. **Evolução do modelo e como a América Latina se desenvolve como plataforma de serviços globais** 23
   - Evolução do modelo de CSC 23
   - América Latina como plataforma de serviços globais 25

4. **Evolução do CSC na Colômbia: da transformação digital básica ao desenvolvimento** 31

5. **Setor de serviços corporativos: um motor da economia da Costa Rica** 37
   - Dinâmica SCAT 39
   - Evolução contra COVID-19 42
   - Competitividade do país 44
   - Talento 45

XXII Jornada CSC

6. A importância da ABSC para o ecossistema de CSCs e apoio para o desenvolvimento do país 48

PARTE II.
REQUISITOS PARA IMPLANTAÇÃO (POR ONDE COMEÇAR)

7. Os CSCs e o desafio de equilibrar gestão e inovação **58**

Indivíduos e interações mais que processos e ferramentas 59
Funcionamento do software mais que documentação abrangente 59
Colaboração com o cliente mais que negociação de contratos 60
Capacidade de resposta às mudanças acima do plano preestabelecido 60

8. Os CSCs como alavanca de valor do negócio **62**

9. Governança **65**

Rotinas de gestão 66
Gestão da demanda 66
Indicadores 67
Transparência e prestação de contas 68

10. Perfil tradicional dos profissionais do CSC **70**

Baby boomers 72
Geração X 73
Geração Y 73
Geração Z 74
Geração *alpha* 74

PARTE III.
IMPLANTANDO O MODELO

11. Modelo de governança e gestão **78**

12. Planejamento e modelo de implantação e governança em empresas públicas e privadas e suas principais diferenças **88**

Passos iniciais para o planejamento do projeto de um CSC 90
A importância da estrutura de uma equipe de processos 92
E os indicadores? Não podemos esquecer 93
Um "novo olhar" para a empresa 94
A necessidade de acompanhamento do projeto do início ao fim 95
CSC x BPO: abordagem para implantação de CSC 96
Público x privado e suas diferenças 97

13. Como definir a localização adequada do seu CSC **99**

Sumário **XXIII**

14. A importância da precificação dos serviços **105**

Conceito de unidade de negócio 106
Compondo o custo hora 107
Como acompanhar o processo de precificação? 109
Conceito de esteiras de serviços.. 109
  Multa por atraso... 110
  Multa por erros operacionais 110
Por que os indicadores são tão importantes no acompanhamento
  da precificação?... 110

15. Cultura da "prestação de serviços" **111**

**16. Catálogo de serviço como um panorama de soluções para
os clientes** **116**

Para o que serve um catálogo de serviços, qual a sua importância e seus
  benefícios em um CSC... 117
Como implementar um catálogo de serviços em um CSC?................ 119
Integração com o acordo de nível de serviço 120
A importância de uma solução digital de interação com o cliente 121
Lições aprendidas (falhas no projeto, na sustentação e na operação)............. 122

17. A importância de uma plataforma de demandas robusta **124**

1. Comece por onde você está 125
2. Progrida iterativamente com *feedback* 125
3. Colabore e promova a visibilidade 126
4. Pense e trabalhe de forma holística... 127
5. Mantenha-se simples e prático 127
6. Otimize e automatize 128
7. Concentre-se no valor... 128

**18. Como desenvolver os colaboradores do CSC com o poder
da gestão de mudanças** **130**

Quais os resultados que desejamos com as ações de gestão de mudanças? ... 131
Como desenvolver a identificação dos colaboradores com o CSC? 133
Resiliência e espírito colaborativo, os resultados da associação 135

19. Escritório de processos e projetos **137**

Estrutura 141
Implantação 142

20. *Customer experience*: o cliente como peça-chave no CSC **144**

Foco no cliente: pessoas 147
Foco no cliente: processos... 148
Foco no cliente: tecnologia 148

XXIV Jornada CSC

21. Como estão os profissionais do CSC e suas mudanças de *mindset* **150**

Experiência do cliente, do colaborador e do fornecedor/parceiro 151
O perfil e o *mindset* do novo profissional de CSC 152
    Os perfis dos profissionais estão mudando 152
    A competição está totalmente fora do radar 153
    Skin in the game = Talento 154
    Escassez de recurso não é mais uma desculpa para não inovar 154
    Tomada de decisão = Velocidade (mesmo sem ter todas as informações) 155
    Inovação é igual a execução extrema. Não tem nada a ver com boas ideias 155
    Propósito = Um combustível novo 156
    Ecossistema é uma alavanca para ajudar no aprendizado contínuo 156
    O comportamento que cria os *outliers*? *Grit* e o perfil dos campeões 157
    Planejamento num mundo imediato e dinâmico: use o MIT
      (*Most Important Thing*) 157
Aprendendo de forma contínua 157

22. Indicadores e monitoramento (*dashboards*) **159**

Tendências comportamentais e de consumo 165
Métricas de satisfação 166
    CSAT (*Customer Satisfaction Score*) 166
    NPS (*Net Promoter Score*) 167

23. *Lifelong learning* no contexto do CSC e a importância de manter os profissionais capacitados **170**

1. O que sempre foi e sempre será importante para o CSC 171
    Por que relembrar essas etapas? 171
    Mas como se preparar para o inesperado? 172
    A influência começa na liderança 172
    Gestão do conhecimento é sobre gestão de pessoas 172
2. O que é importante hoje para o CSC 173
    O que os CSCs das maiores empresas do Brasil estão aprendendo hoje? 174
3. Tendências para o futuro do CSC 175
    O futuro da aprendizagem e o futuro do trabalho estão conectados 175
    Ainda precisamos combater os anticorpos da inovação 175
    A habilidade de desaprender abre as portas para inovação 176
    A principal competência será o *lifelong learning* 177

24. Melhoria contínua **178**

Por que melhorar? 178
O que melhorar? 179
Como melhorar? 180
Principais benefícios em implementar a melhoria contínua 180
Melhoria contínua na prática 181
A importância de ter um escritório de melhoria (Centro de Excelência) 185
Processos *end-to-end* 188
Investimento para os projetos do escritório de melhorias 188

25. ESG/ASG e sua relação com o CSC 190

A importância dos relatórios de sustentabilidade e sua relação com os ODSs 192
Os fatores ESG e a sua aplicabilidade nos Centros de Serviços Compartilhados 194
Como uma estrutura de CSC pode contribuir e por que os gestores de CSC
   devem se preocupar com o tema? 198

PARTE IV.
TRANSFORMAÇÃO DIGITAL E INOVAÇÃO DOS CSCS

26. Implementando com o olhar tecnológico 200

27. Automação e RPA (estratégia com o olhar de futuro) 205

O que é e quais os tipos de RPA? 206
Como estruturar a estratégia de RPA? 207
     A – Mapeamento de processos 207
     B – Modelos de implementação 208
     C – Ferramentas 209
     D – Estrutura do Centro de Excelência de RPA 210
     E – Perfil Profissional/Seleção de time 211
     F – Modelo operacional 211
     G – Plano de comunicação 212
     H – Definição das primeiras automações 213
     I – Indicadores de desempenho 213
RPA é "modinha" ou veio para ficar? 214

28. CSCs x *startups*, uma parceria possível? 216

29. CSC como plataforma digital 222

Resposta instantânea 225
On-line 225
Smart 226
Omnichannel 226
Bonito 226

30. Métricas e medição de valor 228

O valor de *analytics* 228
Qualidade dos dados 229
Conduzindo a tomada de decisão orientada a dados 231

31. BPO inteligente 238

32. Centro de Excelência 241

O início 241
A evolução 242

XXVI Jornada CSC

33. **Hiperautomação nos CSCs** **245**
    Ferramentas viabilizadoras da hiperautomação 246
        RPA 246
        Process mining 246
        Process discovery 247
        iBPMS 249
        Inteligência artificial 249
    A hiperautomação como alavanca de valor para o CSC 250

34. **A perspectiva humana na transformação digital** **253**
    A digitalização e a automação das empresas 253
    Por que alguns esforços de transformação digital têm sucesso e outros falham? 254
        A transformação digital tem a ver com pessoas 254
        Anatomia da transformação digital 255
        Tecnologia 255
        Dados 256
        Processo 256
        Cultura organizacional: o elemento-chave para a verdadeira
        transformação 257

PARTE V.
PANDEMIA COVID-19: DESAFIOS E APRENDIZADOS

35. **O novo normal ficou velho (e rápido); o que aprendemos e quais
são os novos desafios?** **260**

36. **Como a ABSC e o CSC da Algar lidaram com a pandemia** **262**

37. **Lições da pandemia (visão de um executivo)** **267**

38. **Mudanças no modelo de CSC** **270**
    Por que o modelo de gestão de Centros de Serviços Compartilhados (CSC)
    é atual e continua sendo utilizado? 270

PARTE VI.
CASES DE SUCESSO DO BRASIL

39. ***Case* SONEPAR: vestindo a camisa do CSC** **274**
    I – Encontro com a liderança 274
    II – Encontro com os colaboradores 274
        Atividade 1 – Descobrindo seus recursos internos 275
        Atividade 2 – Alinhando propósito de vida e CSC SONEPAR 275
        Atividade 3 – Criando crenças fortalecedoras 275
        Atividade 4 – Senso de urgência do CSC SONEPAR 275
        Atividade final – Declaração 276
    Conclusão 276

40. *Case* Eletrobras: implantando um CSC em empresa de economia mista 277

Eletrobras 277
Projeto CSC Eletrobras 277

41. Projeto de implementação do modelo CSC na Raia Drogasil – Os desafios muito além do planejado 279

42. *Case* gov.br: plataforma de serviços automatizados em mais de 40 órgãos federais 281

Cenário 281
Principais desafios 281
Principais diferenciais 282
Principais resultados 282

43. *Case* Jalles Machado (agronegócio) 284

Cenário 284
Principais desafios 284
Principais diferenciais 284
Principais resultados 284

44. *Case* Cooperativas 286

Destaques do segmento 286
Principais desafios 286
Principais diferenciais 287
Principais resultados 287

45. *Case* Comgás 289

Comgás 289
Principais desafios 289
Principais razões pela escolha da solução 289
Principais resultados 290

46. *Case* Solar Coca-Cola 291

Algumas das melhorias notadas 293
Sobre a Solar Coca-Cola 293
Sobre a Fhinck 293

47. *Case* Grupo Ancar Ivanhoe 295

Ancar Ivanhoe 295
Principais desafios 295
Principais razões pela escolha da solução 296
Principais resultados 296

48. Liga Solidária mostra eficácia do modelo CSC para o terceiro setor 297

XXVIII Jornada CSC

49. *Case* Unicoob – Precificação de serviços..................................... 301
Cenário.. 301
Principais desafios 301
Principais resultados... 301

50. *Case* Ball: implementação de *Global Business Center* como estratégia de negócio 302
Cenário.. 302
Estruturação 302
Preparação.. 303
Resultado.. 303

51. *Case* Eletrobots: jornada robótica da Eletrobras 305
Cenário.. 305
Desafios e oportunidades.. 306
Resultados 306

52. *Case* Grupo Aliansce Sonae 308
Aliansce Sonae 308
Ancar Ivanhoe 308
Principais desafios 308
Principais diferenciais da plataforma... 309
Principais resultados... 309

PARTE VII.
TENDÊNCIAS E VISÃO DE FUTURO PARA O ECOSSISTEMA DE CSCS

53. Algumas tendências dos CSCs brasileiros 312
Inovação contínua 312
Gestão de gente 314
Experiência do cliente 315
Excelência em processos... 317
Inteligência em dados 318
Cultura.. 319

54. Visão de futuro dos CSCs brasileiros 321

55. Considerações finais e próximos passos da ABSC.......................... 324

Referências bibliográficas 327

Dedicatória e agradecimentos 335

Sobre os organizadores e coautores... 339

Anexo I. Material complementar 353

PARTE I

HISTÓRICO (FIQUE POR DENTRO
DO ECOSSISTEMA DE CSC)

1. CSC como modelo de gestão corporativa

Cristina Hamada

As empresas cada vez mais precisam ser ágeis, eficientes, produtivas e inovadoras em seus processos, e ter um modelo de gestão que ajude a conquistar tudo isso em menor tempo é o desafio. E ter um modelo de gestão por Serviços Compartilhados é um caminho.

Histórico

Segundo Deloitte (2011), organizações têm implementado o modelo de serviços compartilhados desde meados da década de 1980. Em meados da década de 1990, uma série de organizações multinacionais com serviços compartilhados nos EUA e na Europa expandiu o conceito para a América do Sul e a Ásia. Empresas como BP, Shell, Pfizer, Procter & Gamble e Oracle provaram que uma estrutura global de serviço compartilhado é possível e capaz de fornecer benefícios financeiros e operacionais. Além disso, como serviços compartilhados maduros, continuam a se concentrar na melhoria e nos esforços de otimização em uma tentativa de reduzir custos enquanto mantêm ou melhoram os níveis de serviço.

Já de acordo com Quinn, Cooke e Kris (2000), a General Electric criou em território norte-americano no ano de 1986 um grupo conhecido como "Client Business Service", que possuía características semelhantes às dos atuais Centros de Serviços Compartilhados. Conforme os autores, o termo *Shared Services* foi registrado em 1990, em um estudo realizado pela empresa de consultoria norte-americana A. T. Kearney sobre melhores práticas realizadas em diversas empresas americanas, onde foi observada a utilização dessa estrutura para operação de serviços financeiros. De acordo com Schulman et al (2001), o seu sucesso na área financeira fez com que essa prática começasse a ser aplicada em outras áreas, como tecnologia da informação, recursos humanos, jurídica e suprimentos.

Na Figura 1.1 há um resumo da história do CSC.

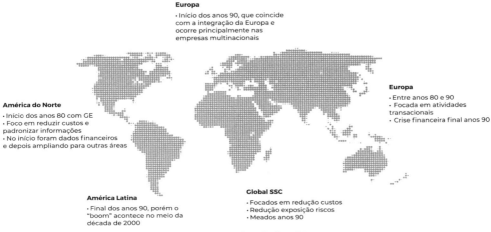

Figura 1.1. História do CSC.
Fonte: Davis (2005).

No Brasil, o modelo foi iniciado no final dos anos 90 com empresas multinacionais/ globais que atuavam no país. Mas foi nos anos 2000 que houve um primeiro grande movimento de empresas nacionais, privadas e públicas que também passaram a adotar o modelo de serviços compartilhados.

Estima-se que 90% das empresas globais de médio e grande porte adotam o CSC como parte integrante das suas estratégias (*Shared Service & Outsourcing Network* – SSON) (POWELL, 2012).

A Figura 1.2 apresenta a taxa de adoção do modelo de serviços compartilhados entre empresas "Fortune 500".

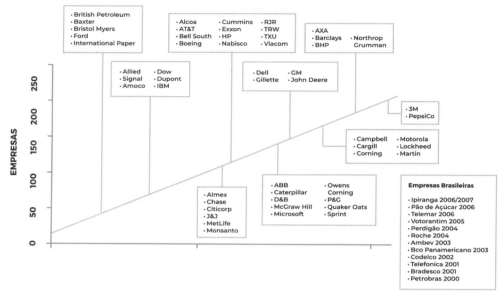

Figura 1.2. Taxa de adoção do modelo de serviços compartilhados entre empresas "Fortune 500".
Fonte: Joia; Mattos (2008) *apud* Portulhak et al (2013).

Na Figura 1.2 nota-se que grande parcela das empresas "Fortune 500" que adotaram a prática dos serviços compartilhados a partir da década de 1990 é de origem norte-americana, o que corrobora a afirmação em relação à origem e principal foco de crescimento da utilização dessas estruturas nos grupos empresariais, em especial em multinacionais e entidades de grande porte (PORTULHAK et al, 2013).

Posteriormente, no Brasil, segundo pesquisa em andamento realizada pela própria ABSC, a adoção do modelo de Serviços Compartilhados continuou crescendo, e entre 2011 e 2020 ocorreu o maior número de implementações, cerca de 69% do total implementado até hoje no Brasil. Nessa mesma pesquisa, também foi identificado que mesmo durante a pandemia (decorrente da COVID-19) as implementações seguem ocorrendo.

Conceitos

Serviços compartilhados é a prática em que unidades de negócios de empresas e organizações decidem compartilhar um conjunto de serviços em vez de tê-los como uma série de funções de apoio duplicadas (QUINN et al., 2000, *apud* RAMOS, 2005).

A Figura 1.3 demonstra a centralização dessas atividades em uma única unidade (CSC), prestando serviços para as demais unidades de negócios.

Figura 1.3. Concentração das múltiplas atividades em uma unidade de serviços compartilhados.
Fonte: Ramos (2005).

A criação da unidade de serviços compartilhados proporciona a simplificação das estruturas organizacionais das unidades de negócio, fazendo com que os gerentes dessas unidades disponham de tempo adicional para a coordenação das atividades primárias, isto é, daquelas diretamente relacionadas com o produto, uma vez que se libera das tarefas de gerenciamento das atividades de apoio. Nesse modelo de compartilhamento de serviços, os executivos das atividades primárias não se envolvem com áreas como suprimento de materiais e matérias-primas, tecnologia da informação, recursos humanos, finanças e contabilidade, assessoria jurídica, dentre outras (RAMOS, 2005).

Portulhak et al (2013) cita que, para Bergeron (2003) e Herbert e Seal (2012), serviços compartilhados é uma estratégia de concentração de funções de um negócio em uma unidade semiautônoma visando a promoção de eficiência e redução de custos com consequente melhoria no nível de serviços prestados aos clientes internos. De acordo com Bergeron (2003) *apud* Portulhak et al (2013), essa unidade considerada semiautônoma atua como uma empresa competitiva de mercado, o que é viabilizado pela existência de acordos contratuais com seus clientes internos, os Acordos de Níveis de Serviço. Tal relacionamento com seus clientes e com a entidade a qual pertence pode ser demonstrado por meio da Figura 1.4.

6 Jornada CSC

Figura 1.4. Estrutura organizacional após a implantação do CSC.
Fonte: Martins; Amaral (2008) apud Portulhak et al (2013).

O modelo de CSC combina o melhor do modelo de centralização e da descentralização, tendo os sistemas comuns, padrões e controles consistentes, economia de escala, suporte às necessidades do cliente, disseminação de melhores práticas, sinergia e flexibilidade. Dessa forma, alguns dos principais benefícios que um CSC proporciona são: padronização dos processos, aumento da qualidade, melhoria contínua, redução de custos, cultura de prestação de serviços, consolidação da estrutura organizacional e capacidade de investimentos unificados/ampliados em tecnologia.

Os processos que deverão migrar para o CSC são aqueles considerados atividades--meio. As atividades-fim permanecem no negócio, conforme descreveremos a seguir.

Guzman (2014) considera atividades-meio as atividades satélites, de suporte, de auxílio à manutenção da atividade empresarial, que apoiam na busca de lucro; são as tarefas intermediárias. Atividades-fim são aquelas que têm relação com o *core business*, com rol de atividades previstas em seu objeto social, que têm necessariamente objetivos empresariais.

Os processos passíveis de serem transferidos para um CSC e que são os mais encontrados seriam: contábil, fiscal, financeiro, recursos humanos, tecnologia da informação, suprimentos, *facilities* e cadastro. Porém, também são encontrados em vários CSCs os serviços jurídicos, apoio à venda, gestão de documentos diversos, dentre outros. Esse leque de serviços segue crescendo, principalmente devido à crescente e exponencial transformação digital pela qual os processos estão passando.

Além dos processos anteriormente descritos, outros poderão ser adicionados ao CSC, desde que alinhados à estratégia do negócio.

Segundo Eden Paz (2020), atualmente os CSCs são definidos como **centros de soluções de negócio**, com foco na centralização das informações e tendo como base a gestão dos dados e processos integrados, amparado por ampla tecnologia.

Assim, é possível dizer que os Serviços Compartilhados envolvem a consolidação organizacional e o redesenho dos processos para prestação de serviços e atuam de forma integrada, inovadora e alinhada aos objetivos estratégicos, através de uma plataforma digital robusta, necessária para os dias atuais.

Na Figura 1.5 estão representados alguns dos principais elementos-chave de um CSC.

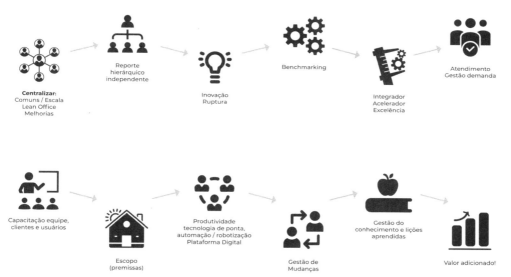

Figura 1.5. Elementos-chave de um CSC.
Fonte: Paz (2020).

Benefícios

Para Schulman et al (2001), os principais benefícios com a implantação de uma estrutura de serviços compartilhados são: (i) o foco nos serviços e no suporte com a transferência de atividades secundárias das unidades de negócio para processos principais dos serviços compartilhados; (ii) aumento no valor agregado à empresa e possibilidade de busca de crescimento estratégico; (iii) concentração de recursos para desempenhar as mesmas atividades de suporte a custos reduzidos e com altos níveis de serviços; e (iv) foco na melhoria contínua desses processos de suporte. Os benefícios alcançados com a implantação podem ser classificados em tangíveis e intangíveis, como apresentado na Tabela 1.1.

Tabela 1.1. Benefícios do compartilhamento de serviços.
Fonte: adaptado de Schulman et al (2001).

Benefícios	
Tangíveis	Intangíveis
Maior poder de barganha junto a fornecedores	Criação da cultura de uma unidade prestadora de serviços
Concentração das atividades de tesouraria e melhoria no gerenciamento do capital de giro	Focalização do gerenciamento das unidades de negócios nas suas estratégias de produção para agregar mais valor aos produtos
Aumento da produtividade	
Consolidação das transações de clientes e fornecedores comuns a mais de uma unidade de negócio	Melhoria contínua e busca das melhores práticas de gestão de serviços
Redução de custos dos serviços de apoio	Especialização e aprendizado nas atividades de apoio
Demonstração dos custos das atividades de apoio separadamente dos custos de produção	
Definição dos requisitos de qualidade dos serviços de apoio	Melhoria da qualidade da informação sobre os serviços de apoio

A Figura 1.6 demonstra uma pesquisa mundial realizada pela Deloitte em 2011 com alguns motivadores e benefícios na adoção de serviços compartilhados.

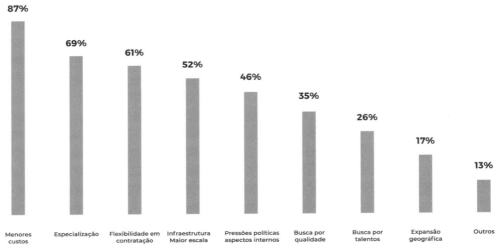

Figura 1.6. Motivadores e benefícios na adoção de serviços compartilhados (mundo).
Fonte: Deloitte (2011).

Já a Figura 1.7 refere-se às informações do Brasil.

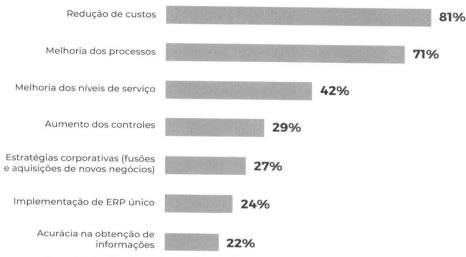

Figura 1.7. Motivadores e benefícios na adoção de serviços compartilhados (Brasil).
Fonte: Deloitte (2011).

Apesar dos dados citados se referirem a 2011, esse comportamento se manteve muito semelhante, sendo que sofreu uma grande alteração a partir da pandemia (COVID-19), que vem alterando exponencialmente a forma como os processos passam a ser executados.

Importante destacar que, conforme artigo publicado por Eden Paz em novembro de 2017, o modelo de gestão por Serviços Compartilhados é caracterizado por ser evolutivo e adaptativo, o que continua cada vez mais evidente, principalmente pela velocidade e facilidade com que os CSCs migraram para o ambiente remoto – mas não só por isso; outros fatos evidenciam essa característica do modelo. Por exemplo, segundo a pesquisa de CSC da TOTVS de 2015 (TOTVS CONSULTING, 2015), o número de empresas com faturamento abaixo de R$ 1 bilhão cresceu para cerca de 30%. Outro exemplo mais recente: empresas que, mesmo não sendo globais e/ou internacionais, ou por não possuírem diversas plantas, desafiadas pelo mercado a serem mais competitivas e sustentáveis, têm encontrado no modelo de gestão por Serviços Compartilhados o modelo ideal, conforme relata Victor Niczay, do Grupo Santa Maria, na revista do IEG, edição 68: "Se o cenário é ruim, por que não aproveitar e reavaliar os processos, os controles, a gestão e o time? É o momento oportuno para buscar por oportunidades de melhoria, evitando assim despesas desnecessárias e ineficiências, automatizando processos e desenvolvendo o time que trará mais organização e controle melhorando a gestão de seus custos, acuracidade e controle, criando um ambiente organizacional mais controlado, robusto e

10 Jornada CSC

sustentável. E assim foi com o Grupo Santa Maria, empresa que atua nos segmentos de papéis, reflorestamento, agricultura e energia. O grupo decidiu implementar um Centro de Serviços Compartilhados", com objetivos claros e de forma a aproveitar os benefícios do modelo.

Com isso, pode-se afirmar que um modelo de gestão por Serviços Compartilhados gera valor para as empresas não só através de ganhos financeiros (centralização de contratos, renegociações, redução dos custos fixos e outros), como também na simplificação e automação de processos, satisfação dos clientes com um atendimento centralizado e personalizado (UX), automatizado, com mobilidade e que seja monitorado para possibilitar a melhoria contínua. Dessa maneira, esse modelo contribui para a melhoria do desempenho das empresas frente aos desafios que enfrentam no dia a dia.

Pode-se concluir que o modelo apresentado é um forte aliado das empresas. Já se adaptou à nova economia e está de forma acelerada se transformando digitalmente, o que vem reforçando sua importância na governança e gestão dos negócios, independentemente do tamanho, segmento ou se é privada, pública ou do terceiro setor.

2. Contexto brasileiro, evolução, desafios e oportunidades

Vanessa Saavedra
Lara Pessanha
Taís Nascimento

Retrato do mercado brasileiro de CSC

Para entender o contexto do modelo de Serviços Compartilhados no Brasil, é importante levar em consideração como era o mundo corporativo antes da criação dos Centros de Serviços Compartilhados (CSCs). Quais foram as motivações para a criação desses centros no mundo? Quais eram os principais questionamentos por parte dos líderes empresariais?

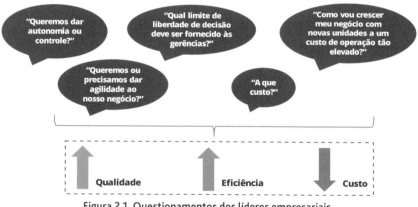

Figura 2.1. Questionamentos dos líderes empresariais.
Fonte: IEG (2021).

Durante décadas houve um conflito grande nas empresas que oscilavam entre a operação descentralizada e centralizada. Parecia impossível encontrar um modelo que conseguisse ter escala, eficiência e, ao mesmo tempo, qualidade no serviço prestado e flexibilidade.

Essa história dos Centros de Serviços Compartilhados começou a ser escrita no Brasil no final dos anos 90, quando multinacionais instaladas no país passaram a replicar esse modelo que se mostrava bastante promissor nos mercados europeu e norte-americano.

A partir de 2005 foi possível começar a adquirir massa crítica em relação ao tema, quando várias empresas começaram a investir em projetos de centralização de atividades, racionalização e padronização de processos, constituindo o marco de consolidação com a aceleração do crescimento do segmento no país. Nessa época, foram grandes os desafios enfrentados pela falta de conhecimento e cultura de serviços compartilhados e da pouca literatura existente sobre o tema.

Depois da crise que o país passou em 2008, aumentou o número de empresas implementando Centros de Serviços Compartilhados com foco em redução de custos. Na sequência, com a consolidação do modelo no país, também aumentaram as implantações de CSC focadas em melhoria da qualidade dos serviços prestados e busca por aumento de produtividade.

Evolução do mercado de CSC no Brasil e estimativa de CSCs no país

Ao analisar as empresas participantes da última pesquisa *Benchmark* em CSC 2020 do IEG, observa-se que 65% dos CSCs foram criados há 10 anos ou menos. Dessa forma, percebe-se que a maioria dos Centros de Serviços Compartilhados brasileiros foi implantada recentemente, sendo considerados "jovens". No entanto, nota-se que não há uma relação direta entre o tempo de criação e a maturidade do CSC, visto que tanto os mais jovens quanto os mais antigos possuem boas práticas dentro da operação do Centro de Serviços.

O mercado de Serviços Compartilhados vem evoluindo gradualmente no país, tendo mais de 200 grandes empresas com CSCs já implantados e uma taxa média de crescimento de 14% nos últimos cinco anos.

Desde 2009 foi possível acompanhar de perto a revolução que aconteceu com os CSCs brasileiros, que cresceram em número e, especialmente, na qualidade dos serviços prestados.

De lá para cá o mercado evoluiu e já são realizadas diversas iniciativas para disseminar conteúdos sobre o modelo de Serviços Compartilhados, como eventos, estudos, relatórios, treinamentos, livros e grupos de discussão sobre CSC. Atualmente, o IEG é responsável pela gestão dos cinco Grupos de Discussão sobre Centros de Serviços Compartilhados do país, que possuem o objetivo de promover o intercâmbio de informações, experiências e conhecimento entre os líderes das mais de 100 empresas participantes. São eles: GESC, Compartilha, SOMAR, Coopera+ e Inova.

Outro marco importante na evolução do mercado de Serviços Compartilhados foi a criação da ABSC em 2015 por executivos de empresas como Vale, BRF, Ânima Educação, Braskem, Gerdau, CCR, IEG e Ciocchi Associados, com a missão de promover o tema Serviços Compartilhados através da integração de seus associados, disseminando conhecimento, exercendo ação política e contribuindo para o aumento da competitividade das empresas. Ao longo dos anos, a ABSC foi crescendo com grande suporte dos membros da Diretoria e dos Conselhos e hoje já reúne mais de 50 empresas associadas, mais de 10 mantenedores e inúmeros parceiros.

Após contextualizar a chegada do modelo de Serviços Compartilhados no país e a sua evolução ao longo do tempo, serão apresentadas algumas características dos CSCs brasileiros no que tange à localização, abrangência de atendimento, porte e escopo de serviços prestados.

Localização e abrangência de atendimento

Vários fatores estratégicos são levados em consideração para definir a localidade de um CSC no momento de sua implementação: proximidade das lideranças da organização, aproveitamento de espaço e custos operacionais totais são alguns deles, segundo o estudo *Benchmark* em CSC 2020 do IEG. Nesse sentido, percebe-se que metade dos CSCs se encontra nas mesmas instalações que a matriz de suas empresas, enquanto 35% estão no mesmo estado, mas com instalações em localizações diferentes.

Estudo recente do IEG (2020) aponta que a região sudeste concentra cerca de 70% dos CSCs brasileiros, enquanto a região sul aparece em seguida, com 35% dos centros em seu território. Vale ressaltar que o estado de São Paulo é o grande destaque, concentrando 45% dos CSCs analisados. Já as regiões norte e nordeste possuem um menor número, compreendendo 2% e 4% dos CSCs, respectivamente.

Figura 2.2. Localização dos CSCs.
Fonte: IEG (2020).

Segundo o *Benchmark* em CSC 2020 do IEG, em termos de abrangência de atendimento, todos os Centros de Serviços atendem a unidades de negócio localizadas no Brasil e 21% também prestam serviços para a Europa e América do Sul. Ao longo dos próximos anos, com o fim da pandemia da COVID-19, há uma previsão de expansão da abrangência de atuação dos CSCs brasileiros para regiões como América do Sul (42%), América Central (26%) e América do Norte (21%).

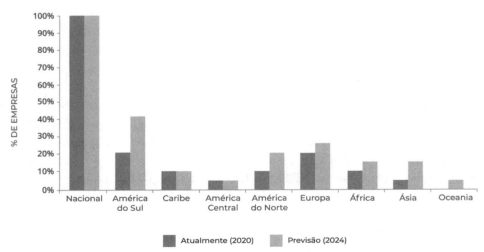

Figura 2.3. Abrangência dos CSCs.
Fonte: IEG (2020).

Porte e escopo dos CSCs

Com base no *Benchmark* em CSC 2020 do IEG, observa-se que a maioria dos CSCs brasileiros é de médio porte, ou seja, possui entre 101 e 500 profissionais. Importante destacar que a quantidade de funcionários dos Centros pode variar bastante, dependendo de alguns fatores como porte da empresa, volume de transações operadas, tecnologias aportadas, escopo de serviços prestados, dentre outros.

Figura 2.4. Porte dos CSCs.
Fonte: IEG (2020).

Considerando o escopo dos CSCs, ainda segundo a pesquisa do IEG (2020), os macroprocessos apontados como mais comuns nos centros brasileiros são: Recursos Humanos e *Requisition to Pay* (que compreende atividades desde a compra até o pagamento). Porém, atividades de perfil mais analítico/estratégico estão sendo cada vez mais incorporadas, como Jurídico, Logística, Gestão de Riscos, Comunicação, Marketing, Engenharia etc.

Figura 2.5. Escopo dos CSCs.
Fonte: IEG (2020).

Assim, os CSCs estão deixando de ser meramente transacionais e passam a ter processos com cunho mais analítico, muitas vezes sendo vistos inclusive como celeiro de talentos para a organização como um todo, isso porque os profissionais estão sendo mais demandados em termos de competências técnicas.

Boas práticas de CSC

Como citado anteriormente, alguns dos principais motivadores das empresas para a implementação de um modelo de Serviços Compartilhados são aumento de produtividade e melhoria de qualidade nos processos, ambos associados à redução de custos. A centralização dos processos, por si só, já gera consideráveis ganhos para as organizações, mas o potencial dos centros vai muito além. Ao longo dos anos, o IEG realizou diversos estudos para avaliar a eficiência dos CSCs brasileiros e os diferenciais das empresas que são referências no tema e confirmou que as práticas de gestão e operação utilizadas no dia a dia influenciam significativamente no atingimento de metas e resultados.

Considerando a visão tradicional apresentada no livro "Centro de Serviços Compartilhados: Melhores Práticas" (FREDERICO, 2014), um Centro de Serviços Compartilhados consolidado está estruturado sobre três pilares: Custeio, Precificação e Cobrança; Relacionamento com Clientes Internos; e SLA (Acordos de Nível de Serviço) e SLA Reverso. Contudo, é importante destacar que outros fatores são primordiais para o sucesso do modelo, como uma gestão de processos efetiva e uma gestão de pessoas baseada em motivação, desenvolvimento e retenção.

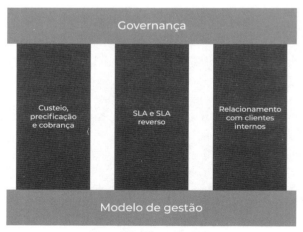

Figura 2.6. Pilares do CSC.
Fonte: Frederico (2014).

A avaliação conjunta desses cinco critérios é comumente utilizada para a elaboração de diagnósticos de maturidade do CSC. Algumas das melhores e mais comuns práticas adotadas no mercado são utilizadas como *drivers* de referência para essa avaliação e, portanto, devem ser conhecidas e estudadas por todos os líderes de Serviços Compartilhados.

Custeio, precificação e cobrança

De acordo com a pesquisa *Benchmark* em CSC 2020, realizada pelo IEG, o repasse de custos é uma prática adotada por mais de 80% dos CSCs brasileiros. Com o objetivo de reforçar o posicionamento do Centro como prestador de serviços para as unidades de negócio, muitas empresas – aproximadamente 68% – realizam o repasse real dos custos, ou seja, efetivamente cobram pelos serviços prestados. Também existe uma parcela de Centros (16%) que opta pelo repasse gerencial, prática na qual os custos são informados para cada unidade de negócio, apesar de não haver a cobrança.

Tabela 2.1. Utilização do repasse de custos no CSC.
Fonte: IEG (2020).

	Uso do repasse de custos no CSC
68%	Sim, com repasse real/contábil
16%	Não, nem pensa em possuir
11%	Sim, com repasse gerencial para poucos processos (menos da metade)
5%	Sim, com repasse gerencial para a maioria dos processos (mais da metade)
0%	Não, mas está começando a estruturar

Em relação às formas de apuração dos custos para repasse, a mais indicada é a cobrança por transação/produto. Esse modelo permite maior educação da demanda, uma vez que considera o volume consumido por cada unidade no período. Preço combinado e rateio simples, apesar de também gerarem desembolso por parte das unidades, consistem, respectivamente, em alocações de custos de forma previamente acordada considerando histórico de consumo e distribuição equitativa dos custos sem considerar o consumo de cada unidade cliente, o que pode gerar distorções de percepção em relação ao real custo das atividades demandadas.

As práticas de apuração e repasse de custos são extremamente importantes para uma maior conscientização das unidades de negócio em relação às solicitações realizadas para o CSC. Tanto o volume de pedidos quanto a antecedência com a qual eles são colocados impactam diretamente no nível de serviço e nos custos da operação e,

18 Jornada CSC

consequentemente, são aspectos influenciadores no relacionamento entre centros e unidades clientes.

Relacionamento com clientes internos

Muitas empresas formalizam canais específicos para o atendimento do CSC com o intuito de reforçar os perfis de "cliente" e "prestador de serviços". Para que haja um forte alinhamento com as unidades de negócio, a comunicação do dia a dia deve ocorrer de forma organizada e efetiva, seja via reuniões, comunicados ou pelas Centrais de Atendimento. Estas, utilizadas por 74% dos centros brasileiros, representam núcleos nos quais são centralizadas todas ou grande parte das requisições e dúvidas de clientes referentes aos processos pertencentes ao escopo do CSC. Esse núcleo de atendimento consolidado profissionaliza o serviço de suporte, podendo ser geralmente acessado por meio de ligações telefônicas, e-mails e/ou ferramenta de chamados para uma melhor assistência aos clientes.

Tabela 2.2. Porcentagem de utilização dos canais de atendimento do CSC. Fonte: IEG (2020).

Porcentagem de utilização dos canais de atendimento do CSC	
42%	Ferramenta de chamados
26%	Telefone/e-mail
13%	Central de atendimento via telefone
10%	Outros
7%	Web/autosserviço
1%	Quiosques (pontos de atendimento)

Outro canal de atendimento que vem ganhando cada vez mais espaço no mercado nos últimos anos é o *chatbot*. A fim de aprimorar a experiência do cliente, essa ferramenta simula um ser humano no atendimento, respondendo às perguntas de tal forma que as pessoas tenham a impressão de que estão conversando com um atendente e não com um programa de computador. Além de o atendimento ficar mais rápido e padronizado, a tecnologia permite que menos pessoas sejam alocadas nos primeiros níveis de atendimento e, consequentemente, estejam disponíveis para atividades mais analíticas.

Entretanto, a disponibilização de diversos canais de atendimento não garante, por si só, a satisfação dos clientes do CSC. Por isso, a maioria dos centros do país (95%) realiza pesquisas de forma recorrente para identificar os principais pontos de melhoria existentes na operação e direcionar o planejamento das ações de melhoria contínua. É importante destacar que, dessas empresas, cerca de 78% aplicam pesquisas de forma estruturada (com frequência de aplicação definida, sendo em geral uma ou duas vezes por ano).

Por fim, ter uma área que mantenha contato próximo com os clientes para melhor entendimento de suas necessidades e para gestão do relacionamento é comum nos CSCs do país. Além dessas atividades, a área de Gestão de Serviços, Performance e Planejamento geralmente é responsável pela identificação e implementação de melhorias dos processos, gestão do catálogo de serviços, gestão de custos e criação, negociação e atualização de indicadores e SLAs.

SLA e SLA Reverso

Os Acordos de Níveis de Serviço (SLAs) formalizados entre o CSC e os clientes internos definem o serviço a ser prestado e o nível de qualidade deste, permitindo um maior controle das atividades. Mais de 95% dos CSCs avaliados utilizam esse tipo de acordo, sendo que em 58% das empresas o SLA é formalizado para todos os processos. Já os SLAs Reversos consistem em acordos que medem o desempenho do cliente interno quando algum processo do CSC depende de atividades de responsabilidade dele. Estes estão estruturados em cerca de metade dos centros, sendo que em uma parcela considerável a formalização é total.

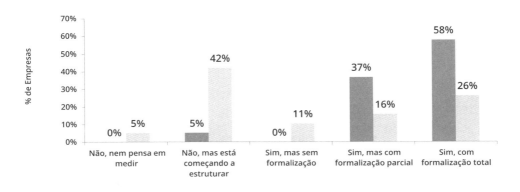

Figura 2.7. Existência de SLA e SLA Reverso.
Fonte: IEG (2020).

Para o controle dos SLAs e dos SLAs reversos no dia a dia é importante que se estruture uma métrica de acompanhamento (indicador) que deverá ter um critério de sucesso (em geral prazo) e um desempenho desejado definido. Frequentemente deverá ser realizada a avaliação de desempenho realizado *versus* desempenho desejado para sinalização do nível de cumprimento dos SLAs acordados.

Quanto maior o número de processos e de unidades de negócio atendidos pelo CSC, maior tende a ser o número de SLAs acordados e, consequentemente, a complexidade de gestão desses indicadores. Por isso, um número considerável de centros (37%) possui rotinas de monitoramento automático que permitem intervenções mais rápidas e precisas quando necessário. Além disso, a utilização de painéis de gestão à vista com atualizações frequentes permite que, ao longo do dia, as próprias equipes acompanhem a performance das áreas e possam auxiliar na definição de estratégias para o atingimento das metas estabelecidas.

Gestão de processos

Como comentado anteriormente, um dos principais objetivos de uma empresa ao implementar o modelo de Serviços Compartilhados é reduzir os custos de atividades que possuem sinergia no negócio. O ganho de escala e a padronização dos processos, em um primeiro momento, geram o resultado esperado. Entretanto, ano após ano o Centro é mais pressionado para aumentar sua eficiência e, nesse sentido, a automatização de processos torna-se um caminho obrigatório. Analisando o grau de automatização dos CSCs, percebe-se que Fiscal e *Order to Cash* são os macroprocessos que possuem mais subprocessos automatizados, com destaque para alguns processos como Recebimento e Gerenciamento de Cálculo, Recolhimento e Envio de Obrigações Tributárias e Acessórias de Impostos.

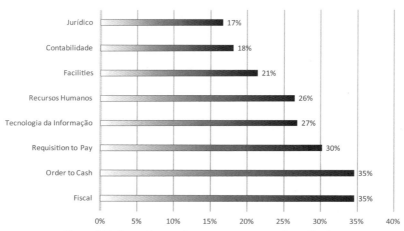

Figura 2.8. Porcentagem de macroprocessos automatizados.
Fonte: IEG (2020).

Outra forma encontrada por alguns Centros de Serviços para reduzir os custos das operações é a contratação de uma empresa parceira. Essa prática, apesar de pouco utilizada nos CSCs do Brasil, pode ser vantajosa quando não existe um ganho de escala considerável por parte da empresa e a parceira oferece um custo menor ou quando esta propõe um nível de serviço melhor do que o realizado pelo CSC. Percebe-se que o macroprocesso de tecnologia da informação é aquele que possui maior número de subprocessos com utilização de *outsourcing* nas empresas, de forma geral.

Para garantir a continuidade dos processos, muitos Centros de Serviços adotam práticas de gestão do conhecimento (74%). Considerando especialmente os processos que possuem maior nível de dependência em relação a pessoas, conscientizar e envolver o time nessas ações é essencial para a disseminação dos conhecimentos e a redução dos riscos que a rotatividade voluntária ou não proporcionam para a operação.

Gestão de pessoas

A motivação e a retenção dos profissionais do CSC estão fortemente ligadas às práticas de cuidado com as pessoas incorporadas pela empresa. Observa-se que 95% dos CSCs utilizam políticas de retenção de pessoas, sendo participação nos lucros, bônus por desempenho e prêmios por qualidade/inovação as mais comuns.

Um outro aspecto relevante, não apenas para a retenção do profissional, mas também para a performance do CSC, é a capacitação. Os treinamentos oferecidos para os colaboradores do CSC são percebidos como benefícios e valorização, contribuindo para o fortalecimento do vínculo do profissional com a empresa. Além disso, contribuem para a redução dos *gaps* de competências da equipe e, consequentemente, proporcionam o aumento da qualidade e, até mesmo, da eficiência dos serviços prestados. De acordo com a Pesquisa Perfil de Profissionais de CSC 2020, realizada pelo IEG, grande parte dos treinamentos nos CSCs está relacionada a competências comportamentais, sendo as mais comuns liderança e cultura de prestação de serviços.

Um diferencial importante para qualquer Centro de Serviços é ter um time alinhado à sua cultura e que se identifica com missão, visão e valores. Em 2020, aproximadamente 63% dos CSCs classificaram suas equipes dessa forma, o que permite concluir que ainda existem muitas oportunidades de evolução e amadurecimento para o mercado de forma geral.

Nos últimos anos foi possível observar o crescimento das ações de transformação digital nos centros do país. Isso promoveu o aumento e a evolução das boas práticas de gestão e operação utilizadas nas empresas e permitiu uma nova percepção para a avaliação dos níveis de maturidade dos CSCs. Com base em estudos e pesquisas realizados com mais de 100 CSCs do país, o IEG levantou os critérios que estão associados aos novos pilares estratégicos do modelo de Serviços Compartilhados: excelência em processos, gestão de gente, experiência do cliente, inovação contínua, inteligência de dados e cultura, salientando o papel mais estratégico que os centros vêm desempenhando nas organizações.

3. Evolução do modelo e como a América Latina se desenvolve como plataforma de serviços globais

Cláudio Campos
Eden Paz
Timóteo Tangarife

Os Centros de Serviços Compartilhados (CSC) hoje são uma realidade crescente e dinâmica na economia em que vivemos. Mais de 75% das empresas no *ranking* "Fortune 500" têm um CSC focando na lucratividade, na otimização dos recursos e na melhoria do serviço prestado, gerando economia, aumentando a competitividade e permitindo que a empresa se concentre no seu *core business*.

Podemos dizer que os CSCs são um modelo de negócio que pode ser colocado sob a ótica de serviços globais, onde certas atividades operacionais e táticas, bem como processos de suporte, sejam estes transacionais ou transformacionais com foco no mercado global, são centralizadas com o intuito de alcançar uma melhoria na competitividade da empresa.

Observamos que a estrutura de um CSC pode ser feita por meio de uma unidade de negócios da organização que a cria para fornecer serviços internos (*Captive Shared Service Center*) ou por contratação de um provedor independente que atende a um mercado competitivo (*Outsourced Shared Service Center*). Da mesma forma, essas atividades podem ser realizadas internamente no mesmo país (*inshore*) ou como resultado de um processo de reposicionamento internacional (*offshore*).

Evolução do modelo de CSC

Com uma visão global, os Centros de Serviços Compartilhados vêm mostrando melhores resultados a cada ano. Especificamente, até 2017, 73% das empresas pesquisadas na Pesquisa Global de Serviços Compartilhados da Deloitte relataram aumentos de produtividade de 5% ou mais, enquanto que, em 2015, 70% deles o tinham feito (DELOITTE, 2017, *apud* ALES, s.d.). Por outro lado, estudo realizado pela PWC indica que, mundialmente, 12% das empresas que atuam em CSC tiveram melhorias em sua produtividade maiores que 30% após a migração de funções para o centro (PWC, 2018, *apud* ALES, s.d.).

O conceito original de CSC, onde uma empresa decide estabelecer uma unidade de negócio para consolidar vários departamentos, evoluiu para uma organização que é criada para prestar serviços a vários clientes externos nas mais variadas formas, modalidade chamada de *Business Services* (TAYLOR, 2013, *apud* ALES, s.d.) ou *Global Business Services* (CRONIN, 2013; MARCINIAK, 2014, *apud* ALES, s.d.).

Nessa lógica, alguns autores consideram que os CSCs podem operar como uma unidade de negócios por meio de um modelo de **outsourcing** interno (*insourcing*).

Tabela 3.1. Evolução dos modelos de Centros de Serviços Compartilhados. Fonte: adaptado de Quinn (2015) *apud* ALES (s.d.).

Modelo	Básico	*Marketplace*	*Marketplace* avançado	Empresa independente
Característica	Consolidação de transações e atividades de apoio	Inclui o fortalecimento de serviços especializados/ consultoria	Cliente exige o seu provedor	Várias empresas clientes
	Economia de escala	A organização estrutura a sua própria governança	Prestação de serviços com transferência de custos	O objetivo é o benefício com a prestação de serviços
	Os custos de serviços são apropriados, mas não são transferidos aos clientes internos	Custos totalmente transferidos às unidades de negócios	Possibilidade de venda de serviços a clientes externos se a capacidade produtiva for excedente	Atuação como empresa independente
Objetivo	Reduzir custos e padronizar processos de produção dos serviços	Reduzir custos e melhorar a qualidade dos serviços	Oferecer melhor alternativa em custos e serviços	Gerar renda e benefícios como uma empresa prestadora de serviços
Forma de relacionamento	Utilização obrigatória dos serviços pelas unidades de negócio	Utilização voluntária	Utilização voluntária	Utilização voluntária

Uma possível classificação de CSCs envolve quatro tipos (DELOITTE, 2011, *apud* ALES, s.d.):

- ✓ *Hub* **global descentralizado**, que é um modelo amplamente utilizado em mercados tradicionais como Índia e Filipinas.
- ✓ **Local/Distribuído**, consistindo em centros múltiplos atribuídos por país ou grupo de países, cada um com processos e/ou sistemas descentralizados independentes.
- ✓ *Hub* & *Spoke*, onde o centro global realiza o processamento de transações e os centros regionais se concentram em atividades de maior valor agregado.
- ✓ **Regional**, que consiste em centros estrategicamente localizados em cada região para consolidar o processamento de transações abordando dinâmica organizacional, culturas, idiomas e regulamentações locais.

Em muitos casos, os CSCs estão evoluindo para se tornar Centros de Excelência para integrar novas funções com maior valor agregado, como, por exemplo, analítica, automação e robótica, o que os envolverá em níveis mais elevados da cadeia de valor, tornando-se uma unidade de apoio e aconselhamento para as empresas, a fim de apoiar a tomada de decisão e enfrentar as mudanças do mercado (GAFFNEY, 2015, *apud* ALES, s.d.) (DELOITTE, 2015, *apud* ALES, s.d.).

Especificamente, os Centros de Excelência são definidos como uma unidade de negócios que possui uma série de capacidades explicitamente reconhecidas pela empresa como uma fonte de criação de valor, com a intenção de serem disseminadas em outras partes da empresa (FROST, 2002, *apud* ALES, s.d.). Esses centros assentam no conhecimento e na experiência do talento que possuem, desempenham também papéis importantes na identificação de problemas decisivos e na procura de soluções para estes no futuro a partir da criação de conhecimento em ambiente de liberdade. Ao contrário de um CSC que cria valor por meio da redução de custos, os Centros de Excelência visam explorar recursos em vez de reduzir custos. Atualmente, os Centros de Excelência incluem atividades mais complexas e de maior valor, como P&D, vendas e marketing, áreas mais próximas do *core business* da empresa (MARCINIAK, 2012, *apud* ALES, s.d.).

América Latina como plataforma de serviços globais

Na América Latina, o crescimento dos CSCs começou a decolar a partir de 2010, impulsionado pelo desenvolvimento da Colômbia, do México e da Costa Rica. Já naquele ano a região possuía 109 centros, quase o dobro do número em 2007 (ZAMORANO VELÁSQUEZ, 2014, *apud* ALES, s.d.). Em 2016, São Paulo, Cidade do México, Bogotá, San José de Costa Rica, Montevidéu e Buenos Aires aparecem como as principais cidades com CSC da região (UNIVERSIDAD DE LOS ANDES, 2019, *apud* ALES, s.d.). Atualmente, a região possui aproximadamente 500 CSCs, com um crescimento de 3% entre 2016 e 2017. Quase sete em cada dez centros estão localizados no Brasil, México e/ou Costa Rica (SSON ANALYTICS, 2017, *apud* ALES, s.d.).

Vale um destaque no período de 2007 a 2010, onde um dos crescimentos mais importantes ocorreu na Colômbia, que passou de 3 para 19 centros, consolidando-se como referência regional.

Os CSCs latino-americanos são apresentados com uma vocação principalmente regional, com 55% de todos os centros prestando serviços aos mercados da América Latina e do Caribe.

Alguns estados que possuem um grande mercado interno também apresentam um número significativo de CSCs de atividade exclusivamente nacional, como Colômbia, com 39% do total de centros. Aproveitando as vantagens geográficas da região, que tem proximidade horária com os mercados europeus e com os Estados Unidos, 20% dos CSCs operam globalmente (EY, 2016, *apud* ALES, s.d.).

Segundo Flatworld *apud* ALES (s.d.), o mercado latino-americano tem quatro motivadores principais que estão fazendo avançar para a vanguarda em nível internacional:

- ✓ Uma estrutura de preços lucrativa.
- ✓ Domínio do idioma espanhol, fundamental para atender à população hispânica nos Estados Unidos.
- ✓ *Time zone.*
- ✓ Oportunidades internas, onde empresas globais podem aproveitar sua localização para também atender à demanda interna, principalmente em mercados maiores, como Argentina e Brasil.

Em se tratando de América Latina como um grande *hub* de CSC para o mundo, o tema "localização de CSCs" é bastante complexo e ao mesmo tempo extremamente dinâmico. Fatores como qualidade da mão de obra, nível de infraestrutura, segurança política e estabilidade econômica somados à questão do custo do país para instalação de um CSC, são quesitos básicos e fundamentais para qualquer elaboração de *business case.*

Evolução do modelo e como a América Latina se desenvolve como plataforma de serviços globais **27**

Portanto, nosso objetivo será fazer uma análise do nível de competitividade latino-
-americana para a instalação de CSCs nos países da região.

Para facilitar o entendimento desse tema, vamos começar com um detalhamento dos principais modelos operativos de CSCs existentes:

✓ **Empresas multinacionais com matriz na América do Norte:** tipicamente operam com o modelo GBS (*Global Business Services*) para a maior parte das operações e um *mix* de atividades específicas, executadas por um BPO – via de regra em operações *offshore*.

✓ **Empresas multinacionais europeias e asiáticas:** tipicamente operam com o modelo de ***hubs*** **regionais** (Ásia/Pacífico, Europa, América do Norte e América Latina) para a maior parte das operações.

✓ **Cias nacionais:** operam nacionalmente com base no Brasil e para atender a operações da América Latina.

O ponto comum entre as empresas americanas e europeias é que muitas mantêm CSCs exclusivos para as suas operações no Brasil. Essa decisão, em sua maioria, está pautada principalmente pela complexidade tributária, fiscal e trabalhista da nossa legislação, dificultando a tomada de decisão para centralização em *hubs* ou GBSs ao redor do mundo.

Em eventos internacionais de CSC, esse tema sempre vem à tona, e as dificuldades tributárias, via de regra, acabam ganhando espaço infinitamente maior nas apre-sentações e debates que a própria capacidade dos brasileiros de superar obstáculos incomuns para os CSCs instalados em outros países.

Analisando as oportunidades de uma forma mais regional e que impactam diretamente todo o mercado global de CSCs, identificamos que, para as empresas com sede nos Estados Unidos e sem operações fora dos Estados Unidos, a única maneira de tirar proveito da arbitragem salarial em mercados como o latino, por exemplo, de baixo custo na América Latina ou Ásia, poderia ser por meio da terceirização.

No entanto, se a redução de custos não for o objetivo principal, sendo que a empresa está em busca de melhorar os serviços e os controles, além de aumentar a produ-tividade, poderíamos considerar o próprio EUA, porém devemos entender que, no final das contas, a empresa deixará de capturar algo em torno de 30%-50% de seus custos com mão de obra, algo bem expressivo.

Por essas razões, muitas empresas escolhem locais onde já possuem uma operação e assim "pegar carona" em sua infraestrutura existente e reduzir parte do tempo, esforço e custos envolvidos com o *start* da nova operação.

Portanto, para as empresas multinacionais com presença em diferentes países, digamos, na América Latina, há excelentes vantagens em alavancar o CSC com uma entidade legal estabelecida e uma organização existente – e, consequentemente, um conhecimento das particularidades do país escolhido. Tal vantagem é infinitamente maior quando comparada, por exemplo, à criação de um centro "greenfield" partindo do zero e em uma região desconhecida.

Um aumento significativo de criação de CSCs na Ásia Pacífico, junto com um crescimento contínuo na América Latina, combinado com uma diminuição de centros na Europa Ocidental e América do Norte, são mais uma evidência do movimento contínuo para reduzir custos que vêm ocorrendo nos últimos anos, conforme citado no início deste capítulo, e que reforçam o alto dinamismo das empresas em busca do lugar ideal para instalação de seus CSCs.

Para entendermos o assunto de forma mais detalhada, queremos compartilhar o mapa geográfico dos CSCs – *big picture* dos CSCs –, publicado bianualmente pela Deloitte, e parte da pesquisa global sobre a preferência dos executivos entrevistados, em termos de localização para implantação ou realocação de CSCs.

Destaque para 2019/2020, quando se percebeu um novo foco em países como Costa Rica e México – além da implementação de modelos *on/nearshore* (mais perto do HQ), que também são uma parte relevante da estratégia de localização dos CSCs das empresas.

Observando a pesquisa sobre a localização preferida para novos centros ou novos reposicionamentos, vemos o seguinte cenário (2019): Índia (18%), EUA (15%), Polônia (10%), Costa Rica (9%) e México (8%). E com 7% os seguintes países: Colômbia, Espanha, Filipinas, Malásia e China.

É possível notar que a América Central, em especial Costa Rica e Guatemala, vem se preparando há muito tempo para servir de polo de atratividade para a instalação de *hubs* ou GBS de Centro de Serviços Compartilhados em seu território. Mais recentemente, desde 2015, percebemos que Uruguai, Panamá e Colômbia, com iniciativas que envolvem desde o suporte dos governos locais até a criação de *free trade zones*, passaram a brigar por esse gigantesco mercado de CSCs, capaz de gerar milhares de empregos e assim ajudar a resolver os problemas de desemprego e de geração de oportunidades em países com fortes características não industriais, antes focados principalmente em agricultura, pecuária e turismo. Por essa razão os governos desses países não medem esforços para buscar se converter em polos de serviços globais.

O México leva vantagem pelo seu poderoso vizinho, que gera uma demanda natural, e também pela baixa complexidade tributária e trabalhista.

Queremos destacar o *case* da Colômbia, que em menos de cinco anos começou com um planejamento muito bem estruturado e uma forte campanha de divulgação das vantagens de operar naquele país, em especial nas cidades de Bogotá e Cali, e já aparece como destaque e novo entrante nos *Top 10 Global* como opção na preferência dos executivos para instalação de CSCs, até como alternativa à já sabida saturação do mercado da Costa Rica, em termos de disponibilidade de mão de obra e questionamentos sobre a real disponibilidade de infraestrutura tecnológica.

Acreditamos que vale a pena abordar também outras questões relevantes para a tomada de decisão na definição do local para implementação e realocação dos CSCs, tais como:

✓ **Arbitragem salarial:** a arbitragem trabalhista ainda continua sendo o principal parâmetro a ser considerado ao decidir sobre um local estratégico para instalar um CSC.

✓ *Expertise*/**Qualidade da mão de obra:** observou-se um aumento de cinco vezes nas respostas dos entrevistados, considerando-se a medição da qualidade do trabalho como uma métrica relevante ao considerar um local para criação de um novo CSC.

✓ **Legislação e entendimento legal:** familiaridade com os regulamentos e as normas legais das operações a serem atendidas desempenha um papel vital no local preferido de uma organização estratégica para configurar os CSCs.

✓ **Proximidade à sede/HQ:** as empresas também consideram a proximidade com a sede durante a criação de novos CSCs, para capturar benefícios do *time zone*, além da facilidade para viagens e deslocamentos.

No geral, o que está em jogo é que as organizações de CSC são e irão cada vez mais se tornar globais, complexas e digitais, à medida que buscam fornecer serviços ágeis e eficientes, melhorar o atendimento ao cliente e focar em resultados de alto impacto para o negócio, mantendo assim esse tema continuamente como umas das questões mais relevantes para as empresas e, conforme citado no início do capítulo, como um tema altamente dinâmico.

Como vimos também nos dados apresentados nos tópicos anteriores, está claro que o Brasil tem muito a evoluir e a contribuir para o desenvolvimento da nação. É nesse contexto que a ABSC ganha importância e tem dentro de seus objetivos justamente "influenciar na adequação da legislação brasileira para que promova a competitividade...", o que veremos em um capítulo mais à frente.

Concluindo, espera-se que, tanto na América Latina como no mundo, os CSCs, nos próximos anos, evoluam para modelos capazes de gerir funções maiores, mostrando uma mudança em direção a atividades de maior valor agregado apoiado por serviços baseados em conhecimento e focados no mercado global por meio dos Centros de Excelência.

4. Evolução do CSC na Colômbia: da transformação digital básica ao desenvolvimento

Santiago Pinzón Galán[1]

Se o mundo teve um desafio e uma oportunidade com o conceito Y2K (NATIONAL GEOGRAPHIC, s.d.), a Colômbia não foi exceção. Esse problema, também conhecido como o "erro do milênio", gerou mudanças em todos os públicos e principalmente nas organizações empresariais para além dos aspectos tecnológicos com diferentes âmbitos, repercussões e efeitos que desde então continuam a promover o desenvolvimento inovador, econômico, social, global e local. Na América Latina, diferentes países, governos e claramente empresas reagiram, adaptaram, criaram políticas e projetos para enfrentar esse desafio e, consequentemente, conseguiram investimentos, criaram empregos e se inseriram em cadeias globais de valor.

Nesse contexto, a Colômbia também deu seus primeiros passos em seu ecossistema de Centros de Serviços Compartilhados (CSC) e, desde então, iniciou um processo permanente de evolução ano após ano. Na prática, o que aconteceu com os CSCs foi aprender com a experiência dos anos 80 e 90 nos EUA para aproveitar ao máximo a eficiência dos primeiros ERPs para mudar seu modelo operacional, reduzir custos e aumentar a produtividade. Em 20 anos passamos de uma primeira geração de CSC, focada em processos operacionais e simples, para dar passos concretos de maturidade, muitos deles refletindo que devem atender às demandas de talento, melhoria contínua, cultura de excelência, automação, tecnologia e habilidades digitais, entre outras.

Entre 2007 e 2008, a indústria de CSC deu passos táticos que mais tarde seriam estratégicos para consolidar o que é hoje. Dentro da Associação Nacional de Empresários da Colômbia (ANDI) foi criado um comitê especializado em CSC que, a partir da cidade de Manizales, e também graças a uma empresa cafeeira pioneira, conduziu conversas para estabelecer uma capacidade de especialização, colaboração

---

[1] Vice-presidente de Transformação Digital e Diretor Executivo da Câmara de Indústria e Serviços Digitais ANDI.

32 Jornada CSC

e desenvolvimento de embaixador empresarial do CSC. Foi assim que o CSC, localizado principalmente em Medellín, Bogotá e Cali e que já estava em funcionamento há alguns anos, iniciou, com este comitê, um espaço logo após criar em 2009 a agora Câmara de Indústria e Serviços Digitais (CIDS) da ANDI. Foi dado um grande salto na liderança, no conhecimento e no desenvolvimento de boas práticas com a realização anual do Fórum ANDI Centro de Serviços Compartilhados, de missões empresariais e também de alianças estratégicas via memorandos de cooperação com associações de CSC como CAMCAST na Costa Rica e ABSC no Brasil. Hoje a Câmara de Indústria e Serviços Digitais da ANDI (CIDS) é o único sindicato especializado que promove o desenvolvimento de CSCs na Colômbia há quase 15 anos.

Entre tantas histórias, é interessante lembrar como um grupo empresarial colombiano da região do Vale do Cauca, que foi pioneiro em adotar a nascente tendência dos CSCs na época de 2000/2001, percorreu um caminho que conseguiu ser tão sofisticado que, como o que aconteceu com Genpact e General Electric na Índia, mudou sua estratégia de CSC para BPO.

Também é importante destacar como na segunda década de 2000 a Colômbia, graças a uma estratégia conjunta entre os setores público e privado, onde participamos ativamente desde a ANDI, a agência nacional de promoção de investimentos Pro-Colombia e as que existem em cidades com enfoque regional, avançamos de forma sistemática e articulada no posicionamento do país na atração de investimentos e instalação de CSCs no país.

Assim, em 2018 o CIDS realizou um primeiro estudo de *benchmarking* e caracterização em parceria com a KPMG para conhecer a evolução do CSC e realizar uma comparação no nível salarial, bem como volumetria, custos e taxas. Foi um exercício pioneiro para entender operações, funções, sistema de governança corporativa, abrangência nacional, regional ou global, tipo de processos, áreas de gestão, tecnologia e nível de maturidade. Com isso, conseguimos assimilar onde estávamos no CSC e entender o que acontecia quando nos comparávamos em diferentes parâmetros com uma metodologia internacional.

Evolução do CSC na Colômbia: da transformação digital básica ao desenvolvimento 33

Os pontos cinzas representam as organizações participantes no estudo

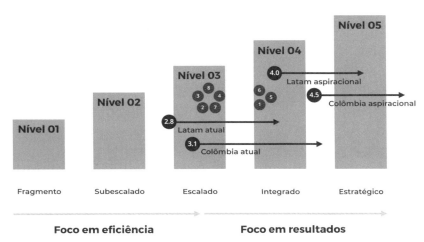

Figura 4.1. Nível de maturidade dos CSCs Colômbia e Latam.
Fonte: adaptado de KPMG (2018).

A adoção e a apropriação tecnológica fazem parte do DNA do CSC/GBS da Colômbia e não só do setor privado, mas também do setor misto ou público. A título de exemplo, no V Fórum de Centros de Serviços Compartilhados ANDI, realizado em 2018, foi a Ecopetrol, a maior empresa da Colômbia, que apresentou um dos *cases* mais inovadores da Colômbia: a incorporação da RPA realizada, onde 35 serviços e mais de 40 subsserviços foram centralizados em uma única unidade, facilitando a operação da empresa. Outro exemplo de destaque surge com o Grupo EPM, cuja unidade CSC concentra a prestação de 19 serviços, incluindo financeiros, de talento humano, administrativos e de tecnologia da informação, conseguindo uma redução de custos que oscila entre 10% e 30% graças à utilização de ferramentas como BPMS (gerenciamento de processos de negócios) e RPA (automação de processos robóticos). Em outros setores, o Bancolombia, o maior banco de nosso país, conseguiu colocar em operação mais de 150 robôs, gerando uma mudança operacional e de excelência, combinando soluções digitais e o desenvolvimento de seu talento.

Os Centros de Serviços Compartilhados têm crescido de forma consistente nos últimos cinco anos com a chegada de multinacionais entre 2018 e 2019, como Johnson & Johnson, Scotiabank, Amazon, Grupo ARS e Medtronic, para citar alguns. Estes se juntam a outros como ISA, B-braun, Argos, Diageo, Avianca, Ecopetrol, Colsubsidio, Alqueria, Coomeva, T&G e recentemente LafargeHolcim com sua operação em Medellín que valorizam as forças da Colômbia para se consolidar como destino e ser uma alternativa competitiva a países como Costa Rica, México, Argentina e Panamá, que também se destacam na região da América Latina, pela posição estratégica do país e pela vocação de talentos.

Entre 2020 e 2021 o CIDS, em parceria com a EY, desenvolveu a Quinta Pesquisa Latino-americana de Serviços Compartilhados, onde foram pesquisadas mais de 30 empresas na Colômbia alavancadas nesses modelos e em diversos setores como consumo, energia, serviços, tecnologia, logística e construção, entre outros.

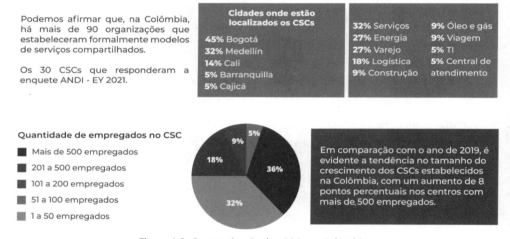

Figura 4.2. Caracterização dos CSCs na Colômbia.
Fonte: adaptado de Quintana (2018).

De acordo com a amostra total de empresas, atualmente o mercado de Serviços Compartilhados continua a se desenvolver e crescer, e hoje, considerando a atual situação da COVID-19, os objetivos estão focados na virtualização e digitalização da operação, possuindo as ferramentas tecnológicas adequadas e robustas para dar continuidade à operação sob o novo normal e que seja rentável.

Nesse sentido, os CSCs têm acelerado a automação de processos, o uso da robótica e a operação de forma virtual, minimizando as interações físicas com os clientes e fomentando uma cultura empresarial que incentiva a valorização do CSC sob o novo normal.

Evolução do CSC na Colômbia: da transformação digital básica ao desenvolvimento 35

Nessa nova normalidade projeta-se que, em um mundo pós-pandêmico, a virtualidade continuará como parte integrante dos modelos de serviços compartilhados, em uma relação 60/40 entre o virtual e o presencial.

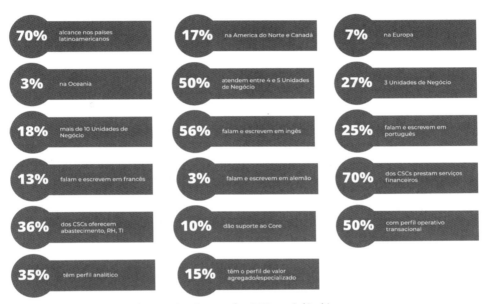

Figura 4.3. Números dos CSCs na Colômbia.
Fonte: adaptado de Quintana (2018).

De acordo com os resultados da pesquisa, atualmente existem mais de 60 Centros de Serviços Compartilhados formalmente estabelecidos na Colômbia, o que mostra que esse modelo continua se fortalecendo no contexto empresarial do país. De acordo com a pesquisa, 36% das empresas participantes têm mais de 500 funcionários em seus CSCs e 32% têm entre 101 e 200 funcionários.

Boa parte deles corresponde a empresas multinacionais que preferiram a Colômbia, das quais 64% prestam serviços em nível regional e 9% em nível global. É necessário destacar que, das empresas participantes, 23% pretendem continuar a expandir a cobertura a nível regional (âmbito continental) e 5% a evoluir e expandir a sua cobertura para a prestação de serviços globais. Fatores como a proximidade geográfica, a disponibilidade de recursos profissionais qualificados, a *time zone* e a própria cultura de atendimento do país desempenham um papel importante, permitindo que países da região da América Latina, Estados Unidos, incluindo também o Canadá, tenham cobertura nos modelos estabelecidos.

Embora o principal objetivo dos CSCs seja apoiar as empresas no seu dia a dia, os primeiros seis meses de 2020 apresentaram níveis de ruptura por terem testado os limites de qualquer organização na prestação de serviços. No geral, os CSCs pesquisados confirmaram que estavam experimentando níveis moderados a altos de interrupção em seu setor. E embora no momento essas interrupções sejam causadas principalmente pela pandemia atual, elas também são o resultado dos desafios da cadeia de suprimentos e das contínuas pressões de custo. Trinta por cento das empresas pesquisadas afirmaram, como desafios, adotar uma estratégia digital; 24% transformar serviços em serviços de conhecimento; e 24% gerenciar dados e aplicar análises de forma centralizada.

Da mesma forma, de acordo com os resultados da pesquisa, as principais prioridades dos CSCs são melhorar a qualidade dos serviços e/ou processos, reduzir custos operacionais, ser a alavanca da inovação e automação nos negócios, bem como padronizar os processos e sistemas nas empresas.

Na prática, o que temos hoje é o desenvolvimento de um modelo híbrido na realidade do CSC, onde nem tudo é terceirizado, nem tudo é feito internamente. Da mesma forma, o escopo do CSC na Colômbia também mudou. Contamos com diversos atores com vocação e níveis de maturidade específicos que se adaptam às necessidades do seu escopo de negócios. São operações de âmbito nacional e multilatino e o desenvolvimento de organizações com presença global, mais conhecidas como *Global Business Services*, que exigem passar da aceleração digital para implementar a transformação digital e a sustentabilidade de forma que gere valor, aproveite a quarta revolução industrial e ao mesmo tempo realize de forma concreta o *upskilling* e *reskilling* do seu talento. O modelo anterior era, por razões práticas de visão, modelo de governança, disponibilidade de recursos, alianças estratégicas e articulações setoriais, para gerar renda, facilitar a inovação, aproveitar melhor o talento e, claro, ter ainda mais competitividade.

Do CIDS consideramos que existe uma grande oportunidade para consolidar a transformação digital nos CSCs/GBSs que estão na Colômbia. O mundo mudou e os CSCs também serão os protagonistas dessa transformação das empresas para melhorar a qualidade de vida e aumentar a produtividade.

5. Setor de serviços corporativos: um motor da economia da Costa Rica

Roy A. Mena Solano

> **Mais de 190 Centros de Serviços lideram processos de classe mundial no país e geram mais de 85 mil empregos diretos de alta qualidade.**

O setor de Serviços Corporativos de Alta Tecnologia (SCAT) se posicionou nas últimas duas décadas como uma das principais forças motrizes da economia da Costa Rica através da geração de empregos de qualidade, desenvolvimento de talentos e multilinguismo, exportações baseadas no conhecimento, investimento estrangeiro direto e impacto social.

Atualmente, mais de 190 Centros de Atendimento Corporativo lideram processos de classe mundial no país e geram mais de 85 mil empregos diretos de forma consolidada.

No nível das exportações, as vendas das empresas SCAT representam cerca de 7,6% do Produto Interno Bruto, enquanto as dos produtos agrícolas representam cerca de 4,5%.

Essa dinâmica de geração constante de valor se manteve mesmo em tempos de pandemia global causada pela COVID-19. Graças ao modelo comprovado de trabalho remoto e uma cultura madura de gestão de riscos, continuidade de negócios e excelência operacional, as empresas de Serviços Corporativos no país têm mantido expansões de processos e contratação de pessoal, e registrado melhorias na qualidade e nos indicadores de gestão.

Ao final de 2020, a indústria SCAT registrava um crescimento de 12% na geração líquida de empregos, passando de 72.559 vagas totais em 2019 para 81.371.

38 Jornada CSC

E no âmbito da transformação digital ou Quarta Revolução Industrial (4RI), as empresas SCAT também se destacam pelo seu contínuo crescimento e evolução para processos de maior sofisticação e inteligência de negócios de classe mundial. Isso através da incorporação de novas tecnologias digitais que promovem o desenvolvimento de novas funções baseadas em automação, análise de dados e inteligência artificial, entre outras soluções disruptivas.

A abordagem ao promover modelos digitais e análise de dados não tem sido substituir o talento, mas sim evoluir os funcionários para novas funções. O objetivo é gerir processos de maior inovação a partir de uma cultura de resolução de problemas e identificação de oportunidades de melhoria das operações tradicionais.

> *A evolução das tecnologias disruptivas nos permite capitalizar melhor nossos recursos, automatizando e robotizando tarefas puramente transacionais e de baixo valor, para construir novas competências que transferem interações humanas para tarefas mais complexas e de alto valor para usuários finais. Longe da tecnologia ameaçar a geração de empregos, ela a fortalece e a promove em novos esquemas que abrem novas possibilidades de negócios à medida que a proposta de valor cresce – Roy Mena, presidente da Câmara de Serviços Corporativos de Alta Tecnologia (CamSCAT).*

Nesse contexto, e em parceria com envolvidos da comunidade acadêmica do país, o setor promove constantemente uma transformação nas áreas de formação e desenvolvimento dos costarriquenhos por meio da criação de conhecimentos mais técnicos e especializados nas áreas de STEM (ciência, tecnologia, engenharia e matemática, por suas siglas em inglês).

As conhecidas *soft skills* também fazem parte dessa nova era de formação, através da integração de áreas como pensamento crítico, gestão de conflitos e tempo, comunicação e liderança transformacional, abordagem de serviço e experiência do cliente, resiliência e gestão de mudanças, entre outras.

E não menos importante, as empresas do setor também têm evoluído o desenvolvimento de suas atividades rumo a elevados padrões de responsabilidade social. Com uma abordagem sistêmica da sustentabilidade, as empresas não só mitigam os impactos ambientais e econômicos, como também promovem o desenvolvimento e a mobilidade social por meio da já mencionada conversão e reconversão de talentos.

Essa natureza de processos baseados no conhecimento e na qualidade do talento, na inovação e nas práticas de classe mundial e no uso intensivo de tecnologias é o que permite ao setor SCAT promover uma ampla proposta de desenvolvimento do país e reforçar o posicionamento estratégico da Costa Rica como sede de Centros de Serviços locais, regionais e multinacionais.

Dinâmica SCAT

A passagem do século XX para o XXI introduziu na Costa Rica uma mudança no modelo de investimento estrangeiro direto, a partir do desenvolvimento e da consolidação do setor de Serviços Corporativos de Alta Tecnologia (SCAT).

A indústria foi segmentada e evoluiu em diferentes subsetores, com base nas capacidades e vantagens do país, bem como em modelos de referência global em serviços. Atualmente o setor SCAT possui quatro grandes dinâmicas:

a) *Contact Centers* e BPO/ITO/KPO (*Business Process Outsourcing*): terceirização de processos de negócios.
b) Serviços compartilhados (incluindo GBS e Centros de Excelência) e *Back Office*.
c) Serviços digitais e tecnologias digitais.
d) Engenharia e design.

O salto quantitativo do setor SCAT no país tem sido dinâmico e constante. Em 2000, foram cadastrados cinco Centros de Atendimento Corporativo, que geraram apenas 1.060 empregos diretos, segundo dados do CINDE (Agência de Promoção de Investimentos da Costa Rica).

Isso graças à atividade de empresas pioneiras no setor de SCAT, como Equifax, Procter & Gamble, SYKES e Western Union.

Ao final de 2020, o número cresceu para 189 Centros e a geração de empregos diretos aumentou para 81.371 vagas, números que até hoje continuam crescendo.

Em relação à natureza dos serviços liderados, também tem sido uma constante a evolução das tarefas transacionais básicas, principalmente nas áreas de atendimento, finanças e contabilidade, rumo a processos de maior sofisticação e valor agregado em um amplo portfólio de áreas de negócios.

40 Jornada CSC

Atualmente lideram processos estratégicos para empresas corporativas, tais como:

- ✓ Planejamento e Análise Financeira (FP&A).
- ✓ Conformidade tributária.
- ✓ Gestão da cadeia de abastecimento.
- ✓ Suporte estratégico em marketing e vendas.
- ✓ Desenvolvimento de modelos de excelência operacional.
- ✓ Serviços legais.
- ✓ Cibersegurança.
- ✓ Automação de processos e análise de dados.
- ✓ Suporte técnico em altos níveis de complexidade.
- ✓ Engenharia e testes técnicos.
- ✓ Desenvolvimento de software em múltiplas linguagens de computador e conteúdo digital.
- ✓ Gestão de recursos humanos.

Dessa forma, consolidou-se um modelo de gestão de serviços multifuncional baseado em uma dinâmica de transformação constante ao longo do tempo através da qualidade, inovação e digitalização. E com um motivador fundamental que é um dos fatores competitivos mais importantes do país: o talento costarriquenho.

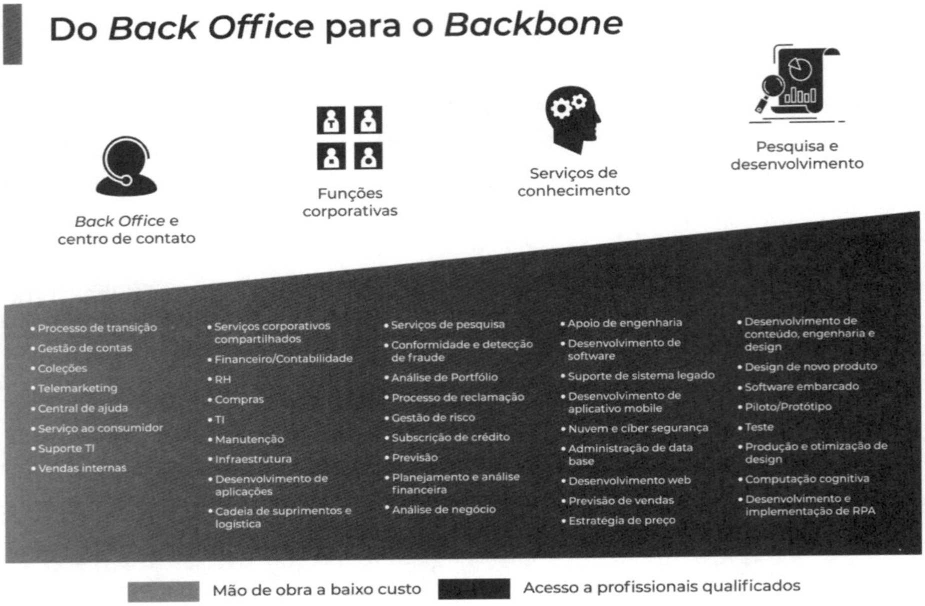

Do *Back Office* para o *Backbone*

Funções corporativas

Serviços de conhecimento

Pesquisa e desenvolvimento

Back Office e centro de contato

• Processo de transição	• Serviços corporativos compartilhados	• Serviços de pesquisa	• Apoio de engenharia	• Desenvolvimento de conteúdo, engenharia e design
• Gestão de contas	• Financeiro/Contabilidade	• Conformidade e detecção de fraude	• Desenvolvimento de software	• Design de novo produto
• Coleções	• RH	• Análise de Portfólio	• Suporte de sistema legado	• Software embarcado
• Telemarketing	• Compras	• Processo de reclamação	• Desenvolvimento de aplicativo mobile	• Piloto/Protótipo
• Central de ajuda	• TI	• Gestão de risco	• Nuvem e ciber segurança	• Produção e otimização de design
• Serviço ao consumidor	• Manutenção	• Subscrição de crédito	• Administração de data base	• Computação cognitiva
• Suporte TI	• Infraestrutura	• Previsão	• Desenvolvimento web	• Desenvolvimento e implementação de RPA
• Vendas internas	• Desenvolvimento de aplicações	• Planejamento e análise financeira	• Previsão de vendas	
	• Cadeia de suprimentos e logística	• Análise de negócio	• Estratégia de preço	

Mão de obra a baixo custo   Acesso a profissionais qualificados

Figura 5.1. Serviços corporativos da Costa Rica.
Fonte: adaptado de CINDE (s.d.).

Esse caráter multifuncional, somado à maturidade de mais de 25 anos como setor organizado na Costa Rica, permite que os Centros de Serviços se distanciem cada vez mais dos objetivos operacionais e consolidem as oportunidades de apoiar suas corporações, em sua sede, na tomada de decisões estratégicas por meio da inteligência de negócios.

Essa abordagem se posiciona como um diferencial competitivo para o país, tendo em vista que a maior base de processos de GBS instalada no mundo ainda é finanças e contabilidade, o que abre um amplo espaço para novas áreas de gestão.

De acordo com o estudo internacional "GBS Performance" liderado pelo The Hackett Group em 2020, a gestão da cadeia de suprimentos, aquisições indiretas e processos de recursos humanos são as categorias nas quais os *GBS Centers* projetam seu principal crescimento nos próximos dois a três anos, processos que atualmente são uma realidade na Costa Rica.

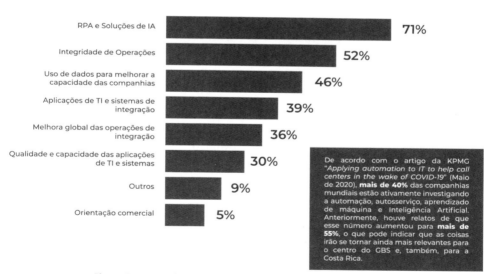

Figura 5.2. Prioridades de curto prazo dos GBSs da Costa Rica.
Fonte: adaptado de KPMG; CamSCAT (2020).

Evolução contra COVID-19

A chegada da pandemia COVID-19 estabeleceu um antes e um depois no mapa global dos modelos de negócios, e para o setor de Serviços Corporativos de Alta Tecnologia na Costa Rica não foi exceção. O ambiente hoje se traduz em uma história de sucesso graças à resiliência desse setor.

Desde antes do início da pandemia na Costa Rica (o primeiro caso foi registrado em março de 2020), muitas das empresas de Serviços Corporativos já contavam com o teletrabalho como parte de seus modelos operacionais e como um dos benefícios para seus funcionários.

Uma pesquisa conduzida pela empresa de consultoria PwC entre as afiliadas da CamSCAT em junho de 2020 mostrou que 79% das empresas estabeleceram o teletrabalho como um benefício antes da pandemia. As empresas reportaram uma média de dois a três dias por semana para determinados tipos de cargos, o que desde então garantiu um modelo sólido e escalável para mais dias e cargos, se necessário.

E com o passar de meses após o primeiro caso identificado no país, o modelo de teletrabalho se manteve estável, graças aos resultados obtidos. Um estudo liderado por CamSCAT, CINDE e Cushman & Wakefield, no primeiro trimestre de 2021, mostrou que 63% das empresas mantinham 100% do trabalho em casa, enquanto 16% lideravam 80% de suas operações em teletrabalho.

O robusto esquema de trabalho remoto, aliado a uma cultura de continuidade de negócios madura e proativa baseada em modelos de excelência operacional, tem permitido que as empresas mantenham e ampliem constantemente suas operações, com expansões de processos e de pessoal.

Além disso, alguns centros de empresas multinacionais têm dado apoio ou atenção a atividades que não puderam manter sua continuidade em centros localizados em outras geografias do mundo devido ao impacto da pandemia, e os da Costa Rica foram liderados com sucesso.

Evolução da relação do trabalho em casa (work-from-home ratio) dos colaboradores antes, durante e depois da pandemia

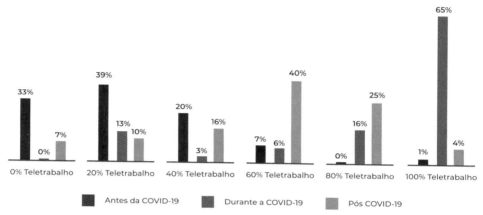

Figura 5.3. Trabalho remoto antes, durante e depois da pandemia COVID-19.
Fonte: adaptado de KPMG; CamSCAT (2020).

Atualmente, os Centros de Serviços Corporativos possuem metodologias que permitem conduzir seus processos com indicadores de desempenho de sucesso e melhorias contínuas. Além disso, o apoio emocional constante e a promoção de um estado de bem-estar para os colaboradores têm sido outro fator-chave para o sucesso.

Olhando para o futuro próximo, o modelo de trabalho que se visualiza é o híbrido, definido como um ecossistema de espaços de trabalho colaborativos, remotos e presenciais, dentro do conceito de escritórios ágeis para a continuidade dos negócios.

O mesmo relatório liderado por CamSCAT, CINDE e Cushman & Wakefield concluiu que apenas 4% das empresas visualizam manter o trabalho de casa em 100%.

Globalmente, essa visão coincide com um estudo também da Cushman & Wakefield que mostrou que 80% das empresas veem o modelo híbrido como o mais viável no novo normal.

Competitividade do país

O posicionamento da Costa Rica como destino por excelência no mundo para a atração e evolução dos Centros de Serviços Corporativos foi estratégico e se baseou em fatores altamente competitivos.

A qualidade do talento é sem dúvida um pilar fundamental na construção de um ambiente de intenso conhecimento e colaboração para o setor SCAT, destacando-se tanto o pessoal técnico e especializado disponível no país como o domínio da língua inglesa por uma alta percentagem da população.

Como referência, o país obteve a melhor pontuação da América Latina tanto no teste TOEIC quanto no TOEFL iBT, segundo dados publicados pelo CINDE.

Além disso, a Costa Rica se destaca por sua localização geográfica estratégica, seu clima de negócios, altos níveis de qualidade de vida, estabilidade política e econômica, um sistema educacional robusto, incentivos ao investimento estrangeiro e uma experiência de mais de 25 anos já comprovada em processos de Serviços Corporativos de classe mundial.

A prova dessa consolidação do país como destino de referência é a presença de mais de 12 empresas "Fortune 500" apenas no setor de *Corporate Services*.

Outra característica fundamental em termos de competitividade é a organização do setor de Serviços Corporativos como uma comunidade em constante colaboração através da gestão da Câmara de Serviços Corporativos de Alta Tecnologia (CamSCAT). Modelo de troca de conhecimentos e melhores práticas que hoje se posiciona como referência na América Latina.

Com base nessa experiência, nos últimos anos a CamSCAT ampliou sua gestão comunitária para um conceito de colaboração regional e ecossistema de trabalho, por meio de esforços de diálogo e acordos bilaterais com economias onde os Serviços Corporativos têm um dinamismo crescente, como a Colômbia (por meio da Associação Nacional de Empresários Colombianos) e Brasil (com a Associação Brasileira de Serviços Compartilhados). O objetivo principal é a criação conjunta de um capítulo de Serviços Corporativos na região.

Talento

O país continua a fortalecer seu esquema de competitividade dentro do novo normal. Sempre colocando o fator humano no centro do modelo de Serviços Corporativos, as instituições acadêmicas do país, o setor produtivo e as entidades governamentais lideram conjuntamente os esforços para o desenvolvimento do talento nacional de acordo com as novas necessidades e capacidades que foram identificadas na Quarta Revolução Industrial.

A empresa de consultoria internacional The Hackett Group identificou uma demanda crescente por novas funções nos Centros GBS, em áreas como ciência de dados, ciência comportamental, análise de risco digital, engenharia de otimização, desenvolvimento de robótica e centros de excelência.

Nessa linha de evolução, as empresas do setor de Serviços Corporativos têm desempenhado um papel fundamental, tanto em temas de inovação e promoção da cultura de digitalização como na criação de novos cargos e perfis de trabalho, e ao mesmo tempo no desenvolvimento de novas capacidades.

Historicamente, o setor tem promovido uma constante transferência de conhecimento, bem como o fortalecimento de uma cultura organizacional de padrões altamente competitivos que operam sob práticas empresariais de classe mundial. Comportamento que hoje é chave em tempos de transformação.

Dados do setor de serviços corporativos | Costa Rica

- Geração de empregos por subsetor:

Contact Centers e BPO: 32.804 postos.

Tecnologia Digital e Centros de Processos: 24.936 postos.

Centros de Serviços Compartilhados: 23.631 postos.

- Em relação ao tamanho das organizações em termos de número de colaboradores, o maior percentual de empresas situa-se na faixa de 101 a 500 cargos.

- No caso específico dos Centros de Serviços Compartilhados, mais de 60% das empresas possuem um modelo multifuncional.

Fonte: CINDE (dezembro de 2020).

Sobre CamSCAT

A Câmara de Serviços Corporativos de Alta Tecnologia (<www.camscat.org>) é uma associação empresarial privada sem fins lucrativos, criada em 2007, que agrupa e representa empresas do setor de Serviços Corporativos de Alta Tecnologia na Costa Rica.

Sua gestão é baseada em quatro pilares estratégicos:

Inovação – Promoção de uma cultura de inovação contínua para gerar uma proposta de maior valor para os mercados globais.

Sustentabilidade – Geração de valor com impacto nos aspectos social, econômico e ambiental, garantindo a liderança do setor SCAT no mercado.

Colaboração – Promoção da gestão participativa constante e contínua entre empresas da comunidade de Serviços Corporativos de Alta Tecnologia, integrando atores do ecossistema local e internacional.

Integridade – Responsável por liderar ações para o desenvolvimento de talentos, a geração de conhecimento e a troca de melhores práticas.

Fonte: CamSCAT.

Proposta de valor CamSCAT

> *"Somos a comunidade SCAT (Serviços Corporativos de Alta Tecnologia) que nos permite compartilhar as melhores práticas e experiências, buscando potencializar a geração de conhecimento e o desenvolvimento sustentável de cada organização."*

Rumo a um maior conhecimento

As exportações de Serviços Corporativos da Costa Rica como porcentagem do Produto Interno Bruto superaram as vendas externas de produtos agrícolas desde 2013, o que impulsiona uma economia cada vez mais baseada no conhecimento.

Exportações de indústrias selecionadas como % do PIB

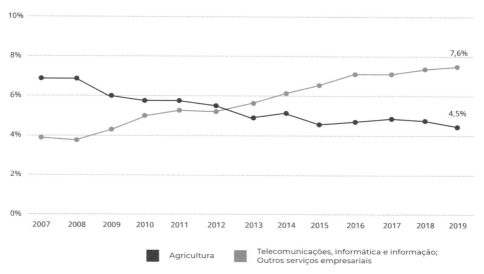

Figura 5.4. Exportações de indústrias selecionadas como % do PIB.
Fonte: adaptado de CINDE (s.d.).

6. A importância da ABSC para o ecossistema de CSCs e apoio para o desenvolvimento do país

Eden Paz
Timóteo Tangarife
Laércio Ávila

Para contar um pouco sobre a história da ABSC é necessário retornar há cerca de 15 anos, quando se inicia o primeiro grupo de CSC do Brasil, o GESC (Grupo de Estudos de Serviços Compartilhados), que tinha como objetivo a troca de experiência entre empresas que haviam adotado o modelo de gestão por Serviços Compartilhados.

A partir dessa iniciativa e com o crescimento da adesão ao modelo de CSC no Brasil, novas demandas foram surgindo e várias possibilidades começaram a ser transforma-das em ações. Primeiro foi a criação de novos grupos, pois, por conta da limitação do modelo adotado pelos grupos, algo entre 20 e 25 empresas apenas podem participar de cada grupo. Depois, a necessidade de capacitar e formar profissionais com carac-terísticas/perfil do modelo de gestão do CSC, voltados para a cultura de prestação de serviços, melhoria contínua, etc. Para atender a este segundo ponto, um grupo de executivos do GESC e mais alguns profissionais de CSC convidados formaram um grupo para desenvolver um curso EAD para formação especial em CSC, em parceria com o SENAI de Florianópolis, que foi o primeiro no país.

Também, como consta detalhadamente neste livro, surgiu uma oportunidade de tornar o Brasil competitivo para que viesse a se tornar um *hub* de serviços para o mundo/região, assim como outros países já o fizeram e estão fazendo. Com isso surge a iniciativa chamada de **REserv**, que pleiteava um regime especial para o segmento e sua cadeia de Serviços Compartilhados que serviu de inspiração e foi decisivo para a criação da ABSC.

Sendo assim, vamos compartilhar como a ABSC foi constituída e definiu os seus objetivos, como levar o Brasil para uma posição de destaque em termos de opção viável para instalação de CSCs e Serviços.

Um dos mais importantes objetivos da ABSC, e um dos motivadores do surgimento da associação, é "influenciar na adequação da legislação brasileira para que promova a competitividade das empresas e de seus serviços compartilhados através de incentivos fiscais e da redução do custo Brasil".

Durante as reuniões do grupo GESC, no início da década de 2010, muito se discutia sobre como as empresas poderiam buscar alternativas para tornar o Brasil um *hub* de prestação de serviços.

No final de 2012 e durante o ano de 2013, capitaneados pelo GESC e com apoio dos demais grupos, tivemos a oportunidade de promover um primeiro movimento envolvendo todos os grupos de CSC organizados até então e levar nossas demandas ao governo brasileiro. Foi a iniciativa para criação de um Regime Especial [REserv], que visava desonerar toda a cadeia envolvida no processo do CSC, com enfoque nos tributos federais. A carta enviada ao Ministro da Fazenda da época será reproduzida mais adiante neste capítulo.

Tivemos nossa primeira reunião presencial no Ministério da Fazenda em 20 de novembro, em Brasília, com o Secretário de Assuntos Econômicos Márcio Holland, onde apresentamos o conceito de CSC e os dados da pesquisa que realizamos sobre o REserv, e entregamos o ofício reproduzido na sua íntegra a seguir.

Aproveitamos para destacar a condução técnica realizada pelo Gerente Tributário do CSC da Gerdau, Osvandir Gaspar e sua equipe, na preparação técnica de todo o conteúdo apresentado. Osvandir, como coordenador técnico dessa iniciativa, já estava trabalhando com o Secretário Adjunto na elaboração da proposta operacional para a sequência dos trabalhos.

Destacamos também a participação das seguintes pessoas nessa reunião: Dr. Jorge Gerdau (Presidente do Conselho da Gerdau); Márcio Holland (Secretário de Assuntos Econômicos); José Maria (Secretário Adjunto de Assuntos Econômicos); Claudio Gastal (Secretário Executivo da Câmara de Gestão – Gabinete da Presidência); Osvandir Gaspar (Gerente Tributário da SSG Gerdau e Coordenador do REserv); Eden Paz (*Head* da SSG Gerdau); José Serrador (Diretor Embraer); e Flavio Korn (Diretor de Serviços Ânima e representante SOMAR).

A seguir, cópia fiel do documento entregue na reunião.

São Paulo, 16 de setembro de 2013

Exmo.Sr. Guido Mantega

<u>Ministro de Estado da Fazenda</u>

Ref.: Regime Especial de Tributação para Centro de Serviços Compartilha-dos – CSC

É notória a relevância cada vez maior da participação econômica das empresas de prestação dos serviços no âmbito das transações internacionais, sendo possível afirmar que quanto mais desenvolvido é um país, maior a participação dos serviços no seu PIB.

Com este espírito, o GESC (Grupo de Estudos de Serviços Compartilhados), o SOMAR (Serviços Orientados Metodologicamente a Resultados) e o Grupo Compartilha, através de Coalizão das Empresas que os compõem, vêm através desta apresentar proposta de alteração na legislação federal, no sentido de incentivar a implantação de Centros de Serviços Compartilhados – CSC que, a partir do Brasil, prestarão serviços administrativos e transacionais, tais como contabilidade, contas a pagar, contas a receber, cobrança, recursos humanos, jurídico, cadastro, serviços de apoio, serviços de suporte operacional, serviços de tecnologia da informação (TI) e comunicação (TIC), de *call center* e demais serviços utilizados de forma compartilhada para empresas integrantes de um mesmo Grupo Econômico, sejam elas controladoras, controladas, coligadas ou, ainda, estabelecimentos da própria pessoa jurídica titular do CSC.

Um CSC tem como objetivo capturar sinergias entre as diversas unidades de empresas integrantes de um mesmo grupo econômico, centralizando num mesmo local as atividades meio, administrativas e transacionais, proporcionando às empresas focar suas atenções nas atividades fim do negócio e a receber do CSC serviços padronizados com maior eficiência e menores custos, devido ao ganho de escala que este modelo vem proporcionando aos seus respectivos grupos econômicos.

Trata-se de proposição de interesse nacional, pois, além de estancar o forte processo de transferência da execução de serviços de suporte para outros países que hoje oferecem custos mais competitivos (em razão de regimes tributários mais benéficos), pode, em alguns anos, alçar o Brasil à condição de importante polo mundial de prestações de serviços.

Neste sentido, recente estudo elaborado pela respeitada consultoria The Hackett Group intitulado "Localização Estratégica: Uma Perspectiva Global de quais países e cidades são mais atraentes para se estabelecer um Centro de

Serviços Compartilhados" analisou a atratividade para atividades de serviços compartilhados em 50 países e 90 cidades ao redor do mundo. O Brasil está na 36ª posição neste estudo, ocupando a incômoda última posição entre os países da América Latina.

Além dos países mais conhecidos por atraírem Centros de Serviços Compartilhados com incentivos fiscais e subsídios para investimentos, como China e Índia, muitos outros estão atraindo empresas com estímulos semelhantes – exemplo disso são Filipinas, Hungria e Polônia. Na América Latina os principais países que concedem incentivos para instalação de Centros de Serviços Compartilhados são Uruguai, Argentina, México e Costa Rica.

Para fazer frente à concorrência mundial por Centros de Serviços Compartilhados, de modo a aumentar a competitividade das empresas nacionais, propõe-se que seja criado um Regime Especial de tributação para os Centros de Serviços Compartilhados abrangendo os seguintes estímulos:

I) suspensão da incidência da Contribuição para o Programa de Integração Social – PIS/PASEP e da Contribuição para Financiamento da Seguridade Social – COFINS e do Imposto sobre Produtos Industrializados – IPI, com a expressa manutenção de crédito, sobre as vendas de insumos, inclusive energia elétrica e serviços de telecomunicações, materiais e bens de capital e as prestações de serviços efetuadas para o Centro de Serviço Compartilhado habilitado no Regime Especial de Tributação e necessários à consecução de seu objeto;

II) suspensão da incidência da Contribuição para o Programa de Integração Social – PIS/PASEP e da Contribuição para Financiamento da Seguridade Social – COFINS sobre os faturamentos dos Centros de Serviço Compartilhados;

III) não incidência da contribuição para custeio da previdência social de que trata os incisos I e III do art. 22, da Lei nº 8.212, de 24 de julho de 1991;

IV) não incidência do Imposto sobre Operação Financeira – IOF relativo aos financiamentos, seguros e operações de câmbio inerentes às aquisições de bens, pagamentos de prêmios, recebimentos e/ou remessas de numerários necessários à consecução de seus objetivos;

V) ressarcimento previsto nos artigos 1º e 2º da Lei nº 12.546, de 14 de dezembro de 2011, que instituiu o Regime Especial de Reintegração de Valores Tributários para as Empresas Exportadoras – REINTEGRA, e que os valores ressarcidos não integrem a base de cálculo de quaisquer tributos ou contribuições administradas pela Receita Federal do Brasil;

VI) suspensão da aplicação das regras de Preço de Transferência para o Imposto de Renda nas transações necessárias à consecução de seu objeto;

VII) eliminar a incidência do Imposto de Renda da Pessoa Jurídica – IRPJ e Contribuição Social sobre o Lucro Líquido (CSLL) desta atividade.

Em relação aos itens VI e VII, entende-se que as empresas de um mesmo Grupo Econômico procederão às cobranças a partir da pactuação de reembolso, assim entendido como o rateio de custos e despesas correspondentes ao esforço incorrido na realização da atividade, sem parcela de lucro adicional.

Além de reforçar e proteger a economia nacional, a presente proposição viabilizará a formação de um novo segmento de prestação de serviços de excelência, com potencial para gerar milhares de empregos que exigirão pessoas mais bem preparadas tanto do ponto de vista técnico quanto com relação ao domínio de vários idiomas. Isto criará um círculo virtuoso, na medida em que a procura por mão de obra qualificada faz com que mais indivíduos busquem a qualificação esperada para ocupar estas posições, criando um ambiente propício para o aprimoramento cultural da nação.

A eventual perda de arrecadação dos tributos diferidos e/ou dispensados será neutralizada pela geração de postos de trabalho e pela movimentação da economia nacional em torno dos meios necessários à prestação dos serviços pelo CSC, ou seja, no incremento da demanda por bens e serviços.

Uma pesquisa aplicada a uma amostra de 24 empresas, pertencentes aos três grupos que representam esta coalizão, com Centro de Serviços Compartilhados no Brasil mostrou que existe uma tendência de transferência desses centros de serviços para outros países. Os resultados da pesquisa indicam que o Brasil está perdendo competitividade nessa área por apresentar uma política fiscal que não estimula esse tipo de serviço.

Das empresas respondentes, 65% afirmaram considerar a possibilidade de migração do CSC do Brasil para outros países. Dentre as principais justificativas para esta possibilidade, pode-se apontar a busca por competitividade, incentivos financeiros e fiscais, além de menores custos operacionais e de infraestrutura. Além disso, 23% das empresas afirmaram que já houve migração de alguma atividade do CSC do Brasil para outros países de forma a reduzir custos.

As empresas listaram alguns dos países que elas consideram mais atrativos para a localização de um CSC. Destacaram-se México, Índia, Argentina, Uruguai e Colômbia.

Vale destacar que o faturamento de 30 das empresas pertencentes aos três Grupos representa cerca de 11% do PIB brasileiro. Estas são responsáveis por 551.699 postos de trabalho no país, sendo 10.771 empregos diretos somente nos Centros de Serviços Compartilhados. Além disso, os impostos sobre o faturamento destas empresas são de R$ 60.888.118.564,00. Esses números reforçam a representatividade desta Coalizão, assim como mostram a importância de tornar o país atrativo para estes serviços, dado o número de empregos que esses Centros geram.

Sendo o que se nos apresenta no momento, ficamos a vosso dispor para quaisquer esclarecimentos adicionais, e subscrevemo-nos

Atenciosamente,

GESC
JAIR BONDICZ – PRESIDENTE

BRF

Grupo Compartilha
PRESIDENTE

SOMAR
FLÁVIO KORN – PRESIDENTE
ÂNIMA EDUCAÇÃO

Trazemos este caso como exemplo, pois, como descrito antes, essa iniciativa dos grupos foi fundamental para demonstrar a importância da criação de uma entidade que viesse a representar o segmento de Serviços (CSC) e que pudesse ajudar o Brasil a se tornar um dos polos de serviços do mundo.

Diante de tantas demandas comuns e cada vez mais crescentes, este mesmo grupo de profissionais no início da década de 2010 começa a discutir formas, modelos e possibilidades que, juntamente com as iniciativas narradas, criaram o ambiente adequado para o passo seguinte, que foi a busca pelo melhor modelo para criarmos a associação e que viria a se tornar a ABSC, Associação Brasileira de Serviços Compartilhados, conforme comentado no prefácio deste livro por três dos idealizadores da ABSC.

Conforme descrito a seguir, a ABSC nasce sem fins lucrativos, formada por profissionais e empresas do mercado de Serviços Compartilhados, representando a maior iniciativa do país na aproximação e consolidação do segmento perante o mercado, a sociedade e o governo.

A ABSC se destina a promover o tema Serviços Compartilhados através da integração de seus associados, captando informações, disseminando conhecimentos, exercendo ação política e contribuindo para o aumento da competitividade do setor.

A ABSC tem um papel muito importante no país, possuindo os seguintes objetivos:

- ✓ Influenciar na adequação da legislação brasileira para que promova a competitividade das empresas e de seus serviços compartilhados através de incentivos fiscais e da redução do custo Brasil.
- ✓ Representar os interesses das empresas e dos profissionais associados perante os setores público e privado.
- ✓ Desenvolver, organizar e disponibilizar o conteúdo sobre serviços compartilhados.
- ✓ Criar condições que propiciem às suas associadas evoluírem nas atividades de prestação de Serviços Compartilhados através do desenvolvimento do modelo de Serviços Compartilhados, da modernização dos processos do setor e da promoção da atividade.
- ✓ Catalogar e promover a divulgação de informações e estatísticas sobre o tema, aumentando a abrangência dos dados e investindo no aprimoramento dos estudos realizados.
- ✓ Promover encontros entre os associados por meio de eventos e grupos de trabalhos, como nas áreas financeira, fiscal, contábil, de recursos humanos, dentre outras.
- ✓ Apoiar novas implementações de Serviços Compartilhados.
- ✓ Fomentar a organização de cursos que contribuam para o desenvolvimento e a sustentabilidade dos Serviços Compartilhados no país.
- ✓ Assessorar o poder público ou privado na implantação de áreas restritas no país que visem à implantação de locais que venham a ter benefícios fiscais e econômicos para as organizações públicas e privadas implantarem as suas unidades de Serviços Compartilhados.

Entendemos que a ABSC tem um papel importante para o desenvolvimento do país à medida que tenta articular com o poder público e o governo maneiras de potencializar o ecossistema no país buscando: tornar menos burocrática a entrada (e o estabelecimento) de multinacionais em território brasileiro; utilizar mão de obra brasileira ampliando vagas e oportunidades; e melhorar a educação, principalmente na ampliação de idiomas.

A importância da ABSC para o ecossistema de CSCs e apoio para o desenvolvimento do país **55**

Foi assim, com suas bases fincadas em pilares robustos apoiados em um propósito claro, que a ABSC avançou de maneira rápida e sustentada.

Com a evolução do próprio modelo de Serviços Compartilhados, que se disseminava cada vez mais pelo país, a ABSC passou a caminhar com passos largos para se consolidar como o principal *hub* nacional do segmento, de modo a conectar não somente organizações que já haviam implantado seus CSCs, como também uma enorme gama de atores que possuem convergência entre si, de modo a se posicionar como o principal centro pensante de um ecossistema que se fortalece a cada ano.

Para tanto, várias iniciativas foram desenvolvidas, desde a promoção do intercâmbio entre os grupos de discussão, ao realizar o Encontro Nacional ABSC, passando pelas premiações e reconhecimentos como CSC destaque e profissional destaque, através da iniciativa Melhores do Ano, fomentando e incentivando assim a busca pela excelência por meio do reconhecimento.

É certo falar que a ABSC nasceu pautada pela busca de fomentar a excelência organizacional, reflexo do próprio modelo de Centro de Serviços Compartilhados. Mas, como uma entidade dinâmica, que entende o contexto e o mundo em que está inserida, a ABSC então se reinventou.

Ao entender seu papel crucial como ponta de lança para evolução do modelo de Serviços Compartilhados no Brasil, e, por consequência, na evolução e competitividade do próprio país, a ABSC continuou a reconhecer e divulgar as boas práticas já realizadas. E passou a colocar o seu olhar principalmente no futuro, provocando positivamente e deliberadamente o segmento a se repensar.

Surge assim o **CSC Innovation Day**, que congrega todo o histórico de busca pela excelência operacional tão importante para entrega de valor, mas principalmente coloca a inovação como meio para que os CSCs se tornem definitivamente protagonistas nas transformações organizacionais e digitais tão importantes para o contexto atual.

Com isso, o ecossistema em torno da ABSC se consolida e se expande. A partir desse momento, não somente Centros de Serviços Compartilhados associados interagem entre si, mas também *startups*, outros ecossistemas e provedores de soluções de serviços e tecnologia que se unem em prol de um propósito comum: o de tornar o Brasil um país referência em excelência e inovação quando falamos de CSCs.

Foi também com esse olhar para o futuro que a ABSC iniciou sua conexão com parceiros internacionais como a ANDI (Associação Nacional de Empresários da Colômbia) e a CAMSCAT (*La Cámara de Servicios Corporativos de Alta Tecnología*).

Com a certeza de que a busca por fomentar e melhorar o futuro seguirá sendo combustível para que a ABSC continue sua tão importante jornada voltada para a geração de valor, este livro representa de maneira forte e intensa a viabilização desse desejo, que agora se materializa como legado e se torna mais uma alavanca para que as próximas gerações se inspirem e saibam como a paixão e o trabalho de tantas pessoas que compartilharam sonhos e conquistas podem verdadeiramente construir um Brasil melhor.

PARTE II

REQUISITOS PARA IMPLANTAÇÃO
(POR ONDE COMEÇAR)

7. Os CSCs e o desafio de equilibrar gestão e inovação

Luis Alberto Leal

Os Centros de Serviços Compartilhados vêm sendo muito demandados para a implementação de processos de inovação e para que sejam catalisadores de transformações em processos e atividades dentro das organizações.

Neste livro temos um capítulo completo dedicado ao tema da transformação digital e inovação e como esse processo está acontecendo dentro dos CSCs, como as metodologias estão sendo aplicadas e como essa demanda tem sido traduzida pelos líderes de CSCs no Brasil.

Esse é um tema tão forte nas discussões de grupos de CSC que em alguns momentos podemos inclusive confundir esse processo como uma completa alteração na estrutura de gestão e que algumas bases do modelo não são mais relevantes.

Muitas discussões parecem levar a conceitos antagônicos quando falamos em CSC e inovação. Enquanto em modelos mais tradicionais de CSC a padronização, repetição, times especialistas e execução em esteira eram temas centrais, hoje com a inovação se pedem colaboração, times multidisciplinares, novas formas de se fazer, métodos ágeis de entrega etc.

De qualquer forma, é nesse contexto que se forma a disputa entre o ideal da antiga gestão com as fortalezas de um CSC *versus* a busca necessária e incessante por inovação, onde temos a padronização e a repetição que trazem ganhos de performance e de *compliance* que moldaram um sólido pilar desde o início do compartilhamento e da centralização e o outro lado do vetor que é inovar algo que funciona e não deveria falhar por uma nova ideia, um novo processo, ferramenta ou mesmo formato de entrega.

Deve-se deixar claro que as execuções de todas as entregas do CSC são pautadas por times que estão focados na entrega, foram contratados e treinados para isso, e é onde começam os desafios de mudarmos a estrutura e a cultura das pessoas do CSC.

Uma primeira reflexão que a liderança de um CSC deve fazer em relação à gestão e inovação é como transmitir a todo o CSC que esses temas devem caminhar em conjunto, ou seja, a gestão e a governança não devem ser uma trava para a inovação, e da mesma forma a inovação não deve ficar alienada do processo de gestão do centro.

No mercado existem diversos métodos para gestão da inovação que podem e devem ser integrados ao modelo de gestão do centro de serviços, modelando as características e necessidades de cada organização de forma que a gestão alcance os resultados esperados.

Em uma breve reflexão sobre o Manifesto Ágil de 2001, podemos buscar aplicar seus conceitos a um modelo de Centro de Serviços Compartilhados.

Indivíduos e interações mais que processos e ferramentas

A discussão dentro do manifesto se faz para o desenvolvimento de software, mas, se trouxermos para dentro do contexto do CSC, a gestão do centro pode promover uma evolução na qualidade da interação das pessoas e resolver problemas de comunicação. Essa discussão nos lembra que ferramentas e processos são fundamentais em um CSC, mas nunca devemos esquecer as pessoas e suas interações, já que em última instância quem resolve as questões e os problemas são essas pessoas que estão no time. Inclusive a identificação de potenciais automações e a parametrização em ferramentas dependem do conhecimento das pessoas nos processos.

Funcionamento do software mais que documentação abrangente

É claro que em geral os CSCs não possuem foco na criação de um software, porém o conceito pode ser transportado para o dia a dia dos CSCs. Vale sempre avaliar quanto de documentação dos processos é realmente necessário para a sustentabilidade e manutenção do conhecimento. Muitas vezes podemos ter grandes discussões sobre mapeamento de processos, criação de procedimentos, discussão com clientes do centro, porém esse cliente não consegue ter a percepção do que realmente importa. Por isso é tão importante revisitar periodicamente as formas de documentação do centro e aplicar as evoluções necessárias e racionalizar na medida do possível essa documentação.

Colaboração com o cliente mais que negociação de contratos

Um dos pontos importantes em um CSC é a necessidade de clareza dos serviços que serão prestados. Dessa forma, são elaborados Acordos de Nível de Serviços, contratos de transferência de custos, entre outros documentos com o nível de detalhamento da prestação de serviço do centro.

Porém, é fundamental que esse documento e os serviços prestados atendam à necessidade de cada cliente. É importante, portanto, a atuação em conjunto em um ambiente de colaboração para que as necessidades sejam atendidas.

Para aqueles centros que respondem a funções corporativas ou *holding*, como, por exemplo, uma área de apuração fiscal do CSC que tem um parceiro fiscal na *holding*, existe uma necessidade ampliada de promover a colaboração, trabalhando em equipe e tomando decisões em conjunto. Quanto mais integradas essas áreas estiverem, mais soluções rápidas e objetivas teremos.

Capacidade de resposta às mudanças acima do plano preestabelecido

Temos aprendido que no desenvolvimento de software a capacidade de mudança rápida face a um ambiente de incertezas é primordial.

Os centros de serviços também precisam cada vez mais trabalhar essa capacidade de se transformar rapidamente conforme as necessidades do negócio ou mesmo de alterações realizadas no mercado.

A cada dia os CSCs estão sendo impactados pela transformação digital e toda a transformação dos negócios e precisam se reinventar, implementar novos métodos e ferramentas e promover uma transformação contínua no modelo de pensamento do CSC.

As reflexões anteriores são uma forma de explicar como conceitos de inovação podem ser aplicados ao CSC, porém é importante que métodos de inovação estejam sempre em discussão nos centros de serviço e sejam efetivamente ferramentas de evolução e transformação do CSC.

Analisando por outra direção, fatores que são pilares para os centros de serviços podem ser incorporados ao processo de inovação do centro e auxiliar na aceleração de entrega de resultados que a companhia deseja.

A gestão por indicadores que é realizada nos centros de serviço pode promover uma visão clara de onde estão os gargalos e as maiores oportunidades de inovação e de aplicação de melhorias, sendo fonte importante de informação para os times de inovação.

A gestão por processos contribui para a construção de ferramentas robustas, que, aliadas à gestão do conhecimento e do grande volume dados que passam pelo CSC, podem ser fonte primordial para processos de inovação em *data analytics*, *machine learning*, entre outros, com alto potencial de geração de valor agregado para toda a companhia.

Sabendo que as realidades das empresas são distintas e que, mesmo existindo fortalezas em comum nos CSCs, cada empresa pode exigir de um CSC uma entrega diferente em um determinado planejamento a curto ou longo prazo, pode-se pedir ainda que sejam os padronizadores de todos os processos envolvidos, que sejam a área para garantir *compliance*, que promovam redução de custo, que apoiem uma onda de aquisições de outras empresas para integração veloz das adquiridas, que realizem um controle centralizado, que meçam a experiência do cliente, ou seja, existem situações que moldam bem o que é exigido da área e esse molde influencia bastante a estrutura e principalmente a cultura das pessoas e da área. Dado esse ponto, a tomada de decisão de termos um CSC que busca inovação de forma ativa deverá influenciar na sua estrutura e também em sua cultura.

Quando o assunto é estrutura, um dos caminhos que facilita e impulsiona a alteração da mentalidade de inovação é quando a própria empresa, em seu objetivo de inovar, lidera e permeia para todas as áreas da companhia os modelos, a perspectiva e a cultura de inovação. Mas mesmo tendo a inovação como tema corporativo, vê-se que a criação de uma outra estrutura dentro do CSC que mantenha a inovação como o escopo de trabalho, tanto na visão para a busca de soluções no mercado como na cultura interna, se torna uma boa prática para que a tentação das áreas executoras de serviço em manter tudo como está seja influenciada pelas inovações propostas e que porventura venham a ser implantadas, trazendo os resultados esperados.

8. Os CSCs como alavanca de valor do negócio

Marcelo Pardi

Um CSC pode ser implantado nas empresas com diversos desafios e finalidades – como já dito, obter sinergias financeiras, padronização, *compliance* e escalabilidade sempre estarão na pauta de qualquer nova implantação ou mesmo em reconstruções da estrutura. A cada momento estratégico da empresa um dos fortes pilares pode ser mais exigido do que o outro, mas o equilíbrio deles é que mantém a continuidade das entregas de forma segura para a empresa.

As tarefas que não fazem parte do produto final da empresa, ou seja, do produto que ela vende ou do serviço que ela presta, como folha de pagamento, contas a pagar, contas a receber, contábeis, tributários e outras, começaram a ser nomeadas por alguns de **processos transacionais**, diferindo dos **processos estratégicos**, onde se encaixam aqueles que tinham resultado direto no produto final e que mudavam como a empresa chegava ao mercado.

E se, com o passar dos anos, uma área com processos transacionais, como o CSC, começar sua trajetória de se tornar uma área estratégica?

Pode-se atribuir essa transformação a vários fatores e a cada um deles ao tipo de empresa e ao momento em que ela vive, seja este o momento financeiro ou cultural.

Mas antes de irmos ao ponto da transformação, será que para chegar à excelência nos serviços prestados como transacionais não é necessário ter estratégia? Deixamos claro que a excelência aqui comentada é o melhor equilíbrio entre custo, qualidade e tempo de execução de cada serviço. Um dos subpontos de implantação de um CSC é a melhoria dos processos, fato que se comprova com todo o conteúdo do livro e que fortalece a ideia de que a eterna busca por melhoria se baseia em uma estratégia interna do CSC em conjunto com a estratégia da empresa.

Os líderes do CSC possuem o papel de equilibrar a capacidade de estabilização constante da operação *versus* a incessante busca por evolução, o que já indica que a estratégia é aplicada no dia a dia. Damos um exemplo:

A área de marketing da companhia lançará uma campanha que colocará N vendedores na rua, mas para isso precisa adiantar um X valor de despesas para que eles iniciem o trabalho em dois dias úteis. A demanda chega como urgente, e, sabendo que está fora do seu *capacity* normal de resposta, o CSC precisará de uma estratégia para executá-la.

No dia a dia de empresas de grande porte, inclusive, é comum diversas demandas emergenciais acontecerem sem aviso; vê-se então que existem estratégias que são usadas constantemente dentro de um CSC, mesmo que no exemplo dado ela seja interna do departamento e não uma ação estratégica que impacte diretamente o produto final de uma empresa.

Vamos a outro exemplo. Uma empresa está em contínua expansão fazendo aquisições de outras empresas. Como estratégia de controle, o CSC será o responsável pela integração das áreas de *backoffice*[2] da forma mais rápida possível, pois, ao fazer isso, se controlam de forma mais rápida os novos ativos e por consequência executam-se as sinergias operacionais, gerando assim mais valor para a aquisição e melhores resultados. Aqui neste exemplo deixa-se claro que uma estratégia forte da companhia é executada pelo CSC.

É fato que, para uma tarefa ser melhorada, os CSCs devem construir e manter uma área de performance, com indicadores, melhoria contínua, análise de dados financeiros e em muitos casos análise do comportamento corporativo das pessoas que executam os serviços.

Essa necessidade intrínseca do CSC de se manter competitivo com o modelo sempre saudável aos olhos das empresas força a instalação de uma constante estratégia de melhoria contínua e inovação. A inovação no CSC ajuda a trazer soluções que ficam mais próximas à estratégia final das empresas.

---

[2] Em tradução livre, "parte de trás do escritório". A parte de trás do escritório dá total suporte ao *front office*, ou seja, a áreas que se relacionam diretamente com o público.

Podemos exemplificar alguns pontos que transformaram a antiga ideia de um CSC apenas transacional para um CSC muito mais próximo da estratégia principal das empresas:

✓ 1. Ter em suas mãos todo ou a principal parte dos dados:
- Financeiros do cliente final, receitas
- Financeiros dos fornecedores, despesas
- Financeiros da folha de pagamento, despesas
- Tributários
- Contábeis
- Humano, gente, perfil, local de trabalho, salário, cargo, função etc.
- Promoções, admissões, *turnover*, movimentações
- Dos movimentos organizacionais, M&A, reorganização societária
- Jurídico trabalhista
- Jurídico societário
- Jurídico cível

E diversos outros dados comuns e particulares a cada empresa e a cada negócio/setor, seja indústria, comércio, serviço. Para cada empresa distinta um modelo distinto de CSC pode ser criado e por consequência uns com centralização maior de dados e informações do que outros.

✓ 2. Tornar-se ponto de referência:
- Na organização nos processos
- No melhor tempo de atendimento
- Na excelência da prestação do serviço
- Nas entregas de projetos no prazo, custo e escopo
- No engajamento dos times
- NPS positivo
- No monitoramento e tratamento contínuos nos indicadores da gestão de eficiência e eficácia

Pode-se concluir que ter um CSC ligado à estratégia da companhia não se torna nada incomum quando um caminho natural pelos pontos apresentados é percorrido. A própria excelência buscada na área, de maneira positiva, influencia a percepção dos executivos para deixar a área cada vez mais próxima da construção e execução das estratégias de cada empresa.

9. Governança

Luis Alberto Leal

Após a tomada de decisão pela implementação de um Centro de Serviços Compartilhados, é fundamental estruturar como será o processo de governança. Infelizmente não existe uma fórmula mágica para se chegar à melhor estrutura que possa ser adotada por todas as empresas que desejam criar um CSC.

A governança do centro deve sempre ser pensada em conjunto com a cultura e as necessidades do momento de cada companhia. Um CSC que atende apenas a funções de RH pode ter necessidades diferentes de um CSC com diversas funções que atendem a empresas de mais de um segmento ou a mais de um país.

Outro aspecto importante é o nível de maturidade do centro, pois cada fase envolve um nível de complexidade na governança. Por isso é essencial um processo de revisão quando se passa do momento da implementação para a estabilização e revisões periódicas ao longo de sua operação normal.

Assim fica claro que, independentemente da complexidade, do tamanho ou da fase do CSC, é indispensável estabelecer um processo de governança. E ela deve ser pensada como um processo estruturado que garanta que os passos sejam seguidos e sua evolução seja garantida ao longo do tempo.

A governança possui um papel fundamental no CSC, pois, em geral, o centro está atendendo a diversas empresas/áreas com características e necessidades completamente diferentes, sendo demandado um alto nível de controle e gestão para suprir os desejos e as necessidades desses clientes.

A mentalidade de prestação de serviços deve fazer parte do pensamento de toda a liderança do CSC, sempre colocando o cliente no centro e buscando soluções que atendam à sua necessidade.

Dessa forma, a governança de um CSC pode utilizar algumas ferramentas e processos que auxiliam em uma operação estável e que buscam gerar valor aos clientes. Esses componentes não se propõem a ser um manual de gestão, mas aspectos que devem ser pensados ao longo da evolução do centro.

Rotinas de gestão

Em um CSC as rotinas de gestão têm uma importância fundamental para o bom andamento das atividades, pois, ao atender a uma grande variedade de serviços, é necessário um elevado grau de comprometimento com as entregas e com os prazos acordados.

A realidade e a cultura de cada empresa devem ser levadas em consideração, porém é importante que sejam realizadas reuniões recorrentes com as lideranças do CSC, e essas lideranças realizem reuniões diárias/periódicas com os times. Assim, é possível a identificação rápida de gargalos e também de processos que precisem de uma rápida intervenção.

Essa agenda recorrente promove também o desdobramento da comunicação da companhia de forma rápida e objetiva, direcionando o time para o atingimento das principais metas.

Ainda falando dos rituais de gestão, são impressionantes os efeitos gerados pelas reuniões periódicas de resultado com todo o time. Esse pode ser um momento de reflexão dos resultados do período anterior e de motivação para as entregas do novo período.

Existem experiências de muito sucesso com reuniões semanais com cada time e reuniões mensais com todo o time do CSC; contudo, o importante é que a rotina se encaixe na dinâmica do CSC de forma consistente.

Gestão da demanda

Uma pergunta importante quando temos um CSC com diversos serviços e processos com características totalmente diferentes é: como iremos fazer a governança de todas as demandas?

Para isso é importante que se tenha uma ferramenta para controle com a abertura de solicitações que possibilitem o acompanhamento de forma individual, estruturada e em tempo real dessas demandas.

O controle individual é importante, pois cada demanda é única. Mesmo que o processo seja rotineiro, as demandas são únicas – por exemplo, uma demanda de alteração de data de pagamento. Essa alteração, apesar de ser rotineira, é única para aquele fornecedor naquela data e, portanto, precisa ser facilmente identificável durante todo o seu ciclo de vida.

A informação estruturada permite que o CSC opere de forma mais rápida e que a governança tenha facilidade em desempenhar o seu papel. É muito difícil realizar o controle de todas as demandas em um CSC que recebe todas as solicitações por e-mail ou telefone, por exemplo.

Quando isso acontece, o processo do CSC tende a se tornar menos produtivo e a governança do centro sofre, pois não tem visibilidade dos problemas que estão acontecendo e das diversas oportunidades de melhoria existentes.

O acompanhamento em tempo real permite ao gestor do centro e dos processos identificar rapidamente problemas e oportunidades e aplicá-los de forma a melhorar as entregas aos clientes.

Indicadores

Um dos temas que mais diferenciam um CSC de outras áreas das companhias é a forte governança por indicadores.

Todas as demandas devem ter métricas de atendimento definidas do ponto de vista de prazo, custo e qualidade da entrega dos serviços.

É muito importante que a rotina de avaliação das métricas seja periodicamente realizada e discutida com os times e sejam incorporadas medidas para a rápida correção de rota quando necessário.

Para a identificação dos problemas podem ser utilizadas diversas ferramentas de mercado, dependendo muito da cultura e das ferramentas já disponíveis na companhia. O segredo é utilizar as metodologias mais próximas à realidade da companhia e do centro e a manutenção do "ritual".

Painéis de gestão à vista dentro do CSC também podem ser uma ferramenta importante para o processo de governança, já que podem mostrar de forma clara onde são necessárias ações de todos os colaboradores do centro. A forma de demonstrar pode variar entre painéis físicos, TVs ou mesmo *dashboards* que podem ser acessados por todos os colaboradores do CSC; porém, o importante é que estejam disponíveis e sejam fomentadas discussões sobre os resultados apresentados e planos de correção para os itens com baixa performance.

Transparência e prestação de contas

Nunca podemos esquecer que um CSC é um prestador de serviço e, como tal, deve sempre estar atento às necessidades dos clientes.

Sendo assim, é necessário que exista um processo formal e periódico de prestação de contas que deve levar em consideração tanto o aspecto financeiro (para aqueles que realizam cobrança dos serviços prestados) como da qualidade e do volume de atendimentos.

Muitas vezes os clientes do CSC não sabem o motivo das cobranças que são realizadas ou mesmo que em determinadas situações a "demora" no atendimento decorre da falta de conhecimento do próprio cliente e solicitante dos processos desenvolvidos dentro do CSC.

Para que esses fatores possam ser identificados e corrigidos no CSC ou do lado do cliente é que se faz necessária essa aproximação entre as áreas, o que reduz significativamente os ruídos nos processos e traz uma oportunidade de evolução constante da visão de geração de valor do CSC.

É importante notar que todo esse processo de governança traz também um componente de gestão do conhecimento. Como todos os processos são documentados e as atividades mapeadas, a companhia aumenta o nível de garantia de que o conhecimento das atividades não será perdido ao longo do tempo.

Outro momento em que é visível a força que o modelo possui é quando existe a necessidade de se executar uma nova atividade na companhia. Em geral, sempre se olha para o CSC como um dos locais que pode assumir a responsabilidade, pois tem-se a certeza de que os controles serão executados, os indicadores apurados e analisados e haverá visibilidade total da evolução das atividades.

Para as companhias, em geral, o CSC se torna um exemplo em gestão, elevando o nível de maturidade dos processos. As ferramentas e os modelos de gestão utilizados no CSC são muitas vezes incorporados em outras áreas da companhia, ou seja, o CSC vira o exemplo e o modelo a ser seguido.

10. Perfil tradicional dos profissionais do CSC

Giovana Zanirato
Eloisa Ribeiro Moro
Edna Rocha

Conforme explanado nos capítulos anteriores, os modelos de CSC têm evoluído nos últimos anos, saindo de um contexto operacional e transacional de padronização dos processos e custos para apoio na tomada de decisão, agregando valor ao negócio e colocando a visão do cliente no centro. O volume de informações geradas, a busca pela excelência operacional e performance e a preocupação com o *compliance* são diferenciais que colocam o CSC como uma área de apoio para discussões estratégicas. A mudança do modelo tradicional de CSC foi acelerada nos últimos anos pela transformação digital, e nos últimos meses de forma ainda mais agressiva pela pandemia COVID-19, quando muitas empresas e CSCs tiveram que se reinventar para apoiar o negócio.

Por muito tempo se pensou que o profissional ideal para o CSC fosse aquele que só faz o transacional, que permite o aprendizado de forma imediata ou em início de carreira, pois, em um modelo de CSC implantado, os fluxos, material de treinamento e manuais de apoio podem agilizar o aprendizado.

Hoje, com todas as facilidades conquistadas por implantações de ferramentas que alavancam a produtividade, como *chatbot*, RPA (*Robotic Process Automation*), BPM (*Business Process Management*), e com a nova proposta de valor para os CSCs, o perfil de profissional muda constantemente, e com isso precisamos estimular os profissionais que querem, e podem, mudar as coisas, criar, trazer inovações de todos os tamanhos, que vão desde a melhoria, simplificação, eliminação de um processo/procedimento até a criação de um *app* ou sistema de automação.

No contexto atual, de tantas mudanças e transformações, as relações profissionais e com os clientes foram afetadas drasticamente. Pessoas com o *mindset* de crescimento e soluções ágeis são fundamentais nesse momento em que tudo está sendo repensado e reconstruído.

Nunca se falou tanto em foco no cliente e na saúde mental dos colaboradores em um contexto tão atípico – o *home office*. Foi o momento exato de boa parte dos CSCs colocar em prática o que já estava sendo negociado e preparado. Outros aceleraram e arriscaram o novo modelo durante a pandemia. Pode ser que futuramente algumas empresas voltem ao modelo presencial ou adotem o híbrido entre presencial e *on-line*, mas ficam o aprendizado desse período e a evolução do modelo de gestão, pois os líderes e colaboradores se ajustaram a essa nova realidade. O controle e a microgestão deram lugar à autonomia e ao acompanhamento por KPIs de entrega.

Tivemos que olhar mais de perto a realidade e as necessidades de cada um do time, desde a infraestrutura até a saúde emocional do colaborador. Não sabemos exatamente o impacto dessa mudança a longo prazo, mas ficam claras a agilidade e a flexibilidade das pessoas quando é necessário um processo de transformação.

Pessoas flexíveis atuam melhor no trabalho em equipe, recebem de forma mais positiva novas tecnologias e novos modelos de processos, e estão mais abertas a novos conhecimentos e desafios. Porém, é uma competência que exige muita confiança entre líder e liderado, pois traz consigo a autonomia, e nem todos os profissionais são capazes de atuar com autonomia. Ela exige responsabilidade, planejamento e compromisso com a entrega de qualidade.

É um período de transição na busca pelo equilíbrio. As pessoas precisam estar engajadas no novo propósito, pois olhar para o cliente e agregar valor ao negócio requer quebrar paradigmas da gestão tradicional de SLA, custos e processos. Nem sempre atender ao cliente com excelência é entregar dentro do SLA acordado.

A alta liderança tem que estar engajada no propósito de transformar o time e mudar a cultura; é fazer a equipe enxergar além do operacional e buscar oportunidades equilibrando automação, cultura e pessoas. O gestor tem que ser o patrocinador e facilitador das mudanças, e a equipe tem que sentir segurança para criar e inovar. Trabalhar a autonomia e o empoderamento são fundamentais nesse processo. Metodologias ágeis de criação de produtos e soluções já nos mostram que a liberdade é fundamental e nos ensinam que liberdade com responsabilidade permite que falhas rápidas sejam corrigidas sem problemas no dia a dia.

O gestor facilitador é aquele que irá apoiar o time a trabalhar com equipes multidisciplinares e no formato de *squads* para discutir o processo E2E (*end to end*); então, o gestor tradicional departamental passa a ter um papel mais contributivo olhando o processo como um todo e não mais fracionado, com o impacto apenas na sua área. Ele tem que estar sempre atento para as necessidades e expectativas do cliente.

É importante nesse momento ter a escuta ativa para capturar os melhores *insights*, analisar todos os pontos de vista e reconstruir o modelo em conjunto com a equipe.

De maneira geral, o mercado de trabalho tem uma preocupação constante e permanente com os possíveis conflitos que podem surgir com a atuação de várias gerações trabalhando conjuntamente, já que existem grandes diferenças entre elas. Hoje o maior desafio, além de liderar equipes múltiplas, é gerar aprendizado entre si e, com base nesse conhecimento, agregar valores e trazer crescimento às corporações e em especial ao CSC.

No mercado atual existem quatro gerações atuando simultaneamente – e é bem possível que sua organização esteja vivendo esse desafio de fazer as gerações interagirem. Nesse momento de grandes transformações da realidade dos CSCs, há também o desafio da liderança de trazer à tona o melhor que essas gerações têm a oferecer.

Estudos recentes classificam as gerações em: *baby boomers*, geração X, geração Y, geração Z e recentemente geração *alpha*. Falaremos brevemente dessas gerações a seguir, com destaque para as que estão atuantes no mercado de trabalho no momento.

Baby boomers

A geração *baby boomer* considera os nascidos nas décadas de 1940 a 1960. São pessoas que se comprometem com as organizações, demonstrando lealdade e fidelidade. São profissionais estáveis e que valorizam a ascensão profissional.

São profissionais que buscam uma grande realização profissional, com foco intenso no trabalho e na busca de prosperidade, e entendem que os anos de participação e lealdade possuem grande valor.

Algumas pessoas dessa faixa etária, por possuírem uma visão mais abrangente, atualmente ocupam posições de liderança em muitas organizações e seu maior desafio é interagir com os ideais das novas gerações. É bem possível que na sua organização esse fato seja uma realidade.

Geração X

A literatura considera da geração X os nascidos entre 1960 e 1970, mas alguns autores consideram os nascidos antes de 1980 como integrantes dessa geração.

Os membros dessa geração surgiram fazendo uso de alguns poucos recursos tecnológicos existentes, valorizam o trabalho e a estabilidade financeira, possuem características mais empreendedoras, gostam de liberdade e possuem muitos comportamentos de ruptura com as regras e os valores impostos pela geração anterior.

Nas palavras do escritor norte-americano John Ulrich, "a Geração X sempre foi considerada como um grupo de pessoas jovens, sem identidade aparente, que enfrentam um mal incerto, sem definição, um futuro hostil. Em geral, é uma geração que gosta de variedades e odeia a rotina".

Buscam por seus direitos muito mais que os seus antecessores, têm maior preocupação com as gerações futuras, gostam da individualidade, mas sem perder a convivência em grupo. Prezam pela qualidade dos produtos e valorizam a usabilidade e inteligência empregadas na sua concepção.

Podemos dizer que esta geração é precursora dos modelos atuais de trabalho, possui boa graduação e muita experiência prática.

Geração Y

Esta geração, também conhecida como geração do milênio – *millenials* ou geração da internet –, considera os nascidos entre 1980 e 2000 aproximadamente.

A primeira a acompanhar a revolução tecnológica desde pequenos, esta geração já se conectou ao mundo digital desde muito cedo e é considerada a primeira geração global, termo atribuído devido ao grande uso da internet e das redes sociais.

É uma geração movida pelo desejo constante de novas experiências. Seus membros são ambiciosos e buscam crescimento rápido, movidos por mudanças e inovação.

Estão sempre dispostos a encarar novos desafios, especialmente quando são colocados em posições que estimulam sua criatividade e inovação – sentem-se frustrados com funções rotineiras e mecânicas.

No mercado profissional são pessoas capazes de desempenhar as mais variadas tarefas, sempre com foco no seu crescimento e desenvolvimento profissional. Com habilidade de se relacionar, possuem grande potencial e agregam valor competitivo pelos locais onde atuam, e, quando acreditam, abraçam a ideologia da empresa como se fosse a sua.

Geração Z

As teorias ainda divergem quanto às datas de nascimento desta geração, mas o ponto marcante é a primeira década do século XXI – é a primeira geração nascida no mundo totalmente digital.

Os famosos "digital natives" nasceram já conectados, totalmente voltados para *games*. São lógicos, competitivos, pertencem ao mundo, se misturam às culturas, gostam do diferente. Esta geração tem um perfil impaciente e imediatista; por outro lado, tem grande capacidade de habilidade tecnológica, conhecimento que pode ser usado para os processos atuais de automação que estão sendo trabalhados nas estruturas dos CSCs. Seu perfil dinâmico e tecnológico contribui muito para esse processo.

Geração *alpha*

A última geração presente na literatura e ainda com estudos emergentes será citada aqui apenas a título de registro, pois ainda não atua no mercado profissional.

"Antes, as gerações eram definidas a partir de acontecimentos históricos ou sociais importantes. Hoje, são delimitadas pelo uso de determinada tecnologia", explica o psicólogo Roberto Balaguer, professor da Universidade Católica do Uruguai e autor de diversos livros sobre educação e tecnologia.

Geração dos nascidos após o ano de 2010, certamente influenciará o futuro de todos nós. Seus membros tendem a ser mais inteligentes – usarão mais a inteligência múltipla devido ao grande acesso às informações e produzirão mais conteúdos, produtos e serviços do que as gerações atuais.

É um desafio diário equilibrar as gerações e perfis, e engajá-los no processo de transformação. Importante destacar que não há um perfil em específico ou geração ideal para o sucesso de um projeto ou CSC; devemos tirar o melhor de cada profissional dentro do novo contexto e trabalhar as habilidades e os comportamentos necessários para cada atividade.

A diversidade de idade, sexo, raça e cultura enriquece o time, com discussões mais profundas e perspectivas diferentes sobre o problema na busca pela solução, enriquecendo as relações e o aprendizado.

Os CSCs devem ter uma política de contratação e retenção que leve a diversidade em consideração. Independentemente da posição hierárquica que o CSC tenha dentro da organização, ele deve refletir a cultura da empresa e entender como é importante cuidar das pessoas e como um time diversificado e comprometido pode contribuir para a transformação do modelo.

Para transformar o CSC precisamos mudar o *mindset* das pessoas envolvidas. É necessário investir em treinamentos técnicos e comportamentais, plano de carreira, programas de reconhecimento e alinhamento da estratégia de curto e longo prazo.

É verdade que buscamos cada vez mais pessoas dinâmicas, flexíveis e alinhadas com a cultura e o propósito da organização; isso é fundamental para conseguir enxergar o cliente e suas necessidades. As novas gerações chegam para agregar e contribuir com essa dinâmica.

As pessoas precisam entender o seu papel e o impacto do seu trabalho nas empresas tem que ter um propósito de valor. As *startups* têm ensinado bastante sobre esse novo modelo de trabalho, baseado na autonomia, na tentativa de novas hipóteses, na mentalidade de solução, adaptabilidade, foco no produto e cliente no centro. A própria geração Y traz como uma das suas normas a adesão a trabalhos que tragam propósito, tanto em seu produto final como no modo de execução, o que torna o desafio maior ainda.

É mais fácil para as empresas que já nascem com essa cultura, pois os colaboradores são inseridos desde o início nesse contexto. Para os CSCs de empresas maiores e mais consolidadas, o desafio é grande, pois exige um esforço de transformação cultural que impacta em todos os colaboradores, sem exceção; ou seja, temos que tirar as pessoas da zona de conforto sem que elas se tornem reativas às mudanças.

Não é um trabalho rápido, pode levar certo tempo. É necessário ter um *roadmap* estruturado integrando cultura, transformação digital e pessoas. Cada colaborador deve entender o seu papel e o impacto do seu trabalho na organização. A proximidade com os clientes interno e externo também é uma forma de trabalhar o *mindset* e o *customer centricity*.

76 Jornada CSC

Servimos melhor quando vivenciamos a experiência, quando sentimos as mesmas dores, quando trabalhamos a empatia com o outro.

Dar a oportunidade para que os colaboradores do CSC conheçam as atividades e ferramentas utilizadas pelo *core* e vivenciem de alguma forma a rotina e os problemas do dia a dia é uma forma de alinhar as expectativas e repensar o olhar para o cliente final.

Essa proximidade e aprendizado quebram barreiras, mudam a percepção e deixam as pessoas menos reativas para pensar em novas oportunidades e buscar soluções até então não discutidas.

Um conceito importante apresentado pelo futurista e antropólogo americano Jamais Cascio é representado por um acrônimo (mundo BANI):

- ✓ *Brittle* (frágil)
- ✓ *Anxious* (ansioso)
- ✓ *Nonlinear* (não linear)
- ✓ *Incomprehensible* (incompreensível).

Segundo Cascio, é uma forma de explicar que "algumas das mudanças que vemos acontecendo em nossa política, nosso meio ambiente, nossa sociedade e nossas tecnologias são familiares – estressantes à sua maneira, talvez, mas de um tipo que já vimos e lidamos antes".

Entretanto, prossegue Cascio, "muitas das convulsões agora em curso não são familiares, são surpreendentes e completamente desorientadoras. Elas se manifestam de maneiras que não apenas aumentam o estresse que sentimos, mas também multiplicam esse estresse".

A descrição do mundo BANI não quer dizer que é bom ou ruim, mas que estamos em um processo de mudança, que vamos ter que aprender a evoluir como pessoas e profissionais.

Ter espaço e propósito é o "motor" que fará o profissional do CSC se engajar e buscar a inovação em prol da satisfação do cliente, seja ele interno ou externo (final). O profissional que estiver preparado para inovar, trabalhar empatia com o time e ser flexível e resiliente terá grandes chances de sucesso nos novos desafios propostos para um CSC estratégico. Ele irá além das habilidades técnicas e operacionais; conseguirá engajar, motivar e agregar valor ao time e à empresa.

PARTE III

IMPLANTANDO O MODELO

11. Modelo de governança e gestão

Cláudio Campos

Ao longo dos últimos quase 13 anos atuando como *Head* de CSC em grandes empresas nacionais e multinacionais e como Diretor de Projetos e Consultoria, posso afirmar sem nenhuma hesitação que um dos principais fatores críticos de sucesso de um CSC está diretamente ligado ao nível de atuação da área de Governança ou Gestão de Serviços – como algumas empresas preferem chamar.

Considerando que o modelo CSC é extremamente dinâmico, por natureza e característica dos tipos de atividades desenvolvidas, é primordial que também tenhamos um modelo de governança estruturado, dinâmico, inovador e atuante.

O modelo avançado de Serviços Compartilhados se baseia em quatro pilares fundamentais: **modelo de custeio**, **catálogo de serviços**, **SLA e SLA Reverso** e **estrutura segmentada por processos**. Assim, torna-se imperativo que haja uma governança atuante, pautada em uma gestão eficaz e com foco total em melhoria contínua.

Figura 11.1. Modelo avançado de Serviços Compartilhados.
Fonte: IEG (2021)

Muitos CSCs subestimam a importância dessa área ou sequer a implementam de forma estruturada como deveriam. Outra constatação interessante diz respeito ao perfil e nível técnico do time responsável pela área. Entendo que é absolutamente correto afirmar que quanto maior o nível de curiosidade intelectual, conhecimento dos processos, "DNA de inovação" e formação técnica em metodologias ágeis, *Lean Office*, *Six Sigma*, TQM e afins, melhor será o nível de governança e consequentemente maior será o nível de maturidade do CSC.

Portanto, neste capítulo, quero compartilhar um pouco dessa experiência e trazer alguns *insights* que acredito serão de grande valia para qualquer CSC, principalmente aqueles que tenham a ambição de ser reconhecidos como área que agrega valor ao negócio e que se posicione como exemplo e modelo de gestão nas organizações.

Cada organização, e naturalmente cada CSC, define um papel e objetivo principal para essa área. Nesse sentido, procurei sintetizar no quadro a seguir aquilo que é mais comumente praticado no mundo corporativo em termos de **proposta de valor da área**:

> **Proposta de valor**
>
> "Liderar projetos de melhoria contínua dentro do CSC com foco no aumento de produtividade, redução de custos e eliminação de desperdícios de forma estratégica, identificando oportunidades de garantir uma maior satisfação do cliente"

Para detalharmos um pouco mais e entendermos os detalhes do papel da área de governança, apresentamos a Figura 11.2, que define resumidamente os objetivos da área:

Área responsável por garantir a excelência operacional, melhoria contínua em processos (eficiência, qualidade e compliance), controle dos indicadores e SLAs, apuração dos custos e orçamentos e gestão do relacionamento com o cliente, promovendo uma melhor experiência e, consequentemente, a sua satisfação com o serviço.

Figura 11.2. Objetivo da área de governança/gestão de serviços.
Fonte: IEG (2021).

Se pudéssemos dividir as principais atividades da área, acredito que poderíamos ter pelo menos quatro diferentes blocos de atuação. Vamos analisar a figura a seguir, para entendermos com mais detalhes as principais responsabilidades de cada um:

Figura 11.3. Principais atividades da área de governança/gestão de serviços.
Fonte: IEG (2021).

Importante destacar que os objetivos ligados aos dois primeiros blocos – "Gestão com Cliente & Serviços" e "Gestão Interna & Processos" – são pautados fortemente em garantir eficiência dos controles, redução dos custos, aumento da qualidade e aumento da satisfação dos clientes, e são praticados pela maioria dos CSCs que possuem a área de governança implementada.

O papel da área e seus objetivos vêm se transformando também ao longo do tempo. Esse processo é naturalmente reflexo da evolução dos CSCs. Algumas empresas passaram a denominar essa área de CoE – Centro de Excelência ou Centro de Expertise –, uma vez que absorveram também a gestão e governança dos processos automatizados e robotizados. Mais um sinal claro da importância da área e seu papel de protagonismo não somente nos CSCs, mas extrapolando para as demais áreas da organização. Falaremos mais a respeito no final deste capítulo.

Na figura a seguir, temos um *framework* do modelo operacional padrão de CSC, onde é possível perceber de forma muito clara o papel da área de governança e suas interações no modelo.

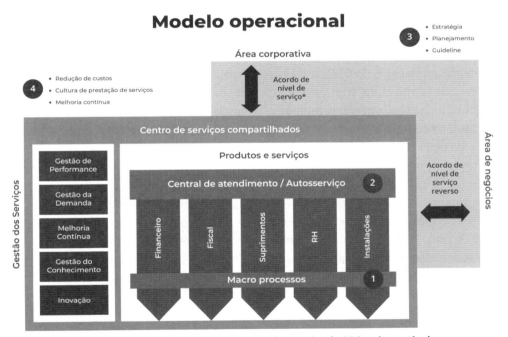

Figura 11.4. Modelo ilustrativo de *framework* operativo de CSC e a importância da área de gestão de serviços.
Fonte: IEG (2021).

82 Jornada CSC

Vamos entender um pouco mais este *framework*:

1. Todo CSC deve ser estruturado por áreas ou processos (ex.: *end-to-end*). Sem essa mínima organização, não será possível um controle adequado dos níveis de eficiência, produtividade, demanda, etc.
2. Deve-se estabelecer um modelo acessível, simples e padronizado para buscar as atividades prestadas pelo CSC e ao mesmo tempo demandar os respectivos serviços – assim prioriza-se a busca pela experiência do cliente.
3. Todo processo deve estar pautado por acordos de níveis de serviços – SLAs e SLAs reversos –, permitindo clareza e uma definição objetiva de papéis e responsabilidades de todos os envolvidos nos processos. Isso também permitirá um adequado planejamento das atividades da área, com um total alinhamento do CSC com a estratégia do negócio.
4. A governança/gestão de serviços tem como papel a responsabilidade por fazer a engrenagem funcionar com excelência, no que diz respeito às atividades inerentes à rotina do CSC, tais como: gestão da performance – representada através de metas e KPIs, gestão da demanda, melhoria contínua, normalmente pautada por um plano de iniciativas devidamente compartilhado e validado por gestores do CSC –, gestão do conhecimento, inovação, automação, etc.

Após entendermos o papel da governança, é relevante reforçar a sua importância no contexto estratégico do CSC; sendo assim, o alinhamento com o *Head* do CSC deve ocorrer de forma clara, transparente e objetiva. Exemplo clássico dessa sinergia é a autonomia na realização das reuniões semanais/mensais no acompanhamento das metas e na cobrança dos resultados junto às áreas do CSC sobre os planos de ações em execução para melhora dos indicadores de qualidade e produtividade e demais temas relacionados a questões que envolvem produtividade, eficiência, melhorias, etc.

Geralmente a área de governança reporta diretamente ao *Head* do CSC, o que faz todo o sentido, considerando a necessidade de independência e imparcialidade do líder da área. Porém, algumas empresas definem que essa estrutura deva permanecer sob supervisão de alguma área operacional do CSC, o que para mim não faria sentido algum, pois comprometeria o papel de imparcialidade, independência e autonomia na governança do CSC.

Vamos entender um pouco mais sobre o modelo de organograma comumente adotado pelos CSCs e os papéis e responsabilidades dos integrantes desse time.

Modelo de governança e gestão   83

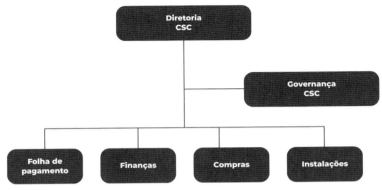

Figura 11.5. Organograma da área de governança do CSC.
Fonte: IEG (2021).

Basicamente, ele é composto de três níveis, com um número de integrantes que pode variar muito de empresa para empresa.

Vamos entender um pouco mais:

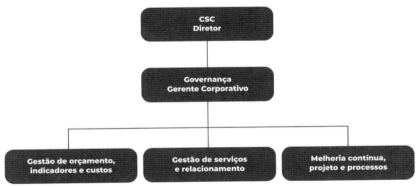

Figura 11.6. Principais áreas do time de governança/gestão de serviços.
Fonte: IEG (2021).

É possível afirmar que a área de governança dos CSCs possui em torno de 1% a 4% do contingente da estrutura total do CSC. Importante salientar que esse número pode variar muito, pois não estão sendo discutidas aqui questões sobre nível de maturidade de cada organização, atividades extras sob responsabilidade do CSC e principalmente orçamento disponível para sustentação de cada área...

A seguir apresentamos a proposta de valor e as principais atividades dessas três principais áreas da governança.

**Tabela 11.1. Principais atividades – Gestão de Indicadores e Custos.
Fonte: IEG (2021).**

GESTÃO DE INDICADORES E CUSTOS	
Proposta de valor **Monitorar e identificar oportunidades internas** visando maior eficiência, qualidade, controles e adequada comunicação.	
Principais atividades – Indicadores	**Principais atividades – Custos**
- Analisar indicadores de pesquisas de satisfação dos serviços prestados no CSC. - Garantir e coordenar a **gestão do conhecimento**. - Garantir **aderência aos controles e** *compliance*. - Desenvolver e apresentar os indicadores da área. - Efetuar auditorias preventivas. - Identificar e priorizar oportunidades. - *Becnhmark* (internas e mercado). - Garantir **gestão à vista dos indicadores**. - Ações de pesquisa de clima. - **Plano de contingência**. - **Gestão** *outsourcing*.	- Apurar o resultado gerencial do CSC. - **Controle do orçamento**, direcionado à gestão das áreas. - Analisar as alterações de orçamentos. - Gestão do custo por transação. - Analisar a apropriação dos valores de receita e despesas por projeto quanto à classificação do centro de custo, origem e aplicação do gasto. - Adequar e informar visando atender à política de custo gerencial. - Montar apresentações de resultados. - Acompanhar metas e planos de ação da área. - Elaborar projetos e estudos de viabilidade para implantação.

**Tabela 11.2. Principais atividades – Gestão de Serviços e Relacionamento.
Fonte: IEG (2021).**

GESTÃO DE SERVIÇOS E RELACIONAMENTO	
Proposta de valor Garantir a **satisfação dos clientes** do CSC, **cuidar do relacionamento**, ouvidoria, identificação e priorização de oportunidades internas e externas, **garantindo** *compliance*, **controle e eficiência na implementação**.	
Principais atividades	**Principais atividades**
- Executar atividades específicas de apoio à área de atendimento ao cliente. - Manter contato com clientes e atividades relacionadas a pedidos. - Resolver os problemas dos clientes com alto grau de independência e trabalhar junto às outras equipes. - Ajudar os clientes a encontrar o que necessitam. - Dar assistência no esclarecimento de dúvidas dos clientes. - Elaborar os relatórios com base nas suas interações com os clientes, onde constem dados sobre chamados, processos e necessidades do cliente.	- Ser o **ponto focal** entre a relação do CSC e seus **clientes externos**. - **Capturar oportunidades**, avaliar e direcionar a equipe de melhoria e processos. - Elaborar **calendário anual** de reuniões com clientes. - Organizar as reuniões de comitês executivos e reuniões estratégicas com clientes. - Preparar material das apresentações. - Interagir com as áreas de oportunidades, efetuando a gestão do **processo de transição** para o CSC. - Consolidar e divulgar relatórios gerenciais. - Planejar e conduzir as reuniões de governança com *stakeholders*. - Monitorar reuniões de comitê por processos. - Garantir a boa comunicação com os clientes. - Atualizar ANS. - **Realizar pesquisa de satisfação CSC**.

Modelo de governança e gestão **85**

**Tabela 11.3. Principais atividades – Melhoria Contínua, Processos e Projetos.
Fonte: IEG (2021).**

MELHORIA CONTÍNUA, PROCESSOS E PROJETOS	
Proposta de valor **Liderar projetos** de **melhoria contínua** dentro do CSC com **foco** no aumento de **produtividade, redução de custos e eliminação de desperdícios** de forma estratégica, identificando oportunidades de garantir uma maior **satisfação** do cliente.	
Principais atividades Processos	**Principais atividades Melhoria e projetos**
- Mapear processos das áreas internas do CSC. - **Identificar processos não conformes.** - Documentar melhorias e projetos (procedimentos, fluxos e esforço). - Gestão dos processos através de acompanhamento de indicadores e controles. - Coordenar "plano de ação" e priorização das demandas conforme necessidades identificadas (KPI, PPI). - Analisar indicadores de pesquisas de satisfação dos serviços prestados no CSC.	- **Reduzir "erros e falhas"** (incidentes) através da análise de causa-raiz. - Propor melhorias no processo com o objetivo de **aprimorar o controle e tornar os processos mais eficientes.** - Aplicar ferramentas de qualidade para promover a melhoria contínua no CSC. - Gerenciar grupos de melhoria contínua com os representantes das áreas. - Acompanhar **e executar planos de ações de melhorias** no modelo de governança do CSC e da área de 'Gestão de Relacionamento e Serviços'. - Participar das visitas *in loco* e eventos de integração. - Gerenciar alterações, mudanças e melhorias nas plataformas de serviços prestados. - Identificar oportunidades no mercado através de *benchmark*, avaliando e propondo-as ao negócio.

A cultura de prestação de serviços deve fazer parte de qualquer CSC, pois está refletida diretamente na percepção dos serviços prestados aos clientes. O modelo de relacionamento com os clientes pode ser estruturado de forma mais simples e objetiva ou mais complexa e estruturada, conforme exemplo a seguir:

**Tabela 11.4. Modelo de relacionamento com os clientes do CSC.
Fonte: IEG (2021).**

	CANAIS DE RELACIONAMENTO	PROCESSOS DE GESTÃO DA ÁREA DE RELACIONAMENTO	
EQUIPE DE ATUAÇÃO	Central de atendimento ao cliente	Gestão de relacionamento com o cliente	**EQUIPE DE GESTÃO**
	Serviços de atendimento ao consumidor	Modelo de reuniões	
	Ouvidoria	Políticas e código de conduta	
	Níveis de atendimento	Plano de contingência	
	Canais de atendimento	Relatórios e indicadores	
GOVERNANÇA DE INTERFACE COM O CLIENTE		Pesquisas de satisfação	
EQUIPE DE ATUAÇÃO	Relatórios e indicadores	Gestão de níveis de serviço	
	Modelos de visitas *in loco*		
	Modelos de reuniões		
FERRAMENTAS DE TRABALHO			

86 Jornada CSC

Independentemente do modelo a ser seguido, simples ou mais estruturado, quero reforçar um ponto de extrema importância para uma atuação eficaz no modelo de gestão da área de relacionamento: criação dos comitês do CSC. A seguir, detalharei o papel e a responsabilidade de cada um dos três Comitês, que considero fundamentais e fator crítico de sucesso para a sustentabilidade de qualquer Centro de Serviços Compartilhados.

Tabela 11.5. Modelo de Comitês do CSC.
Fonte: IEG (2021).

Comitê	Objetivo	Quem participa	Papéis e responsabilidades	Resultados esperados
Comitê de clientes	Contribuir para a transparência e comunicação entre clientes internos e CSC através da definição de SLAs e SLAs Reversos, de modo a buscar o equilíbrio das melhores condições de atendimento de suas necessidades com as necessidades do CSC.	Representantes das unidades de negócio, de diferentes localidades e áreas, em consenso com os envolvidos.	Participar das reuniões de discussão de SLAs e SLAs Reversos, analisando a aderência destes às suas necessidades; fazer sugestões de SLAs e SLAs Reversos de acordo com as necessidades identificadas.	SLAs e SLAs Reversos propostos e revisados; estratégias de curto e médio prazo acordadas com o CSC.
Comitê CSC	Contribuir para a transparência e comunicação entre CSC e clientes internos através da definição de SLAs e SLAs Reversos, de modo a buscar o equilíbrio das melhores condições de atendimento de suas necessidades com as necessidades de seus clientes.	Representantes das áreas internas do CSC pelos coordenadores das áreas e pontos focais.	Participar das reuniões de discussão de SLAs e SLAs Reversos, analisando a aderência destes às condições do time de CSC; fazer sugestões de SLAs e SLAs Reversos de acordo com as necessidades identificadas.	SLAs e SLAs Reversos propostos e revisados; estratégias de curto e médio prazo acordadas com os clientes internos.
Comitê Executivo	Contribuir para o desenvolvimento constante do CSC, avaliando estratégias de negócio, novas demandas, qualidade dos serviços, objetivos e metas	Executivos da organização; áreas-chave do negócio (RH, auditoria e *compliance*, controladoria etc.); executivos do CSC.	Avaliar os resultados do CSC; avaliar utilização de novos conceitos de mercado, novas tecnologias; definir estratégias de médio e longo prazo para o CSC.	Estratégias alinhadas às melhores práticas de mercado; liberação de investimentos para novas tecnologias de CSC; definição de metas estratégicas.

Modelo de governança e gestão **87**

Para finalizar, conforme abordei no início deste capítulo, quero reforçar aqui a necessidade de termos uma área de governança estruturada, dinâmica, inovadora e atuante, pois certamente será fundamental para a longevidade e sustentabilidade do CSC. Exemplo prático disso é a jornada de revisão semestral ou anual dos SLAs.

Embora pareça uma rotina simples e uma atividade corriqueira, é muito comum constatarmos CSCs operando por anos sem a devida atenção a esse tema. Muito mais que uma revisão de acordos de níveis de serviços, esse processo envolve direta ou indiretamente o tema custos, produtividade, eficiência, qualidade, satisfação do cliente e acima de tudo a necessidade de manter vivo o DNA da prestação de serviços, reforçando assim de forma clara e inequívoca a importância do papel da governança nos CSCs.

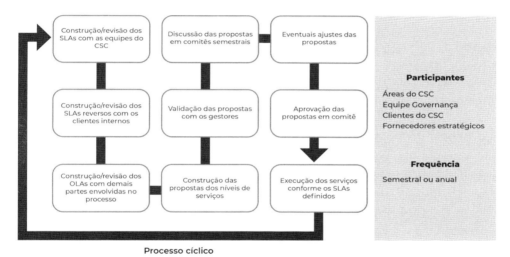

Figura 11.7. Dinâmica do modelo de elaboração e revisão de SLAs.
Fonte: IEG (2021).

12. Planejamento e modelo de implantação e governança em empresas públicas e privadas e suas principais diferenças

Regine Venturi
Timóteo Tangarife
Paulo de Tarso França

O objetivo deste capítulo é apresentar de forma clara e objetiva o que deve ser levado em consideração no momento de elaborar um planejamento de implantação de um Centro de Serviços Compartilhados na sua empresa, bem como o seu modelo de implantação e governança em empresas públicas e privadas.

A depender do momento atual da sua empresa, devem ser levados em consideração a sua cultura, o modelo, o contexto atual, dentre outros fatores, para definir o seguinte: que tipo de planejamento seria o mais adequado e melhor teria aderência na sua empresa? Não há uma resposta certa e errada neste caso, e sim aquela que melhor atende à sua empresa.

Inicialmente, trazemos algumas sugestões de modelos oferecidos para a confecção de um planejamento de forma bem resumida:

- ✓ Um planejamento com um modelo mais tradicional completo, com implementação e cronograma mais extensos.
- ✓ Um planejamento de forma mais ágil, com entregáveis em ciclos mensais ou bimestrais.

Antes de iniciar seu projeto de implantação de CSC é muito importante que você tenha em mãos o *Business Plan* (BP) desenvolvido. Com esse documento você terá diretrizes sobre objetivos, premissas, investimentos, despesas, escopo de processos e o retorno esperado. Também é importante tentar levantar toda e qualquer informação sobre indicadores de produtividade e níveis de qualidade existentes antes da criação do CSC. Isso será necessário para comparar o alcance de resultados esperados em relação à sua nova performance. Um dos pontos definidos em seu BP será a decisão sobre o modelo de atuação do CSC. O primeiro modelo pode estar calcado na criação de uma nova empresa, que poderá inclusive prestar serviços para outras empresas de mercado. O segundo é um modelo mais simples, onde o seu CSC será uma unidade organizacional, com seu principal gestor ocupando um posto de vice-presidente, diretor, superintendente ou gerente executivo, dependendo do porte de sua empresa e do escopo de implementação. Vamos nos concentrar no segundo modelo.

A partir dessas informações, você já deverá ter a indicação sobre a contratação, ou não, de uma consultoria para ajudá-lo na implantação. Essa parte é muito importante, pois você precisa estar ciente de que, por mais competente que seja a consultoria, esse é um projeto que depende preponderantemente do engajamento de seus empregados e de um patrocínio forte. Normalmente, envolve uma tremenda transformação cultural dentro de sua organização. A habilidade da equipe interna que conduzirá a implantação é fundamental para a qualidade dos resultados que serão gerados. A consultoria sem dúvida o ajudará com metodologia e gestão de projetos, mas o engajamento da equipe que conhece o seu negócio é fundamental.

Nesse ponto, falamos sobre uma atividade fundamental em seu projeto: **gestão de mudanças**. Sabemos que todo projeto precisa estar atento a essa área de conhecimento, pois projetos trazem mudanças, o que causa resistência e ruído, mas na implantação de um CSC você deve multiplicar essa preocupação por dez. Normalmente você vai dividir equipes e construir outras, algumas vezes reunir pessoas com culturas totalmente diferentes, dependendo do tamanho de sua organização e do escopo de seu projeto. Então pensar em pessoas é fundamental. Você vai encontrar o tema de gestão de mudanças em outro capítulo de nosso livro, que se aprofundará em detalhes sobre a temática, além da aplicação técnica relatada em um dos *cases* do livro.

Se a gestão de mudanças é preocupante, manter o acompanhamento de seus riscos não trará preocupação menor. Contar com uma equipe especializada em riscos corporativos é recomendável, mas, considerando que essa atividade pode ser contratada, não adianta apenas uma equipe ou um analista de riscos. A equipe do projeto deve estar comprometida com esse acompanhamento, assim como seus futuros clientes. A qualidade de um levantamento de riscos e seu acompanhamento é diretamente proporcional ao comprometimento de sua equipe e seus futuros gestores e clientes. O mesmo ponto vale para a conformidade – dependendo do porte da sua empresa, e se possui ações na bolsa de Nova York, você terá que se preocupar com a Lei Sarbanes-Oxley, o que implica em controles internos que precisam ser cuidadosamente averiguados no momento da montagem de seu CSC. Por fim, se sua empresa é pública

90 Jornada CSC

ou de economia mista, precisa estar pronta para possíveis trabalhos de auditoria do TCU ou TCE, principalmente em relação à vantagem econômica em se implementar seu CSC, além de contratações externas envolvidas.

Outro ponto fundamental é a influência e o alinhamento de seus patrocinadores. A implantação de um CSC, dependendo do tamanho do seu escopo de processos, transpassa várias unidades organizacionais, de diferentes diretorias de sua empresa, e não raramente será necessária a ratificação das diretrizes do BP para que o projeto consiga caminhar, quebrando algumas barreiras e nichos de interesses durante o processo de sua implantação. O ideal é que o próprio *Chief Executive Officer* (CEO) seja o principal patrocinador do projeto. Isso vai ajudar muito!

Falamos um pouco sobre BP, consultoria, gestão de mudanças, gestão de riscos, conformidade, TCU e patrocinadores. Hora de detalhar nosso projeto...

Passos iniciais para o planejamento do projeto de um CSC

Como será minha equipe? Por onde vamos começar? A quem devemos nos reportar? Qual a periodicidade de nossas reuniões de acompanhamento? Que público devemos envolver? Que atividades devemos executar? Quais as dependências entre elas? Quando devo escalar problemas? Devo envolver meus futuros clientes? Se você contratar uma consultoria, ela vai ajudá-lo muito nisso, mas vamos falar um pouco sobre alguns desses temas.

Antes de falar sobre as atividades a serem executadas, vamos discutir nossa equipe e a governança do projeto. Como comentamos anteriormente, um projeto de CSC, dependendo de seu porte, vai envolver várias unidades organizacionais ou até mesmo várias empresas de seu grupo empresarial.

Sendo assim, dependendo do porte da sua empresa, o projeto de implantação do CSC é parte integrante do Planejamento Estratégico, e, dessa forma, dependendo de seu perfil financeiro, será acompanhado pelo Conselho de Administração. Em corporações onde cada empresa possui seu Conselho de Administração, a complexidade torna-se um pouco maior.

Abaixo do conselho deveremos ter a Diretoria Executiva da empresa. Considerando que o projeto pode atuar de forma transversal por toda a empresa ou em várias empresas da corporação, pode ser que existam comitês executivos que também

Planejamento e modelo de implantação e governança em empresas públicas e privadas **91**

precisarão ser envolvidos. Chegamos então ao nível executivo, onde o patrocinador principal pode estar representado pelo CEO, *Chief Financial Officer* (CFO) ou *Chief Administrative Officer* (CAO). Importante que esse papel seja de apenas um executivo.

Abaixo de toda essa estrutura teremos o líder do projeto, que precisará contar com uma equipe focada em processos de negócio e outra equipe focada em todos os assuntos transversais de suporte relativos ao projeto. Claro, dependendo do porte da sua empresa e dos caminhos adotados, teremos variações nessas equipes e até mesmo todos os papéis sendo executados apenas pelo líder do projeto.

Vamos falar sobre os papéis da equipe de suporte. Já falamos de gestão de mudanças, gestão de riscos e conformidade. Além disso, é importante possuir representantes da área de RH não necessariamente alocados 100% de seu tempo ao projeto, mas com participações regulares em ações específicas, como implementação de nova estrutura organizacional, treinamento de equipes e, em alguns casos, padronização de políticas, principalmente quando há grande diferença entre as empresas do grupo empresarial. Você também poderá precisar de representantes de *facilities*, que serão responsáveis por possíveis mudanças na área de trabalho, ajustes de mobiliário, aluguel de imóveis e outros serviços de *facilities*. A comunicação institucional do projeto também precisa ser intensa, desde a instalação do projeto até seu final. A atuação integrada da comunicação com a gestão de mudanças vai facilitar sua vida. Algumas empresas criam até identidades visuais, símbolos ou mascotes com o intuito de facilitar a comunicação do projeto com seus *stakeholders*. A tecnologia da informação também deverá estar integrada a essa equipe, para viabilizar possíveis ajustes tecnológicos, novas ferramentas e suporte às equipes de processo de negócio.

Para o modelo de rateio de custos e precificação, será necessária a participação de alguém de custos. Não podemos esquecer nossos valorosos representantes para questões jurídicas, trabalhistas e estruturais (caso seu CSC seja uma nova empresa). Dependendo do mercado no qual sua empresa esteja inserida, pode ser preciso um ponto focal para cuidar de assuntos com as agências reguladoras, como Anatel, Aneel, Anvisa, etc. Ainda na questão do mercado em que sua empresa atua, vale avaliar a participação periódica de seu profissional de relações sindicais, caso tenha, e eventuais reuniões para esclarecimentos das ações que serão tomadas.

Por fim, é fundamental que você possa ter uma equipe interna de qualidade de processos. Mesmo que você terceirize parte da modelagem de processos, é importante que sua equipe interna de qualidade acompanhe o processo desde o início. Algumas empresas possuem um Escritório de Processos, e envolvê-los é fundamental. A quantidade de profissionais alocados nesses assuntos citados e seu percentual de alocação ao projeto será variável de acordo com o porte da sua empresa e o escopo da implementação. O importante é que os temas sejam reforçados de acordo com a importância, no seu caso específico.

Dependendo do tamanho da sua empresa, você não conseguirá ter todos esses profissionais dentro da equipe. Então, uma boa alternativa é a criação de um Grupo de Trabalho oficial, onde membros de outras áreas respondem também pela implantação do projeto.

A importância da estrutura de uma equipe de processos

Agora vamos falar sobre a equipe de processos de negócio. Eles serão responsáveis pelo que chamamos de tombamento dos processos para o CSC. Para essa equipe, a estratégia de implantação definida pode ser determinante para a sua formação. Em casos onde a velocidade é o direcionador mais importante, muitas vezes as empresas determinam o melhor processo a ser utilizado através da estratégia de absorção definida, onde a unidade de negócio "mais estruturada", e muitas vezes essa é uma escolha política, absorve as atividades de unidades organizacionais de outras empresas sem realizar uma análise específica sobre "custo x benefício", muitas vezes perdendo ganhos operacionais das unidades absorvidas, mas com uma implantação veloz. Outra alternativa para projetos com pouco tempo de planejamento é o tombamento das atividades *AS IS* e, no primeiro mês no CSC, a padronização dessas atividades. Essas alternativas, apesar de atenderem ao requisito velocidade e começarem a ter ganhos imediatos (*quick wins*), tendem a tornar a migração mais instável, com mais problemas surgindo no *go live* do CSC, exigindo da equipe uma atuação muito mais dinâmica e rápida na resolução de problemas.

Quando seu direcionador mais importante é qualidade, normalmente você aplica a metodologia mais ortodoxa: primeiro você modela seus processos da forma como são executados em cada unidade organizacional de cada empresa, criando o que chamamos de "AS IS", para depois avaliar, a partir de todos os modelos desenhados, qual seria o novo modelo padrão, desenhando o que chamamos de "TO BE", que deve incorporar melhorias de produtividade analisadas durante esse processo. Esse é um cenário mais caro e longo, porém tende a possuir maior estabilidade nos primeiros dias do tombamento.

Existe uma variante que mistura os dois modelos – apesar de você utilizar como base os processos da unidade de negócio "mais estruturada", realiza uma análise de melhorias necessárias criando um "TO BE" a partir de melhores práticas de mercado para os processos que têm maior impacto (Lei de Pareto). *Benchmark* é uma ferramenta importante nessa fase: não precisamos reinventar a roda, e é nesse momento que uma consultoria com a expertise necessária pode trazer a melhor contribuição, fornecendo acesso às melhores práticas de mercado em cada processo.

Com o desenho do novo processo, será preciso determinar o tamanho de sua equipe futura. Para isso, em paralelo ao desenho do processo padrão a ser utilizado, é importante realizar um estudo quali-quantitativo de suas equipes. Você pode iniciar seu processo realizando uma análise funcional, levantando o *Full Time Equivalent* (FTE), que é uma das métricas mais seguras para avaliar a produtividade em empresas de todos os segmentos. Nesses casos, uma consultoria também pode ser muito útil, pois ela possuirá informações sobre FTE do mercado. Também é possível buscar estudos e pesquisas de mercado em instituições de educação e associações de CSC. O FTE define a quantidade de esforço necessário para a execução da atividade, geralmente pela medição de tempos e movimentos (pode ser feito pelo modelo de acompanhamento da equipe de processos, sendo que já existem softwares que ajudam nisso), mas também é importante definir a qualidade da mão de obra. Esse é um diferencial que pode alterar sua produtividade. Sendo assim, o estudo qualitativo irá determinar o perfil de cada profissional para cada vaga, em cada processo. É bom salientar que as informações sobre FTE são preponderantes para balizar os investimentos em tecnologia.

E os indicadores? Não podemos esquecer...

Uma vez modelado o "AS IS", é necessário estabelecer os indicadores de produtividade, as interfaces entre processos e a relação com as áreas corporativas, que podem ser clientes ou provedoras de serviço. As equipes de processos de negócio também são responsáveis por esses produtos, e nesse momento existe uma atuação crítica no relacionamento entre o futuro CSC e suas áreas clientes e eventuais parceiros de processo do corporativo.

Normalmente, antes da criação de uma CSC, dificilmente as empresas possuíam interesse em estabelecer um *Service Level Agreement* (SLA) entre suas áreas de negócio. Aquelas que atuam com empresas terceiras ou implementam algum tipo de *Business Process Outsourcing* (BPO) possuem essa cultura, mas apenas com terceiros. Com a implantação do CSC, a utilização de um SLA passa a ser obrigatória, apesar de ser uma atividade não terceirizada. E esse é um momento crítico na relação do recente CSC criado e seu futuro cliente. Normalmente as áreas do corporativo, que antes eram as fornecedoras do serviço, passam a ser apenas clientes e, em alguns casos, gestoras do processo, o que as transformam em clientes mais exigentes.

Algumas vezes, as cicatrizes deixadas pelas rusgas criadas durante a constituição do CSC, quando algumas áreas do corporativo tiveram que abrir mão de pessoas e responsabilidades, somadas a sua dificuldade em ceder as suas atribuições mais transacionais para outra estrutura, prejudicam essa negociação. A boa notícia é que isso passa. Com a ajuda do patrocinador e a clara definição das novas responsabilidades do corporativo, somadas a uma atuação madura e profissional do seu novo CSC, o corporativo se torna seu aliado, transformando uma incrível resistência em liberar atividades em uma intensa vontade de transferir mais tarefas para o CSC estabilizado. É claro que isso acontece, na maioria das vezes, após a conquista de sua maturidade. Em alguns casos, conseguimos esse nível de parceria antes do amadurecimento, dependendo sempre da cultura e do porte de sua corporação e do seu CSC.

Uma estratégia de algumas empresas antes da implantação total de seu CSC é a utilização de um projeto piloto, com algumas atividades ou partes de processos sendo centralizadas como parte do processo de aculturamento das equipes e demonstração de resultados preliminares, bem como fonte de lições aprendidas para passos mais robustos. Pode ser uma ferramenta importante para a confirmação ou realinhamento da estratégia global, mas deve ser executada com todos os cuidados de um projeto completo, com premissas bem estabelecidas, pois seu insucesso pode prejudicar todo o trabalho.

Um "novo olhar" para a empresa

Um ponto importante a salientar é que muitas vezes as empresas, no momento do planejamento de implantação do CSC, pensam preponderantemente nas equipes do CSC, na estrutura do CSC e em todas as possíveis mudanças necessárias para o funcionamento interno do CSC. No entanto, é preciso ter um olhar mais holístico. Ao alterarmos a forma de funcionamento de nossa empresa, as demais áreas também vão precisar se adequar.

É importante estar atento a todos os impactos causados nas relações com as demais organizações de nossa empresa, desde o trabalho de gestão de mudança específico com os gestores do corporativo, que "perderão" alguma atividade para o CSC, até o novo relacionamento das áreas clientes com essa nova estrutura.

O resultado de toda essa preocupação se reflete na criação de uma área ou equipe de suporte cuja importância nem todos percebem. Essa área precisa estar atenta ao limiar entre a avaliação interna sobre a execução das atividades executadas e sua melhoria contínua, bem como a avaliação da percepção que os clientes finais possuem da pretensa qualidade dos serviços. Seu tamanho e sua importância também dependerão do porte da empresa e do escopo dos processos.

Também estamos falando sobre uma atividade que está implícita em todos os processos e que, com a criação do CSC, ganha um protagonismo maior, o **relacionamento com o cliente**. Ele se inicia com o estabelecimento de uma **central de atendimento**, que será porta de entrada de serviços e relatos de incidentes, passando pela formalização do SLA, negociação de custos e acompanhamento da qualidade dos serviços. Essa equipe estará constantemente desafiando os gestores e colaboradores do CSC para atingirem melhoria contínua do processo, podendo inclusive apoiar em assuntos sobre inovações tecnológicas. Também poderá manter acompanhamento junto aos clientes, ajustando percepções auferidas em pesquisas de satisfação e acompanhando planos internos de ações de ajustes de processos.

A necessidade de acompanhamento do projeto do início ao fim

E como vamos acompanhar esse projeto? Mais uma vez, dependerá do tamanho da implementação. A equipe de suporte é volátil e geralmente trabalha sob demanda, podendo manter-se alinhada em reuniões semanais. As equipes de processo estarão diariamente em atividade, o que facilita sua comunicação. Os líderes de processos de negócio e de suporte devem se reunir diariamente apenas para avaliar pontos críticos, em reuniões curtas.

Periodicamente, também serão necessárias reuniões com o patrocinador para *Status Report* (SP) e escalações devidas. Menos intensamente, deverá haver SP com a Diretoria Executiva e Conselhos de Administração. Vale avaliar a pertinência de reuniões com toda a equipe, o que em alguns casos pode ser difícil devido ao tamanho do projeto, mas fornece uma visão de grupo interessante. Metodologias ágeis têm se encaixado bem na implantação e no acompanhamento do CSC e também dos projetos cruciais deste.

Por fim, o modelo a ser utilizado pode considerar a implementação em ondas, que se caracteriza por dividir o escopo de implementação ao longo do tempo em fases, com vários *go lives*, diminuindo o impacto das mudanças. Pode ser feito de várias formas, considerando as ondas por processos de baixa complexidade, média complexidade e alta complexidade, ou iniciando por aqueles que trazem maiores ganhos financeiros, ou por grupos de processos com maior interdependência, ou até questões geográficas. Existem inúmeras estratégias possíveis, de acordo com a realidade e estratégia de cada empresa. Esse modelo é bom porque permite a validação de resultados mais rapidamente e que as lições aprendidas de uma migração sejam incorporadas em outra.

Existe também o que chamamos de *big bang*, que propõe a implantação completa do projeto de forma única, com apenas um *go live*. Sua utilização depende muito do tamanho do projeto e da cultura da sua empresa, podendo ser o modelo ideal para pequenos projetos. Esse modelo também encontra adeptos em empresas onde o projeto não está sendo muito bem visto por seus empregados. Como pregava Maquiavel, faça a "maldade" de uma vez só!! Em projetos muito grandes isso pode levar a um processo longo e arrastado, com baixo potencial de demonstrar rápidos resultados, aumentando o risco do projeto.

CSC x BPO: abordagem para implantação de CSC

Após tudo que vimos até aqui, você pode estar pensando em como é complexa a implantação de um CSC, e a pergunta que vem à mente é: por que não contratar um BPO? Esta é uma avaliação que a empresa precisa fazer, conhecendo os principais benefícios e desvantagens de cada um dos modelos.

Se por um lado o BPO é de muito mais fácil implantação e pode, no primeiro momento, apresentar um menor custo, por outro, ele tem menor flexibilidade às necessidades e particularidades da empresa contratante. Além disso, geralmente o custo do BPO aumenta linearmente conforme a quantidade de chamados ou demandas; já em um CSC com tecnologia e bem implementado isso não acontece.

Quando a empresa é pequena, possui poucas unidades de negócio e não tem expectativa de grande crescimento, a implantação de um CSC pode não valer a pena. Porém, para empresas com várias unidades de negócio, que possuem particularidades de mercado, que pretendem migrar vários processos de suporte ao CSC e prospectam um crescimento elevado, implantar um CSC é um investimento (similar à implantação de um ERP). Além de possibilitar o ganho em escala, o modelo permitirá a reavaliação dos processos, e a empresa poderá avaliar, além dos processos em si, as interconexões. Nesse momento, será também possível propor soluções que agregam valor à corporação através da avaliação da grande massa de dados que passa pelo CSC, ponto muito difícil quando se contrata um BPO (ou vários, um para cada segmento de processo).

Sim, implementar e gerenciar um CSC é bem complexo, mas manter essas atividades, se bem geridas, dentro da organização agrega muito valor à empresa.

Público x privado e suas diferenças

Por fim, podemos dizer que, frente a tudo o que vimos, o CSC é um modelo que só atende a empresas privadas? **NÃO**. O CSC é voltado para ganhos em escala, melhoria de processo e automações, seja em empresas privadas ou públicas.

Tudo que falamos até aqui neste capítulo atende tanto a empresas privadas como públicas. No setor público, talvez os CSCs apresentem ainda mais ganhos, porém, certamente, existe uma complexidade maior na sua implantação. As principais diferenças são:

1. Plano de desmobilização ou remanejamento do quadro de pessoal.
2. Reatividade ao modelo, desde o projeto até a implantação e sua continuidade.
3. Governança.

Quando se trata do primeiro item, o setor público não pode simplesmente desmobilizar o quadro de pessoal com o ganho de eficiência, devido à estabilidade do concurso. Porém, é possível um plano bem estruturado de demissão incentivada aliado à migração de pessoas de áreas que estão sendo otimizadas e automatizadas para áreas que têm déficit de pessoal ou atividades que agregam mais valor à empresa (e que geralmente também agradam o funcionário, pois este acaba se desenvolvendo). Uma boa alternativa para que não se incorra no erro de uma área ganhar eficiência e a outra só pedir mais gente é a criação de um comitê que avalie a real necessidade apresentada pela área e se não há outras alternativas (melhoria de processo, automatização ou terceirização) – e no caso de não se encontrar outra alternativa o comitê verifica se existe no banco de disponibilização do CSC alguém com o perfil adequado para aquela atividade. Dessa maneira, evita-se ou reduz-se a necessidade de novo concurso público através da otimização de áreas e mão de obra já existente na empresa.

Quanto ao segundo item, empresas públicas e mistas tendem a ter maior reatividade ao modelo, alegando que este é agressivo e próprio de empresas privadas. A cultura organizacional geralmente é mais rígida e a ideia de redução de quadro de pessoal e de otimização de cargos gerenciais nem sempre agrada devido ao choque cultural que será necessário passar. Porém, temos visto como a população tem exigido cada vez mais um serviço público eficiente, e aplicar metodologias já consolidadas e amplamente utilizadas (principalmente pelo mercado privado) é a melhor saída para atender ao solicitado. Tendo em vista que a adequação provavelmente será maior e exigirá maiores esforços, o patrocínio forte mais do que nunca é fundamental, sendo um dos fatores críticos de sucesso para o projeto.

Por fim, como rapidamente comentamos no início do capítulo, as empresas mistas e públicas passam por fiscalizações dos Tribunais de Contas do Estado e União (TCE e TCU), além de auditorias externas. Por isso, a governança não é só fundamental, mas, deve-se dizer, é pilar do CSC. Por isso, um *Business Case* bem estruturado, definindo onde estarão os ganhos (que podem ser futuramente auditados), é de fundamental importância, esclarecendo as diretrizes seguidas na implantação. A implantação de um CSC é um grande aliado da governança em empresas públicas e mistas, visto que um dos pontos fundamentais do CSCs, que é a automatização, também auxilia muito na governança, deixando registros e **rastros** de todas as transações realizadas e tornando-se muito mais transparente.

13. Como definir a localização adequada do seu CSC

Cátia Pereira

O que levou e ainda leva as organizações há décadas a se organizar através de Centros Compartilhados de Serviços? A resposta sempre foi norteada por redução de custos e aumento de controle, mas isso vem se transformando ao longo das últimas três décadas. Esse caminho foi iniciado pelas grandes corporações, impulsionadas pela implantação de um único ERP e com uniformização de processos como pré-requisito. Centralização de atividades era o modelo.

Questões como eficiência ainda eram pautadas em um sistema de gestão único; a definição de localização era resumida ao lugar onde a estrutura de controle estava sentada. Claro que, com o passar dos anos, outras variáveis passaram a incorporar a avaliação das empresas, inclusive aquelas que no primeiro momento adotaram o modelo de centralização.

Com o passar dos anos e com a maturidade dos centros, surgiram novas variáveis. A eficiência não estava mais associada simplesmente à centralização, mas a custo e qualidade da mão de obra, localização geográfica, eficácia do sistema de gestão e controle, processo adequado, tecnologia, dentre outros fatores.

Um grande divisor de águas na jornada de centralização foi a reformulação do propósito de centralizar, o quanto era o valor entregue e como as empresas, agora já com uma certa maturidade, passavam a enxergar como valor segregar de suas atividades *core* tudo aquilo que era considerado transacional e de alto volume. A partir desse reposicionamento, as empresas passaram de fato a migrar o modelo de centralização para o de Serviços Compartilhados, onde, além dos ganhos de custo advindos da eliminação de redundância, veríamos oportunidades de ganho de escala por absorção de volume quando o mercado apontasse crescimento. Isso passaria a ser um valor para as organizações, que focariam em dimensionamento das unidades de negócio, cabendo assim aos Centros de Serviços Compartilhados administrar aumento de demanda por volume ou pela incorporação de novos processos ao modelo de prestação de serviços.

Com os Centros de Serviços Compartilhados como uma unidade de negócio dentro das organizações, ficou ainda mais iminente a entrega eficiente de serviços através de uma estrutura que garantisse qualidade, prontidão e menor custo. Assim, a localização do Centro passou a ser uma variável a ser considerada no modelo de avaliação das organizações.

Destacamos aqui alguns fatores que foram e ainda são determinantes na avaliação da localização. São questões como:

✓ Custo da mão de obra.
✓ Existência de universidades bem avaliadas.
✓ Índice de desenvolvimento econômico (IDH) e qualidade de vida.
✓ Oferta de perfil profissional aderente à demanda.
✓ Existência de outros centros.
✓ Relação institucional com os governos.

Obviamente, falar de relação com governos/prefeituras para definição de localização é muito mais evidente quando as decisões são relacionadas ao posicionamento de indústrias e discussões quanto à concessão de benefícios fiscais (ICMS, IPTU, etc.). Por essa razão, muitas vezes as empresas não traziam essa variável como parte da decisão pela falta de matéria jurídica tributária sobre o tema. De toda forma, a segurança fiscal é fator determinante para empresas que buscam a definição de uma localização distinta do seu escritório corporativo em nível regional, pelo risco de aportar custo adicional ao modelo. A aproximação dos governos locais também traz benefícios para além da matéria tributária, como investimentos em educação e desenvolvimento de polos de tecnologia capazes de suprir com mão de obra abundante e de qualidade.

Os Centros Compartilhados de Serviços (CSCs) têm passado por uma transformação ao longo do tempo e mais intensamente na última década, impulsionados tanto pela própria organização como pela necessidade intrínseca de ir além, de sair de um modelo limitado a funções únicas para modelos multifuncionais e orientados por processo. Esse movimento exigiu dos CSCs, além da padronização, um diferencial para alcançar ganho de escala, a qualificação da mão de obra, com conhecimento e forte base analítica capaz de questionar processos, de aprender e de aplicar metodologia de melhoria contínua para além do conceito de processador de informação. Essa mudança reforça ainda mais a perspectiva de qualidade da variável localização. As mudanças são impulsionadas por um modelo de excelência operacional como forma de alavancar ganhos de escala, não mais apenas pela equação custo de mão de obra, mas pela eficiência e eficácia da sua alocação e pela entrega de valor agregado associada à experiência do cliente.

As grandes organizações, pioneiras no processo de centralização, perceberam que a capacidade de entrega de uma estrutura centralizada ia muito além da redução de custo e do aumento de controle, mas trazia embutida uma grande oportunidade de especialização em processos que antes não eram priorizados pela alta demanda de tempo nas entregas alinhadas ao *core business*. Nesse movimento, empresas multinacionais partiram para a redefinição dos seus modelos operacionais, direcionando aos Centros de Serviços Compartilhados todos os processos de apoio a sua estratégia que tinham como características principais alto volume de processamento, rotinas estabelecidas, políticas e procedimentos.

O primeiro passo da implementação dos centros regionais como parte de um novo modelo operacional passa pelo tema que estamos abordando neste capítulo – **localização**. Como definir o país e a cidade por região de atendimento? Variáveis como existência de mão de obra qualificada e em abundância capaz de garantir a continuidade das entregas, situação política e econômica, custo da mão de obra, amparo legal para uma instalação, legislação trabalhista e regulamentação tributária, fuso horário e idioma são alguns dos fatores avaliados durante o processo de definição da localização.

Os primeiros centros regionais seguiram exatamente as variáveis citadas, estabelecendo-se nos Estados Unidos como base para operações na América do Norte e na Europa Ocidental e Oriental. Com a evolução do modelo e a pressão de custos por pleno emprego nos Estados Unidos, países como México, Guatemala e Costa Rica passaram a ser considerados *hub* para operações na América do Norte e se desenvolveram ao longo da última década, assumindo esse setor inclusive como modelo econômico do país, como o caso da Costa Rica.

Países da Ásia, como a Índia, começaram a despontar como alternativa de criação de *hubs* de serviço pela oferta de mão de obra qualificada e de baixo custo, além de um cenário político-econômico propício para a exportação de serviço, sem barreiras tributárias que adicionassem custo ao modelo. A realidade na América do Sul era bem diferente, e o cenário de instabilidade político-econômica adicionava custo a qualquer análise pautada nas legislações trabalhistas, tributárias e cambiais, todas com viés protecionista. Entretanto, a mesma instabilidade que aparecia como barreira potencial para a escolha de um país na América do Sul para *hub* regional também trazia uma complexidade fiscal que era favorável a uma localização regional como resposta a um processo de centralização. Aliado a isso, a forte desvalorização da moeda dos países da América do Sul na última década trouxe competitividade para a mão de obra quando avaliada em dólares.

O avanço tecnológico na última década acelerou a transformação do modelo de Centro de Serviços Compartilhados, permitindo não só redução de custo, como orientação por processos e uma visão de transformação e adição de valor ao negócio. Nesse cenário, países que não estavam na rota das organizações globais passaram a ser considerados, por anteciparem movimentos importantes como qualificação de mão de obra, proximidade com governos para prover o apoio e a atratividade necessária e se tornaram polos de referência mundial, inclusive desenvolvendo sua política econômica ao redor da prestação de serviços.

Os centros regionais ainda eram vistos como oportunidades, mesmo com as restrições comentadas, pois eram constituídos para atender a uma operação local. O conhecimento do cenário político-econômico onde a operação está localizada ajuda na padronização e no direcionamento de melhorias, quer no processo e/ou transformação por sistemas e soluções de automação que, em conjunto, pudessem trazer ganhos de escala, produtividade e eficiência. O desafio ainda era o idioma, principalmente para os países de língua portuguesa e espanhola, onde a educação fundamental não trazia como obrigatória a proficiência em idiomas.

Todo esse movimento permitiu mais uma vez ir além do modelo. Organizações multinacionais voltaram a questionar e a planejar uma próxima etapa, agora no sentido da globalização. Para isso, os desenvolvimentos capturados pelas regiões passariam por um alinhamento global tanto de processo como de sistemas. Como ganho, seria possível ter processos padronizados globalmente, ERP único e mão de obra treinada para operar qualquer área de negócio, independentemente da sua localização. A velocidade da transformação acelerou o novo desenho, mas ainda estariam à frente de situações que são exceções e que poderiam colocar à prova o modelo global pela complexidade que trariam e o risco de ruptura e de apoio das áreas de negócio, que seguiriam com organização regional para a entrega do *core business*.

As organizações partiram para um modelo híbrido, ou seja, manter como regionais aqueles processos que de alguma forma pudessem impactar a entrega, em qualidade e prontidão, assim centralizando globalmente aqueles processos mais padronizados ou padronizáveis para ganhar escala e principalmente especialização, passando a ser visto como Centro de Expertise. Por outro lado, processos muito específicos não são bons candidatos à globalização, assim como aqueles que demandam uma interação direta com clientes externos.

Ao romper a barreira da localização com a globalização, o processo se volta novamente para custo, qualidade e oferta de mão de obra, tecnologia embarcada, padronização, melhoria de processos e fuso horário.

Olhando especificamente para o Brasil, o desafio para manutenção de centros regionais é alto, considerando as razões citadas; então, estar à frente das transformações tecnológicas (RPA) e das oportunidades geradas por estas é fundamental. Isso passa pela organização e pelo alinhamento entre setores privado e público, com o objetivo de oferecer o ambiente propício para qualificação da mão de obra orientada a essa nova realidade, o que é ainda uma medida de política econômica, com a manutenção e criação de novos postos de trabalho. O cenário não é diferente para as empresas com presença exclusivamente no Brasil, pois mão de obra qualificada, disponibilidade e relacionamento com governos e municípios são fatores de determinação de localização.

Ainda no contexto da localização, não poderíamos deixar de mencionar a pandemia do coronavírus, que atingiu a população mundial, empresas e governos no mesmo momento. A primeira reação de todos foi o distanciamento social como medida para frear a proliferação do vírus. Empresas precisaram, de um dia para o outro, colocar em prática o *home office*, sem qualquer preparo ou oportunidade de teste, já que para muitas delas ao redor do globo não existia sequer uma política para isso.

Os Centros de Serviços Compartilhados foram desafiados a operar através de *home office* (teletrabalho) e colocar à prova seus processos, controles, sistemas, atendimentos, além de sua execução e comunicação entre equipes e com o negócio. Diante desse novo cenário, a variável localização volta à cena – assim como o modelo de trabalho, posto que o *home office* funcionou mesmo em cenário extremo.

As grandes organizações (nacionais ou multinacionais) estão trabalhando na construção de política que defina o modelo de trabalho pós-pandemia, ou seja, em um **novo normal**. Muitos irão incorporar o modelo de trabalho flexível, um híbrido de presencial e teletrabalho, mas ainda está em análise a adoção de teletrabalho em 100% para determinadas atividades.

Em ambos os cenários, a localização deixará de ser uma barreira na contratação de mão de obra, seja em termos de cidades ou de país, o que trará um desafio ainda maior para os níveis de emprego e para políticas de desenvolvimento econômico.

A concorrência atravessará as fronteiras, e exigências quanto à qualificação da mão de obra, flexibilidade, disponibilidade e adaptabilidade serão determinantes. Certamente, com esse movimento, a variável custo será beneficiada com uma oferta mais abrangente e qualificada, e o modelo de Centro de Serviços Compartilhados, local ou global, continuará em plena transformação.

Em resumo, um modelo de Centro de Serviços Compartilhados global ou local, aliado à mudança da relação de trabalho, reduzirá a relevância da localização em qualquer avaliação ou posicionamento de novo centro e talvez dispare reavaliações para os centros já posicionados, trazendo maior foco para a matéria e para o desenvolvimento de política econômica de governos e municípios.

14. A importância da precificação dos serviços

Emerson Iten
Cristina Hamada

Na estruturação de um Centro de Serviços Compartilhados (CSC), além da definição de processos e indicadores, é de extrema importância pensar na estrutura da precificação dos serviços.

De acordo com o IEG (2017), conhecer algumas formas de custeio e cobrança que a área pode adotar, bem como seus benefícios e desvantagens, se torna imprescindível para a definição estratégica de uma companhia.

Para um CSC novo, a precificação acontece sempre após alguns meses de medição das atividades. A partir disso, é possível identificar o tempo necessário para a execução de cada atividade.

Vale reforçar que, na fase de estruturação, os custos atuais das atividades devem ser mapeados. Dessa forma, é possível ter uma *baseline* e comparar o ganho de escala das atividades migradas para o CSC.

Geralmente, antes da centralização, as áreas demandantes não têm visão do custo das transações. Por isso, é muito comum que, no início do processo de precificação, ocorram questionamentos em relação aos custos. Nesse momento é possível comparar o custo antes e após a migração, e, ao mesmo tempo, estruturando os serviços com boas práticas de mercado, apresentar os resultados positivos da implantação para os usuários.

"Como devo cobrar dos clientes internos pelos serviços oferecidos?" Não há uma única resposta para essa pergunta, por isso é importante que os líderes de serviços compartilhados selecionem um modelo de precificação com base no equilíbrio entre eficiência (como os custos são cobrados) e sua eficácia em influenciar o comportamento do cliente (ou seja, precisão) (VAN DER MEULEN, 2021).

Segundo Van Der Meulen (2021), alguns CSCs não cobram, enquanto alguns usam uma metodologia de alocação simples. Outros usam custos elaborados com base em atividades para determinar modelos baseados em variáveis. Uma das principais razões para cobrar dos clientes é incentivá-los a "fazer a coisa certa" para a melhoria do processo. A pesquisa do Gartner destaca cinco modelos diferentes de preços de serviços compartilhados: modelo de centro de custos, modelo de alocação fixa, modelo variável baseado no volume real, modelo baseado no mercado e modelo de custo acrescido.

Conceito de unidade de negócio

De acordo com um estudo realizado por Hamada e Lisboa (2014), o CSC como uma unidade ou área de negócio é o modelo adotado pela maioria das empresas no Brasil. Em abril de 2014 foi realizado um *benchmarking* com o grupo Compartilha, composto por executivos atuantes na gestão de Centros de Serviços Compartilhados (CSCs). Esse *benchmarking* foi realizado com 13 empresas, sendo que 7% constituíram uma nova pessoa jurídica para o CSC e 93% não constituíram uma empresa, ou seja, estão na estrutura como unidade ou área de negócio.

Nesse conceito a área será uma unidade de negócio com orçamento definido e resultado gerencial individual, que geralmente visa a fechar no zero a zero por estar dentro da mesma empresa. Essa aplicação é propulsora para o ganho de eficiência e para a adequação da equipe caso a demanda de serviços aumente ou diminua.

E como iniciar o processo de precificação? Para precificar os serviços é preciso identificar os custos, que podem ser divididos em dois pilares:

- ✓ Despesa administrativa.
- ✓ Despesa de pessoal.

A despesa administrativa é uma relação de gastos vinculados direta e indiretamente à área. As despesas diretas geralmente estão relacionadas com aquisições de softwares específicos e equipamentos para a equipe, por exemplo. Já as despesas indiretas normalmente são alocadas em um centro de custos corporativos com a área de serviços centralizada em um usuário. Como despesa indireta entram aluguel, internet, energia elétrica e a utilização de servidores. Para esses casos é importante utilizar critérios para efetuar o rateio da forma mais justa possível.

Ainda no leque das despesas administrativas, no caso do aluguel é preciso identificar o custo do metro quadrado (m²) e aplicar à área utilizada pelas equipes. Com a internet, a divisão ocorre pela quantidade total de colaboradores para chegar ao valor individual. Assim que as despesas forem identificadas diretamente e através de critérios de rateio, pode-se chegar ao valor de despesa administrativa por pessoa.

Passando para a despesa de pessoal, frequentemente o RH fornece um relatório por funcionário com o custo total das áreas. É importante que esse pilar contemple o custo do salário, tributos, eventuais participações de resultado e todos os benefícios envolvidos na folha de pagamento do colaborador. Para obter as informações é de extrema importância que a organização já trabalhe com alocação de despesas em cada departamento específico (centro de custos, unidades de custos, etc.), facilitando o trabalho. No caso de a informação não ser fornecida de forma individual, não será possível identificar com precisão cada uma das despesas e dos custos. Nesse cenário, será necessário estabelecer algumas premissas para o rateio.

Compondo o custo hora

De posse das despesas administrativas e de pessoal, é o momento de compor o valor/hora utilizando as seguintes premissas:

1. O valor dos custos relacionados à gestão deve ser diluído entre a equipe que operacionaliza efetivamente as atividades.
2. Geralmente é utilizada como hora disponível para trabalho 85% da carga horária do funcionário, devido a outras atividades burocráticas que podem estar envolvidas na atividade.

No exemplo a seguir é possível verificar o valor/hora de duas áreas que possuem 174 horas totais de trabalho disponíveis. Nesse cenário específico aplica-se o 85% disponível para as rotinas operacionais, com um total de 148 horas vagas.

Assim que o custo/hora for composto, vem o momento de definir a forma de cobrança dos serviços, identificando três grandes pilares:

1. **Rateio dos serviços prestados** – É o estágio inicial de qualquer precificação. Geralmente é possível identificar as principais despesas relacionadas ao CSC, mas ainda não há informações suficientes para alocar o custo médio por funcionário e/ou atividade. No rateio de despesas são repassadas apenas aquelas

decorrentes de um determinado período (geralmente mensal, podendo ser trimestral ou semestral, conforme diretriz e acordo). Os valores repassados pelas demais empresas do grupo para a empresa centralizadora serão de uma simples recuperação de custos ou reembolso de despesas comuns. Segundo PwC *apud* Hamada e Lisboa (2014), o rateio deve abranger as despesas relacionadas às atividades de apoio denominadas atividades-meio, que não apresentem características autônomas.

2. **Precificação por hora** – Conforme demonstrado no item anterior, só pode ser definida se a organização tiver todas as informações de forma analítica. A partir daí, o primeiro passo estará concluído. Para chegar ao valor efetivo que cada demandante tem a pagar ao Centro de Serviços é necessário implantar uma ferramenta de gestão de demandas que permita, de forma automática ou manual, o apontamento de tempo decorrido em cada atividade, para, posteriormente, multiplicar pelo custo/hora. Nesse cenário, é de extrema importância que cada requisição ao CSC gere uma demanda única para que seja possível rastrear exatamente o que foi feito naquela atividade.

3. **Precificação por serviço** – É a fase que acontece quando, além do custo/hora, as equipes já sabem o tempo médio de cada uma das atividades, identificando, então, o custo de cada transação. Para que isso ocorra, o apontamento de tempo deve refletir exatamente o tempo gasto nas atividades.

Alguns CSCs optam por trabalhar os pilares 1 e 2 somente de forma interna, sem envolver os clientes, para maturar o processo e, posteriormente, divulgar o preço fixo por atividade.

Em 23 de setembro de 2013 foi publicada no Diário Oficial da União a Solução de Divergência nº 23 da Coordenação Geral de Tributação (Cosit), da Receita Federal do Brasil, que disciplinou de forma extraordinária sobre a legalidade das empresas que possuem Centro Comum de Serviços.

Essa publicação reconhece como legal a manutenção prestada por uma empresa do grupo empresarial às demais empresas integrantes do mesmo grupo econômico e o rateio das despesas entre as empresas beneficiárias dos serviços. Entretanto, enumera requisitos para fim de dedução dos valores movimentados em razão do rateio de custos e despesas da base de cálculo do Imposto de Renda da Pessoa Jurídica e do PIS/PASEP e COFINS.

Os requisitos legais para dedução dos valores movimentados a título de repasse de despesas da base de cálculo do IRPJ e do PIS/PASEP e COFINS são:

a) os valores deverão corresponder a custos e despesas necessárias, normais e usuais, devidamente comprovadas e pagas;
b) os valores movimentados deverão ser calculados com base em critérios de rateio razoáveis e objetivos, previamente ajustados, formalizados por instrumento firmado entre os intervenientes;
c) os valores movimentados deverão corresponder ao efetivo gasto de cada empresa e ao preço global pago pelos bens e serviços;
d) a empresa centralizadora da operação aproprie como despesa tão somente a parcela que lhe cabe de acordo com o critério de rateio, assim como devem proceder de forma idêntica as empresas descentralizadas beneficiárias dos bens e serviços, e contabilize as parcelas a serem ressarcidas como direitos de créditos a recuperar;
e) seja mantida escrituração destacada de todos os atos diretamente relacionados com o rateio das despesas administrativas;
f) a entidade centralizadora deve emitir Notas de Débito ou Aviso de Lançamentos (AL) ou Recibos para dar suporte documental e contábil aos custos e despesas rateados.

Como acompanhar o processo de precificação?

As ferramentas de gestão de serviços geralmente possuem a opção de cobrança por hora ou serviço demandado.

É importante que a equipe de gestão de serviços atue de forma proativa, identificando oportunidades de melhoria nos processos internos e no consumo do serviço por parte dos demandantes. O maior desafio é consolidar o pedido de todos os serviços por meio de um único portal. O assunto 'plataformas de gestão de demandas' não será aprofundado neste capítulo, mas, devido a sua relevância, será abordado com exclusividade em um capítulo mais adiante.

Conceito de esteiras de serviços

É comum os usuários requisitarem prioridades em algumas demandas que fazem para o CSC. É nesse momento que o conceito de esteira, aliado à precificação diferenciada, é extremamente importante para conter eventuais "abusos" de pedidos de priorização. Pode-se optar por prestar o mesmo serviço com prazos e custos distintos, conforme exemplo a seguir do processo de pagamento no 'Contas a Pagar':

Tabela 14.1. Exemplo de processo de pagamento.
Fonte: os autores.

Esteira	Preço pagamento (unitário)
Mesmo dia	R$ 10,00
1 dia de antecedência	R$ 7,50
2 dias ou mais de antecedência	R$ 5,00

Com a aplicação do conceito de esteiras, o CSC não deixará de atender à solicitação dos usuários; porém, a precificação diferenciada torna-se um regulador para a sua utilização.

Multa por atraso

De acordo com o aumento da maturidade de prestação de serviços e do modelo de precificação, é comum que o CSC aplique multas por não cumprimento dos prazos acordados. As multas geralmente são aplicadas de forma progressiva, gerando até 100% de isenção do custo da transação.

Multa por erros operacionais

Uma forma de demonstrar que o CSC está preocupado com a qualidade dos trabalhos prestados é aplicar descontos nas atividades que gerarem falhas operacionais.

Por que os indicadores são tão importantes no acompanhamento da precificação?

Mais adiante teremos um capítulo que tratará dos indicadores. Porém, é importante reforçar a relevância do acompanhamento dos níveis de serviço, da produtividade individual e dos custos.

O processo de precificação deve ser utilizado como um propulsor na redução de custos. Por meio dele é possível identificar as atividades que mais consomem tempo e efetuar *benchmark* com outros CSCs, por exemplo.

15. Cultura da "prestação de serviços"

Anfrísio Souza
Danielle Araújo
Eloisa Ribeiro Moro
Edna Rocha

A cultura de uma organização está intimamente relacionada ao seu propósito, aos seus valores e às suas práticas de negócio. Quando falamos do ambiente do Centro de Serviços Compartilhados (CSC), temos o elemento da cultura da empresa, que abrange todas as unidades da organização, e também a cultura de prestação de serviços do CSC em si, por se tratar de uma organização que funciona ao mesmo tempo de forma sinérgica e independente em relação à empresa mãe.

A cultura de prestação de serviços traz satisfação e valor a todos os *stakeholders* da empresa, desde clientes e fornecedores a colaboradores e comunidade, uma vez que as pessoas têm uma genuína disposição em servir e atender às necessidades de cada elo da cadeia de valor. Essa é a base da criação de valor compartilhado e fator de sucesso de toda organização ESG (*Environmental, Social and Governance*) responsável. Tudo começa com a atitude das pessoas em servir bem a todos ao seu redor. Para aprofundar um pouco mais sobre ESG, teremos um capítulo sobre o assunto mais à frente.

A razão de existir de um CSC é o atendimento das necessidades e expectativas do cliente para gerar valor ao negócio. Para tal, é importante definir claramente quem é o cliente do CSC e quem é o cliente ou consumidor da empresa como um todo. A partir daí, identificar como o CSC pode impactar cada um deles. Tipicamente, há uma definição de cliente interno e externo. O cliente interno é um departamento ou área corporativa (ex.: finanças, recursos humanos, operações etc.), ou uma unidade de negócio ou empresa do grupo econômico para quem o CSC presta serviços diretamente. O cliente externo é quem de fato utiliza os produtos ou serviços da empresa. Pode ser um consumidor final em ambiente B2C (*Business to Consumer*) ou outra empresa em ambiente B2B (*Business to Business*). Afinal, qual desses clientes é mais importante para o CSC? Ambos são importantes e devem receber o foco adequado às suas demandas. O CSC deve atuar em parceria com o cliente interno para satisfazer as necessidades ou interesses do cliente externo. Nesse sentido, quanto

112 Jornada CSC

mais forte for a parceria entre o CSC e as áreas corporativas, melhor o cliente externo será atendido e maior valor será gerado ao negócio.

Uma cultura de prestação de serviços é um ambiente de alta performance, onde todas as pessoas demonstram paixão em servir, buscam a excelência operacional e focam no resultado e na geração de valor. Há um esforço contínuo para atender às necessidades dos clientes, de maneira a gerar resultados efetivos e duradouros em toda a cadeia de valor.

Onde existe uma cultura de prestação de serviços, todas as pessoas trabalham colaborativamente para alcançar objetivos compartilhados. A base das relações de trabalho é a confiança e o respeito. As interações com os clientes vão além da cordialidade e empatia; há um foco na entrega da solução e não apenas no fechamento de uma requisição ou chamado. As pessoas demonstram um espírito de dono, são empreendedoras e possuem foco no cliente. Elas se sentem encorajadas a fazer algo mais, a entregar além do esperado. São reconhecidas e valorizadas pelo que fazem. A empresa em si tem uma dinâmica colaborativa, fomenta a criatividade, a experimentação e a inovação. Toda a sua energia é canalizada para encantar os seus clientes.

Para garantir a plena satisfação dos seus clientes, o CSC precisa adotar uma abordagem *end to end* (fim a fim) do processo. Isso significa ir além da entrega do nível de serviço e da qualidade esperada no seu escopo de serviço. É preciso focar na solução completa, que envolve outros atores dentro e fora da organização. O CSC precisa executar a sua parte com excelência e também gerir efetivamente as etapas do processo que cabem a outros parceiros de negócio. No final, a solução entregue com certeza atenderá aos requisitos do negócio e terá um alto nível de satisfação do cliente final.

Um ponto essencial na jornada evolutiva do CSC e na sua maturidade organizacional é a geração de valor. Isso pode ser traduzido em aspectos mais operacionais, como *compliance*, custo e qualidade, ou mais estratégicos, como aumento de vendas, melhoria de rentabilidade e ganho da preferência dos consumidores. O princípio básico dessa jornada é definir valor a partir da perspectiva do cliente, e isso implica ter uma cultura de serviços bem desenvolvida. Em uma visão de cadeia de valor, cada elo da cadeia deve contribuir para que o próximo elo entregue o melhor resultado possível para o subsequente e assim sucessivamente. Dessa forma, a geração de valor é potencializada em toda a cadeia.

A evolução dos CSCs passa também pela adoção de novas ferramentas de tecnologia, como RPA (*Robotic Process Automation*), inteligência artificial *chatbots* etc., seja para

Cultura da "prestação de serviços" **113**

automação de processos, análise de dados ou geração de *insights* para o negócio. A tecnologia também ajuda a fomentar a cultura de prestação de serviços ao focar em elementos como UX (*User Experience*) e personalização em escala.

Cada vez mais os CSCs evoluem as suas práticas de melhoria contínua e adotam elementos de inovação, como metodologias ágeis (ex.: *Design Thinking*, *Scrum* etc.), em seus processos, serviços e formas de trabalho. Um ponto central nessa abordagem de inovação é que tudo se inicia com um problema ou necessidade do cliente. Todo o processo avança na tentativa de atender a essa demanda. CSCs mais maduros criam o seu próprio ecossistema de inovação para responder às demandas dos clientes de maneira rápida e eficaz. O princípio básico de tudo isso é a cultura de prestação de serviços, que coloca o cliente no centro de tudo o que se faz. Podemos explorar mais esses conceitos no capítulo sobre *customer experience*.

O CSC tem o potencial de ser um catalisador da cultura de prestação de serviços na organização ao atuar como um integrador das atividades de *backoffice* (suporte) e *front office* (linha de frente com o cliente), ou mesmo ao se tornar o *one office* (junção do *backoffice* e do *front office*), como a organização *master* de serviços de toda a empresa.

Muitas empresas estão investindo massivamente na evolução ou transformação da jornada do consumidor como um fator crítico de sucesso para os seus negócios. Algumas delas delegam a gestão e operacionalização dessa jornada ao CSC, que de fato tem na sua essência uma cultura de prestação de serviços avançada. É uma organização que inspira confiança e que tem credibilidade para gerir o relacionamento com os clientes finais, de forma a potencializar os negócios. Os seus colaboradores, por serem da própria empresa, conseguem demonstrar uma profunda conexão com as marcas ou negócios da companhia nas interações com os consumidores.

A cultura de prestação de serviços envolve elementos comportamentais, como disposição em servir e habilidade de comunicação, e aspectos estruturais, como modelo de entrega de serviços e governança.

A governança dos serviços envolve um modelo de relacionamento com os clientes e rotinas de gestão de performance dos serviços. Alguns CSCs possuem equipes dedicadas ao relacionamento com os clientes e fazem reuniões estruturadas de governança operacional onde se discutem resultados de serviços e oportunidades de melhoria e projetos.

Como forma de captar a evolução do relacionamento com os clientes, algumas empresas instituem modelo de maturidade no relacionamento, que mostra qual o nível de colaboração entre o CSC e a unidade de negócio. Em níveis mais operacionais, é medida a satisfação dos clientes ou o *Net Promoter Score*. Tudo isso norteia ações do CSC para manter o foco adequado nos seus clientes.

Quando falamos dos elementos comportamentais das estruturas do CSC, considerando a atualidade com todas as facilidades conquistadas por novas ferramentas, como RPA (*Robotic Process Automation*), *chatbots* e BPM (*Business Process Management*), também podemos inferir que o perfil do profissional atual para essas operações abrange novas competências.

Como já explorado anteriormente neste livro, por muito tempo considerou-se que o profissional ideal para o CSC fosse aquele que faz o transacional, focado nos controles, nas verificações de padrões e no cumprimento de regras, na sua maioria determinadas por meios externos, como órgãos governamentais. Entretanto, com essa nova proposta de valor para o CSC, o perfil do profissional também está em constante evolução, de forma a atender às novas tecnologias e todas as inovações propostas.

Já ficou claro que não basta ser um bom especialista no assunto; nota-se a exigência de competências consideradas mais atuais – profissionais com pensamento ágil, focados em inovar e gerar valor para o negócio e o cliente, ganham espaço.

As mudanças impostas atualmente devido ao cenário em que vivemos, e neste caso estamos nos referindo à pandemia mundial do coronavírus, trouxeram novas perspectivas às organizações. E é notadamente claro que as pessoas com maior grau de flexibilidade se adaptaram melhor aos novos processos e modelos impostos pela necessidade de isolamento social.

Outras competências também se destacam nesse cenário:

- ✓ **Confiança:** as metodologias ágeis implementadas recentemente trazem a necessidade de um trabalho com maior liberdade, o que envolve maior responsabilidade e essencialmente confiança, especialmente por parte da liderança, que precisa ser capaz de apoiar o time nesse processo de criação atuando como um grande facilitador do processo e confiando na habilidade do time de colocar em prática todas as suas competências e entregar os resultados esperados.
- ✓ **Trabalho em equipe:** atuar de forma cooperativa e integradora, compreendendo a perspectiva do outro, reconhecendo diferenças e o impacto da sua

atuação em si mesmo, unindo esforços visando solucionar um problema em comum e favorecendo a construção de um patrimônio colaborativo. O espírito de equipe torna-se essencial para a garantia dos resultados esperados, especialmente quando o próprio time é capaz de identificar oportunidades que podem melhorar a experiência do cliente.

✓ **Customer first**: muito além de fidelizar e manter os clientes, a cultura do "cliente em primeiro lugar" faz com que as organizações direcionem suas ações estratégicas às necessidades dos clientes, tendo sempre em mente esse alinhamento entre a expectativa do cliente e as ações de manutenção da operação. Profissionais com essa competência podem contribuir significativamente para o novo CSC que se apresenta.

✓ **Excelência operacional**: a excelência operacional vai além de direcionar os esforços corporativos para garantir qualidade das suas entregas. Hoje ela se apresenta como uma oportunidade estratégica para atingir grandes objetivos, pois é capaz de manter o foco nos detalhes e, em meio às adversidades, consegue enxergar além do óbvio, buscando soluções inovadoras e garantindo maior eficiência e eficácia dos serviços prestados.

É claro que devemos considerar também muitas outras competências que contribuem para a proposta do CSC atual. Capacidade de resolver problemas complexos, pensamento criativo, capacidade de planejamento e atualização constante são habilidades que se mostram muito valorizadas no mercado atual.

16. Catálogo de serviço como um panorama de soluções para os clientes

Flavio Couto da Silva

> **Saiba por que é importante criar um catálogo de serviços e manter seus clientes atualizados sobre o que o seu CSC oferece juntamente com os SLAs correspondentes.**

Sempre que um cliente procura ter as suas necessidades atendidas, como, por exemplo, procurar um restaurante para realizar uma refeição, ele busca saber quais são as opções disponíveis – por exemplo, os ingredientes, os preços, o tempo de preparo, o formato de entrega, entre outras informações que facilitem o entendimento do que consumirá e se o seu desejo será atendido.

Trazendo esse exemplo para o mundo corporativo, onde necessidades para a realização do trabalho são frequentes, podemos utilizar esse mesmo raciocínio quando um centro de serviços compartilhados é procurado. O cliente, ao procurar soluções, precisa obter o suporte necessário de forma clara, ágil e amigável.

Nessa condição, uma das principais etapas de estruturação de um CSC é a elaboração do catálogo de serviços. Assim como um cardápio, é possível servir uma série de soluções, como serviços financeiros, recursos humanos, contabilidade, tecnologia da informação, entre outros que possam fazer parte do escopo da área, de acordo com a estrutura proposta.

Além do benefício oferecido ao cliente, principal razão de um centro de serviços compartilhados existir, um catálogo de serviços bem implementado gera a oportunidade de um CSC ser percebido e de apresentar uma visão geral de como ele pode agregar valor para a corporação.

Dentro deste capítulo apresentaremos para o que serve, qual a sua importância, quais benefícios, quais as principais etapas de implementação, além das lições aprendidas com a experiência prática nesse tipo de projeto.

Para o que serve um catálogo de serviços, qual a sua importância e seus benefícios em um CSC

Um serviço, segundo Castro (2016), "... é produzido ao mesmo tempo que é consumido – não implica na posse de algum bem por parte do cliente. Em vez de transferência, ele paga pelo trabalho ou pelo uso, seja um conserto de eletrodoméstico ou uma assinatura".

Segundo definição apresentada por Cougo (2012), serviço é um conjunto de elementos (software, hardware, processos, pessoas, tecnologias, documentos, etc.) inter-relacionados de modo a prover as facilidades necessárias para a execução de uma atividade de negócio, entregue ao cliente e aos usuários sem que eles tenham que se responsabilizar pela infraestrutura e pelos custos de sua implantação e operação.

Com esse conceito muito claro para os implementadores de um CSC, surge uma importante questão dentro do projeto: como o cliente solicitará um serviço? Pensando nesse importante ponto de contato entre o cliente e o prestador de serviços, surge o catálogo de serviços, cuja serventia é apresentar quais são os serviços ativos e disponíveis por uma área como um CSC, além de educar o solicitante a ter um ponto único de contato para registrar a sua demanda.

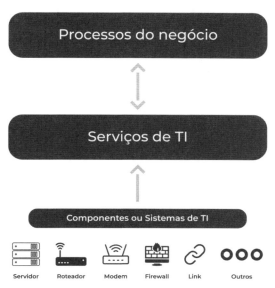

Figura 16.1. Cliente, catálogo de serviços e CSC.
Fonte: adaptado de Almeida (2009).

Aprofundando ainda mais, podemos constatar que o catálogo de serviços é uma importante ferramenta para reunir os serviços ofertados por uma área. Geralmente, segundo Correa (2018), um catálogo de serviços contém:

- ✓ descrição do serviço;
- ✓ quem pode solicitar;
- ✓ como solicitar (processos e ferramentas);
- ✓ níveis de qualidade e disponibilidade acordados (SLAs);
- ✓ prazo para restabelecimento do serviço;
- ✓ custos;
- ✓ entre outras informações relevantes.

Figura 16.2. Exemplo de catálogo de serviços.
Fonte: adaptado de Correa (2018).

Os benefícios de um catálogo bem implementado estão muito ligados à percepção do cliente; afinal é ele quem avaliará o resultado da prestação do serviço. Dentre os principais pontos, destacamos a facilidade de entendimento e expectativa da entrega final através de uma comunicação clara e transparente durante o processo. Já em relação à gestão do CSC, destacamos a possibilidade do controle com a percepção do volume e do tipo das demandas, consumo de recursos técnicos e humanos, formando base de indicadores para um controle adequado do setor tanto para o aumento da experiência do cliente quanto para o aumento de produtividade e a redução dos custos.

A seguir será apresentado como implementar um catálogo de serviços e quais são as principais etapas para que essa ferramenta seja bem-sucedida na operação de um Centro de Serviços Compartilhados.

Como implementar um catálogo de serviços em um CSC?

Dentro de um projeto de implantação de um Centro de Serviços Compartilhados uma das principais etapas é realizar o levantamento das áreas e dos processos que serão migrados para o setor.

Feita essa primeira etapa de organização e recorte, é fundamental que os produtos ou serviços sejam organizados dentro de categorias, para que a lista do que será ofertado seja definida.

Em um "menu" da área de tecnologia da informação, por exemplo, o cliente precisa encontrar itens como suporte a falha de equipamentos, instalação de software, impressoras, entre outros. Seguindo essa lógica, qualquer organização se dará de tal forma que os clientes terão um senso de localização facilitado, passo importante para o consumo adequado do serviço.

Figura 16.3. Exemplo de lista com categoria e serviços internos.
Fonte: adaptado de Chiari (s.d.).

Mapeadas todas as ofertas de serviço por categoria, uma outra etapa importante é a descrição do que será entregue ao cliente quando utilizar a opção desejada. Informações como detalhamento da entrega, público-alvo, finalidade do serviço, tempo estimado de atendimento e preço são fundamentais para o consumo objetivo da área de suporte.

Figura 16.4. Modelo de detalhamento interno do serviço no catálogo.
Fonte: adaptado de Dorow (2012).

Integração com o acordo de nível de serviço

Outra etapa importante e indispensável para a estruturação do catálogo de serviços é o acordo de nível de serviço (ANS ou SLA – *Service Level Agreement*). E o que é SLA? É o documento que constitui e sustenta o modelo de operação do serviço com o qual o cliente fica atualizado a respeito do que pode ser ofertado e como sua necessidade será atendida, alinhando as expectativas e dando uma visão ampla do atendimento, como:

✓ escopo do atendimento;
✓ responsabilidade das partes;
✓ disponibilidade do serviço;
✓ regras de utilização do serviço;
✓ outras informações importantes.

Figura 16.5. Ciclo de vida do gerenciamento de nível de serviço.
Fonte: adaptado de Canaver (2014).

Podemos entender o acordo de nível de serviço como um pacto entre o provedor de serviços e um cliente. O acordo de nível de serviço descreve o serviço, documenta metas específicas e as responsabilidades de um CSC e seus clientes.

Esse documento fornece uma base para gerenciar o relacionamento entre o provedor de serviços e o cliente e, nesse sentido, é fundamental que seja assinado pelas duas partes. Por se tratar de uma referência para execução e cobrança de entregas, o conteúdo deve ser claro e escrito em uma linguagem que seja entendida pelas duas partes.

Em relação à estrutura de um catálogo de serviço como apoio, o gerenciamento de nível de serviço precisa desenhar um acordo que assegure que todos os serviços e clientes sejam cobertos da maneira que melhor atenda às necessidades da organização.

A importância de uma solução digital de interação com o cliente

Definida toda a documentação, validado o processo e aprovado pelos gestores da companhia, é fundamental que o SLA seja disponibilizado para o cliente. Atualmente, várias ferramentas e soluções estão disponíveis no mercado para que sejam configurados os menus de maneira acessível, de forma *on-line*, agregando em mobilidade, visual e integração sistêmica.

Atualmente a gama de soluções disponíveis no mercado que dispõem de recursos de BPM para automatizações, *workflows* de aprovação, integrações com outros sistemas, bases de autenticação, conexão com mídias sociais, *chatbots*, RPAs e inteligência artificial pode ajudar muito na construção de um catálogo de serviços voltado para uma experiência de atendimento digitalizado. Buscar soluções que tenham essas funcionalidades é um grande passo para o sucesso da disponibilização desse menu ao cliente. Outro tópico importante em relação à escolha de uma ferramenta é a disponibilização de relatórios e indicadores estruturados, ou até mesmo conexão com ferramentas de *Business Intelligence* (BI) para facilitar a gestão dos SLAs, a produtividade, o consumo de serviços, entre outros pontos--chave de gestão do CSC.

Ainda no quesito amplitude, ter um catálogo de serviços bem mapeado, estruturado e divulgado auxilia diretamente na apresentação da dimensão do setor, assim como auxilia na difusão da cultura de serviços compartilhados.

Após a implementação é importante estabelecer uma rotina de revisão dos serviços disponíveis, observando características de consumo, ajustes nos casos de mudanças, inativação dos itens não utilizados, alterações de SLAs e demais informações levantadas na fase de mapeamento do menu.

Lições aprendidas (falhas no projeto, na sustentação e na operação)

Um projeto de catálogo de serviços, conforme observado, tem um grande potencial para dar percepção da capacidade de um Centro de Serviços Compartilhados.

Ao mesmo tempo em que um serviço de excelência pode ser ofertado, há uma chance significativa de expor uma eventual desorganização e falta de maturidade do setor.

Para evitar esse tipo de falha, entende-se que é fundamental um mapeamento detalhado dos serviços que serão oferecidos, além de uma padronização dos processos realizada com o máximo cuidado, sem menosprezar o tempo necessário para garantir uma entrega com qualidade. Canais de atendimento como portais de serviços normalmente são a porta de entrada de um CSC, e errar justamente no início do ciclo de vida de um atendimento gera de imediato uma experiência ruim.

Recomenda-se, além do detalhamento de informações sobre o serviço, como tempo de atendimento, formato de entrega, entre outros pontos, que a escolha de uma ferramenta para automatizar e desburocratizar o processo seja implementada principalmente considerando recursos como BPM, *workflows*, integrações sistêmicas, entre outros.

Ainda na linha de lições aprendidas, adquira uma ferramenta adequada à sua demanda, com potencial para crescimento e uso das soluções ao longo do tempo.

Reforçamos que um processo de gestão de mudanças é fundamental para garantir a comunicação e a capacitação do usuário sobre o local e o formato de uso do catálogo de serviços, visto que isso afeta diretamente a cultura da empresa.

17. A importância de uma plataforma de demandas robusta

Jorge Ahicart Perlas

Como vimos nos capítulos anteriores, o desempenho e a eficácia dos CSCs estão suportados por processos, pessoas e tecnologia. Esse tripé deverá suportar e operacionalizar a visão de cada CSC e de cada serviço por ele oferecido.

Neste capítulo, vamos nos centrar na tecnologia como fator habilitante dessa jornada.

As ferramentas não são necessariamente boas ou ruins *per se*; elas podem ser mais ou menos adequadas às tarefas e necessidades do ambiente em que deverão operar.

Tendo isso em consideração, queremos oferecer uma linha de pensamento que permita que cada CSC possa analisar as suas necessidades, presentes e futuras, em cada aspecto da gestão e operação e, com isso, ter uma referência para identificar as ferramentas mais adequadas às suas circunstâncias específicas.

Para essa dinâmica, como forma de usar um conjunto de necessidades que deve atender a qualquer gestão moderna de CSC, vamos usar os princípios orientadores trazidos do ITIL® 4, conforme a seguir:

1. Comece por onde você está.
2. Progrida iterativamente com *feedback*.
3. Colabore e promova a visibilidade.
4. Pense e trabalhe de forma holística.
5. Mantenha-se simples e prático.
6. Otimize e automatize.
7. Concentre-se no valor.

1. Comece por onde você está

Os CSCs não nascem do nada, nem evoluem sem considerar a situação real. Por isso, quando analisando uma ferramenta para operar um CSC, seja em substituição a ferramentas anteriores ou como ferramenta fundacional, devemos considerar a facilidade (ou falta dela) que ela oferece ao incorporar a nossa realidade atual.

A grande questão que podemos nos fazer é: **"esta ferramenta pode se adaptar à nossa realidade e necessidades ou devemos nos adaptar a ela?"**

Entre os dois extremos existe um gradiente de nuances entre **adaptabilidade zero e flexibilidade total**. E é por essa posição, dentro desse gradiente, que devemos fundamentar a nossa escolha.

Porém, é importante assinalar que não existe um único item a ser avaliado. Na verdade, como subtemas desta questão, deveremos considerar aspectos como:

- ✓ Capacidade de integração a sistemas legados.
- ✓ Capacidade de importação de tabelas.
- ✓ Capacidade de absorção de fluxos de trabalho.
- ✓ Requisitos de infraestrutura.
- ✓ Dentre outros.

Cada um deles deve ser avaliado entre os dois extremos de rigidez/flexibilidade e ponderado para obter uma decisão final.

2. Progrida iterativamente com *feedback*

Os CSCs são, pela sua própria natureza, "obras em construção" – quer dizer, sempre devem estar em evolução, seja respondendo às demandas dos seus clientes e usuários, seja reagindo às mudanças impostas pelo meio ambiente em que operam.

Para isso é necessário que os sistemas utilizados para sua operação sejam capazes de capturar o *feedback* direto de cada usuário e consumidor dos seus serviços, assim como fornecer oportunidades de monitoração e relatórios que permitam aos gestores ter informações claras e tão detalhadas quanto necessário sobre o **real** desempenho das operações.

126 Jornada CSC

E essas capacidades devem incluir, não estando limitadas a, o seguinte:

✓ Capacidade de pesquisa de satisfação *ad hoc* para cada produto/serviço oferecido.
✓ Capacidade de monitorização por produto e em tempo real de:
  - atendimento de SLAs por etapa;
  - volumetria;
  - identificação automática de eventos críticos;
  - *backlog* por posição de trabalho;
  - outros.
✓ Capacidade de acesso a relatórios históricos segregados por área e produto.
✓ Capacidade de auditoria automática e por amostragem, com *logs* completos
que mostram quem fez o quê e quando.

Com essas informações e mais aquelas provenientes do meio ambiente externo,
estaremos em mãos com a matéria-prima que deve orientar a evolução dos nossos
produtos e serviços.

E é aí que as capacidades da ferramenta que estamos usando serão fundamentais
para operacionalizar as mudanças necessárias.

Precisamos que a ferramenta nos ofereça capacidades de fácil inclusão/alteração de:

✓ Área de trabalho para usuários, seja para produtos ou menus e submenus,
assim como temas de identidade visual.
✓ Formulários para coleta e oferta de informação.
✓ Fluxos de trabalho.

Essas mudanças devem ser possíveis em curtos intervalos e transparentes aos usuários e gestores.

3. Colabore e promova a visibilidade

Os CSCs ocupam uma posição central entre os clientes/usuários de serviços e os
gestores responsáveis pelos macroprocessos de agregação de valor das organizações.

Para que essa posição possa ser capitalizada e alavanca de valor é necessário que o CSC
ofereça visibilidade a todos os *stakeholders* envolvidos em cada um dos seus serviços.

Isso significa que a ferramenta que usamos para operar o nosso CSC deve ter a capacidade de gerar visibilidade em tempo real em termos históricos acerca de todos os serviços prestados.

Portanto, por um lado, necessitamos de *dashboards* e relatórios segregados para cada gestor conforme a sua área de responsabilidade e, por outro lado, de um fácil acesso dos usuários às demandas abertas e fechadas feitas ao CSC, com a sua posição no fluxo e a capacidade de dar e receber *feedback* em tempo real e por todos os meios disponíveis, seja e-mail, a própria ferramenta, WhatsApp, SMS, telefonia e outros canais.

4. Pense e trabalhe de forma holística

Os CSCs devem evoluir do foco na tarefa para o foco na agregação de valor, e para isso é imprescindível uma visão holística da sua oferta e dos seus relacionamentos.

Na prática, isso significa que a experiência do usuário deve ser considerada da forma mais ampla possível, e também os interesses e necessidades de todos os *stakeholders* em cada processo devem ser considerados da maior forma possível.

Essa visão holística traz uma necessidade fundamental na escolha da ferramenta, que se traduz na procura por máxima flexibilidade na linguagem, na capacidade, nos meios de acesso e no *feedback*.

Somente com essas capacidades instaladas poderão os gestores efetivar a visão global requerida momento a momento na jornada de agregação de valor.

5. Mantenha-se simples e prático

Se queremos aprimorar a experiência do usuário, este deve ser o nosso primeiro mantra.

A usabilidade e a claridade no uso das nossas ofertas se traduzem em satisfação e melhoria de custos via incremento do autoatendimento e uma menor necessidade de apoio ao usuário.

Para que isso seja possível, é necessário que a nossa ferramenta de trabalho permita criar interfaces adequadas a **cada** uma das ofertas que formam parte do catálogo de serviço.

128　Jornada CSC

Isso também é verdade para os gestores, que deverão cuidar do bom desempenho das operações. Eles também precisam de interfaces simples poderosas que lhes permitam gerenciar de forma tática e estratégica.

6. Otimize e automatize

Os CSCs nasceram no início da jornada da digitalização. E eles se encontram em diferentes pontos dessa evolução – entre o mundo 100% analógico e o 100% digital.

Também é certo que em muitos casos os processos foram transferidos aos CSCs desde as suas unidades distribuídas sem que fosse feita uma análise e/ou otimização.

Portanto, ambas as situações abrem uma gama de oportunidades para aprimoramentos no desenho dos processos e na sua automação parcial ou total.

Assim sendo, a ferramenta escolhida deve oferecer imprescindivelmente:

- ✓ flexibilidade no desenho de formulários e fluxos de trabalho;
- ✓ capacidade de integração com sistemas legados para receber e oferecer informação;
- ✓ capacidade de incorporar regras de negócio e governança;
- ✓ capacidade de gerar e/ou integrar ferramentas de automação (RPA).

7. Concentre-se no valor

Os CSCs precisam se concentrar no valor gerado e não somente na tarefa.

Para isso deverão, cada vez mais, gerar novas visões para oferecer produtos e serviços que considerem as necessidades de **todos** os *stakeholders* de cada processo e subprocesso.

Isso somente poderá ser operacionalizado se a ferramenta utilizada tiver uma ótima flexibilidade somada à capacidade de integração com outros sistemas e fontes de dados, internos e externos.

Essas integrações operacionalizadas dentro de fluxos de trabalho com regras de negócio flexíveis serão o caminho para que cada vez mais nossas ofertas possam atender às necessidades últimas de todos os participantes na cadeia de valor.

Finalizando o capítulo, deixamos a mensagem mostrando que o seu CSC pode ou não usar os princípios do ITIL® 4 como referência, mas nos parece que tais princípios gerais são uma base comum que qualquer gestão moderna de CSC pode adaptar ao seu momento e necessidade.

Como consequência, a decisão final da escolha da ferramenta poderá ser ponderada através da aderência (maior ou menor) aos pontos citados, na confiança de que, se conseguirmos escolher e implantar uma ferramenta com as capacidades citadas, teremos uma base que suportará a nossa jornada por muito tempo.

18. Como desenvolver os colaboradores do CSC com o poder da gestão de mudanças

William de Miranda Barreto

Certamente você já ouviu falar em **gestão de mudanças**, ações estruturadas que têm o objetivo de integrar as pessoas que estão ou serão direta ou indiretamente impactadas por um projeto. Jefrey M.Hiatt e Timothy J. Creasey (2012), idealizadores da metodologia ADKAR para promover mudanças nas organizações, salientaram que a gestão de mudanças é uma abordagem com foco no resultado e não somente em uma boa prática de gestão de pessoas em projetos. Afirmam eles: "gestão de mudanças é fundamentalmente sobre pessoas, mas o seu papel coletivo é de transformar a mudança em resultados bem-sucedidos para a organização".

A gestão de mudanças se tornou tão importante que ganhou espaço significativo no *PMBOK® Guide*, publicação que reúne as melhores práticas de gerenciamento de projetos do mundo. O conceito de gerenciamento de mudanças é considerado "uma abordagem abrangente, cíclica e estruturada para fazer a transição de indivíduos, grupos e organizações do estado atual para o estado futuro com benefícios planejados para os negócios". Dessa forma, a gestão de mudanças não é tão-somente uma opção, mas carrega uma efetividade necessária para o sucesso de qualquer projeto.

Este capítulo tem o objetivo de discorrer sobre essas práticas específicas voltadas para obter apoio dos *stakeholders* na implantação exitosa de um novo projeto. Entretanto, não o farei de maneira convencional, demonstrando somente o uso de técnicas ou métodos de gestão de mudanças tradicionalmente utilizados a fim de comprovar sua eficácia, mas, de forma bem pragmática, desejo propor uma reflexão diferente da perspectiva sob a qual usualmente o tema tem sido tratado, ou seja, do estímulo das pessoas no enfrentamento ou de sua respectiva adaptação das mudanças advindas de um novo projeto. Minha intenção é apresentar o método que denominei de **associação**, que é uma forma diferente de enxergar como as pessoas podem se conectar de forma tão intensamente com os projetos dos quais participam.

A forma como me apropriei do termo **associação** em meus trabalhos como especialista em gestão de mudanças foi algo tão significativo que não tenho dúvidas em afirmar que o desejo de compartilhar essa experiência foi o combustível para me aventurar a escrever este capítulo. Assim, quero descrever a minha jornada de conduzir ações de gestão de mudanças em um projeto complexo que foi a implantação de um dos maiores CSCs do Brasil onde tive que atuar com um público hostil, com fortes demandas de resistência – diga-se de passagem, verdadeiramente legítimas –, e sua completa transformação em um comportamento de "vestir a camisa" do CSC.

Importante salientar que essas técnicas que irei descrever não configuram uma novidade, mas sua aplicação em grupos e a forma objetiva com que foram estruturadas para serem desenvolvidas em projetos corporativos certamente caracterizam-se como uma inovação que desejo compartilhar com o leitor na esperança de que esse método, que se mostrou profundamente eficaz, seja utilizado para auxiliar a implantação ou na consolidação de Centros de Serviços Compartilhados (CSC) no Brasil e no mundo.

Quais os resultados que desejamos com as ações de gestão de mudanças?

Quando pensamos em utilizar a gestão de mudanças em um projeto, qual o resultado que realmente desejamos obter? Qual o comportamento que desejamos que as pessoas tenham como efeito das ações de gestão de mudanças que empreendemos? Estes sempre foram os meus questionamentos quando iniciava um novo projeto como especialista em gestão de mudanças. De forma instantânea, vinham-me à mente dois comportamentos que julgava serem fundamentais para desenvolver junto aos colaboradores: **comprometimento** e **envolvimento**.

Provavelmente há consenso de muitos leitores de que desenvolver esses dois comportamentos nos colaboradores, mais do que necessário, é fundamental para que um projeto seja implantado e a organização atinja seus objetivos. Entretanto, quero convidá-lo a analisar esses comportamentos de forma mais minuciosa, aprofundar um pouco mais no verdadeiro significado desses termos e de como eles se apresentam e se sustentam ao longo do projeto.

O primeiro deles é o **comprometimento**. Originalmente vindo do latim *comprometere*, desmembra-se no termo *com*, que significa junto, e *prometere*, que significa enviar à frente. A união dos termos consolida a ideia de obrigação ou exigência do cumprimento de uma promessa. Comprometer é um verbo que, usado tanto em sua forma transitiva direta como na pronominal, significa obrigar-se, forçar, coagir, o que a torna uma expressão demasiadamente forte.

Ao contrário do que se é comum pensar, o comprometimento de um colaborador não é o fator responsável por uma atitude equivalente de resiliência. Explico. Tendo em mente o conceito de que o comprometimento se estabelece a partir da expectativa de "cumprimento de uma promessa", imagine que durante a implantação de um projeto ocorra um atraso ou algo não tenha saído de acordo com o previsto. Provavelmente o colaborador, que até então estava comprometido, passa a se sentir "traído" e com uma forte tendência para se desobrigar também a cumprir prazos, entregas etc. Não tenho dúvidas de que, até mesmo de forma inconsciente, isso acontece porque o comprometimento é uma via de mão dupla, uma pactuação entre duas partes por meio de promessas recíprocas. Não existe compromisso sem contrapartida; assim, empresa e colaboradores estabelecem um pacto tácito entre si como se estivessem dizendo um para o outro: "você cumpre a sua parte que eu cumpro a minha e dessa forma estaremos comprometidos um com o outro".

Importante salientar que, uma vez que haja uma ruptura do comprometimento do colaborador por qualquer que seja a causa, corremos o sério risco de não o restaurarmos, não por ser difícil de fazê-lo, mas, sobretudo, porque o comportamento de um colaborador não comprometido não é explícito, ele se camufla e se manifesta de forma velada em uma passividade, desconfiança, indiferença e apatia em relação ao projeto.

O outro comportamento esperado que as ações de gestão de mudanças tradicionalmente objetivam alcançar é o **envolvimento** do colaborador no novo projeto. Envolver é um verbo de origem latina *volvere*, que basicamente significa envelopar, contornar, cercar e abraçar, o que nos remete a uma ideia de embrulhar algo. Assim, diferentemente do verbo comprometer, envolver-se não significa uma ambivalência, mas uma postura atitudinal que, no contexto de um projeto, pode ser considerada frágil, inconstante e até mesmo irresponsável em relação ao seu sucesso. Um envolvimento fraco por parte dos colaboradores possivelmente resultará em um comportamento inconsistente com um foco muito acentuado nos problemas em vez de na solução, manifestação de medos de errar e a inexistência do desejo de ousar.

Em conclusão, buscar o comprometimento ou o envolvimento dos colaboradores em um projeto organizacional pode ser algo não somente difícil de se conseguir como também extremamente frágil. Aprendi duas coisas sobre esses dois comportamentos: primeiro, despertar o comprometimento nos colaboradores demanda muito tempo, e basta uma simples palavra inadequada de um patrocinador ou adiamento de etapas de um projeto para que rapidamente o compromisso se desfaça. Segundo, o envolvimento dos colaboradores só é obtido por meio de muitas ações de comunicação engajadora/visual, capacitação e promoção do projeto. Ele é uma resposta ou reação das pessoas aos estímulos das ações de gestão de mudanças que são realizadas, o que torna necessário que tais ações sejam tão intensas como constantes se quisermos manter alto o envolvimento dos *stakeholders*.

Então, o que devemos fazer para que os colaboradores participem de forma dinâmica e intensa na implantação de novos projetos? A resposta é bem objetiva: promover a identificação dos valores e crenças dos colaboradores com os ideais do projeto. Quando eu conseguia realizar essa associação nos projetos de gestão de mudanças que conduzia, inevitavelmente observava o surgimento de uma poderosa resiliência que encorajava a superação dos desafios e um incrível espírito de equipe e de colaboração que influenciava positivamente outros integrantes da equipe a entender a importância do projeto.

Como desenvolver a identificação dos colaboradores com o CSC?

Em 2017 fui convidado para atuar como especialista de gestão de mudanças no projeto piloto de implantação do Centro de Serviços Compartilhados da Eletrobras, o que, sem dúvida, representava um desafio extremamente difícil, não só pela complexidade de um projeto que promoveria tamanha disrupção funcional e cultural, mas, sobretudo, pelo contexto macroeconômico em que a empresa estava inserida, com uma nova diretoria com fortes direcionamentos para sua privatização.

Ao aceitar conduzir a gestão de mudanças em um projeto tão desafiador, tinha apenas duas certezas bem claras em minha mente: a primeira é de que teria enormes dificuldades a enfrentar e a segunda, de que eu teria muitas oportunidades de aprendizado. E posso assegurar que as duas certezas se confirmaram mais rápido do que eu esperava.

Em uma das etapas do projeto piloto de implantação, era previsto que os colaboradores que atuavam em processos no âmbito do CSC e que pertenciam aos quadros das empresas Eletrobras, Cepel, Eletronuclear e Furnas atuariam não mais em suas empresas de origem, mas em um mesmo espaço físico nas instalações do escritório Central de Furnas, localizado em um bairro da zona sul do Rio de Janeiro. Assim, não é preciso muito esforço para saber que uma mudança de local de trabalho é um

134 Jornada CSC

vetor de resistência, por sua capacidade de gerar um extremo desconforto para os colaboradores.

Em função de diversos motivos, o planejamento não foi adequado e a transferência dos colaboradores foi realizada de forma açodada e a "toque de caixa": os colaboradores dessas empresas foram informados tardiamente que seriam transferidos para um novo local de trabalho sem maiores explicações. Adicione a esse contexto os rumores de que os empregados que atuariam no CSC seriam transferidos porque seriam os primeiros a serem demitidos com a possibilidade iminente de privatização da Eletrobras.

A transferência das estações de trabalho foi realizada gradativamente, e planejei realizar uma recepção para que os colaboradores se sentissem um pouco mais acolhidos. Entretanto, quando entravam no auditório era visível em seus semblantes o estado emocional de apreensão, tristeza, decepção, revolta e até mesmo de indignação com que se apresentavam para o novo desafio. Durante a reunião de recepção, minha função como especialista em gestão de mudanças era realizar alguma atividade que amenizasse o impacto negativo daquela experiência que os colaboradores do CSC vivenciavam naquele momento.

O que eu poderia fazer para encorajar aquelas pessoas que estavam extremamente fragilizadas e revoltadas? Seria possível agir de forma tradicional, como costumava fazer, buscando o seu comprometimento e envolvimento com o projeto? Certamente eu deveria agir de forma diferente, e o desejo de ajudar aqueles meus colegas era tão grande que veio a ideia do método da associação, pois era preciso despertar uma motivação extraordinária proveniente das próprias experiências vividas por cada um deles para que pudessem enfrentar corajosamente toda aquela situação.

O método consistia em iniciar uma conexão com as pessoas por meio da técnica da **escuta ativa**, ou seja, ter foco e ouvir as queixas e demandas das pessoas com muita atenção. Depois de alguns minutos ouvindo e aprofundando as questões que me eram relatadas, foi possível perceber claramente uma mudança comportamental com semblantes mais leves e olhares menos tensos. Atribui-se ao desenvolvedor da Programação Neurolinguística, Robert Dilts, uma frase que considero genial que explica um pouco da importância de ouvir as pessoas na essência. Ele afirma: "o melhor presente que podemos dar a uma pessoa é a qualidade de nossa atenção".

Confiança estabelecida por meio da escuta ativa e estados emocionais mais serenos, era hora de energizar aqueles colaboradores por meio de outra técnica que os levaria a iniciar uma identificação com o CSC. Solicitei que respondessem a três perguntas: 1. Em qual o momento da sua vida vocês vivenciaram uma situação de desconforto como a que estão tendo agora e que conseguiram "dar a volta por cima"? 2. Qual foi a estratégia individual ou recurso interno (talento) que utilizaram e que foi fundamental para que tivessem êxito? 3. O que os impede de utilizar esse recurso individual para essa situação difícil que estão vivenciando agora?

Com a primeira pergunta, minha intenção era conduzir os colaboradores para uma lembrança de uma experiência pessoal que estivesse associada a um estado mental de superação. A ideia inicial era de desassociá-los da emoção de extrema frustração que estavam vivenciando naquele momento.

A segunda pergunta tinha o objetivo de empoderar as pessoas, ou seja, descortinar os recursos internos que temos, como nossos talentos e habilidades. As experiências de frustração pela qual passamos em alguns momentos da vida têm um poder de gerar em nós uma sensação de esvaziamento e desvalorização tão grande que é comum não acreditarmos mais em nosso potencial.

Por fim, a terceira pergunta era a mais importante, porquanto provocava a associação entre os recursos internos dos colaboradores que eles vivenciaram de forma exitosa no passado e o momento difícil que estavam vivenciando no presente. A pergunta era como um gatilho mental que, tal qual o sugestionamento hipnótico, conecta-va o empoderamento da segunda pergunta com o estado emocional da primeira pergunta, tornando a sugestão a solução perfeita para aqueles que corajosamente enfrentassem o momento adverso.

O resultado do método da **associação** com aquele grupo foi extraordinariamente positivo, não somente por se manifestarem alegres ao final da dinâmica, mas também por terem desenvolvido um comportamento resiliente e de cooperação ao longo do tempo. Algum tempo depois fui visitar os grupos com os quais havia aplicado o método e comprovei os efeitos positivos produzidos naquelas pessoas.

Resiliência e espírito colaborativo, os resultados da associação

De fato, quando um colaborador está realmente identificado com o projeto alguns comportamentos são bem característicos, como: defesa do projeto, expectativa de que as coisas aconteçam de forma correta, empolgação, proatividade etc. Entretanto, nas pessoas que participaram do método da associação o que mais percebi foi um comportamento de resiliência, ou seja, elas desenvolveram uma forte capacidade de superação dos problemas que frequentemente surgiam no projeto.

Outro comportamento que constatei de forma muito clara foi a colaboração que os integrantes do grupo desenvolveram entre si, ajudando uns aos outros a realizar o trabalho de forma correta. Em um dos encontros que tive posteriormente com as pessoas que participaram da reunião onde apliquei o método, uma jovem me confidenciou: "William, aquela reunião me ajudou a lembrar da época em que eu era professora e o quanto gostava de ensinar. Quando fiz a associação, percebi que poderia utilizar o meu talento de ensinar para ajudar alguns colegas menos experientes a resolver os problemas que estão surgindo aqui no CSC. E digo mais... estou tendo mais paciência com meus filhos quando sento com eles para ajudar na realização das atividades escolares". Depoimentos como esse me fizeram repensar que minha atuação como especialista em gestão de mudanças era superficial e que o método que havia criado poderia ser uma ferramenta eficiente não para gerar comprometimento ou envolvimento, mas para promover uma estruturada identificação entre colaboradores e projeto que, de tão poderosa, afetaria não somente o aspecto profissional, mas a vida das pessoas.

Antes de terminar este breve relato, gostaria de fazer dois registros: o primeiro é esclarecer que fiz questão de não mencionar a efetiva influência da liderança na construção dessa identidade entre colaborador e projeto. Fiz isso de forma consciente, para que minha análise abordasse apenas os aspectos que percebi que foram mais decisivos na construção dessa identidade.

Por fim, após ter criado e aplicado o **método da associação** diversas vezes no CSC da Eletrobras, fui convidado pela Executiva de Recursos Humanos da Sonepar Brasil, Edna Rocha, para realizar um evento com aplicação do método para os colaboradores do CSC de sua empresa, o que para mim foi motivo de muito orgulho. Caso tenha se interessado por este método e deseje conhecer um pouco mais sobre ele, na parte de *cases* deste livro há um relato detalhado da aplicação do método da associação que eu espero que possa lhe ser útil no desenvolvimento da identificação dos colaboradores com os seus projetos corporativos.

19. Escritório de processos e projetos

Camila Rocha
Rafael Scarparo

A implantação do **escritório de processos e projetos** na estrutura de um Centro de Serviços Compartilhados tem como objetivo o suporte e a execução de iniciativas direcionadas às principais necessidades e estratégias da área, iniciando por mapeamentos e padronização que permitam centralizações de processos e seguindo até estágios mais maduros, agregando eficiência e inovação, e, portanto, convertendo-se em resultados para o negócio.

Com base na cadeia de valor de Porter (Figura 19.1), um Centro de Serviços Compartilhados é instaurado para centralizar atividades fora do *core business* do negócio, gerando sinergias e por consequência eficiência operacional. Para que sejam benéficas, as atividades desempenhadas pelo CSC devem ser realizadas com maior excelência operacional, ou seja, assegurando redução de custo e melhor nível de serviço e envolvendo qualidade e maior agilidade.

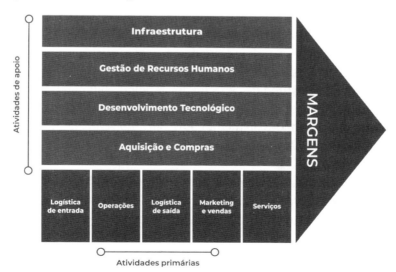

Figura 19.1. Cadeia de valor de Michael Porter.
Fonte: os autores.

138 Jornada CSC

O que chamamos de atividades de suporte ou apoio podem ser devidamente estruturadas para serem escopo das atividades de um CSC, e um escritório de processos e projetos deve suportar as iniciativas para que a incorporação dessas atividades siga os requisitos de excelência operacional definidos anteriormente e essa centralização de processos siga algumas premissas importantes, como escalabilidade e controle, até eficiência e sustentabilidade.

Nesse sentido, as principais atribuições do escritório de processos e projetos em um CSC seriam:

- ✓ Em estágios iniciais da estruturação do portfólio de serviços prestados, conduzir mapeamentos de processos junto aos times e apoiar na construção de indicadores, SLAs (*Service Level Agreement* ou nível de serviço acordado) e no respectivo conteúdo padronizado por meio de fluxogramas, procedimentos operacionais etc.
- ✓ Ser o gestor independente – aqui deixa-se claro que sua posição perante os indicadores é totalmente independente das áreas que prestam os serviços no CSC, controlando, ajustando e monitorando os indicadores, seus reflexos, e implantando um método que promova as comparações da evolução dos níveis de serviço mês a mês.
- ✓ Atuar na implantação de projetos e programas de melhoria dentro do CSC e/ou conectados com as demais áreas e estratégias do negócio, desde a definição de escopo até o acompanhamento da execução.
- ✓ Capacitar os colaboradores em metodologias com foco em melhoria contínua, como *Lean Six Sigma*, formando agentes de mudança e, portanto, aumentando a capilaridade do escritório dentro do CSC.
- ✓ Viabilizar centralizações de processos, novas áreas ou demandas, por meio do diagnóstico e do estudo de capacidade, definindo um plano de incorporação pelo CSC.
- ✓ Capturar oportunidades de melhorias ou insumos para automações, materializando-se em projetos ou planos de execução.

Entende-se que o escritório é essencial para criar mecanismos de gestão e monitoramento de desempenho das células que compõem o CSC, além de gerar autonomia nessa jornada. Em estruturas corporativas de processos e projetos (portanto, que atendem à organização com um todo), normalmente são priorizados e automatizados processos ligados diretamente ao cliente final em detrimento das atividades ou áreas de apoio.

Dessa forma, não é apenas possível, mas é desejável criar uma célula de melhoria contínua e excelência dentro do Centro de Serviços Compartilhados, com recursos segregados, capturando todas as oportunidades e traduzindo em iniciativas com foco em resultado.

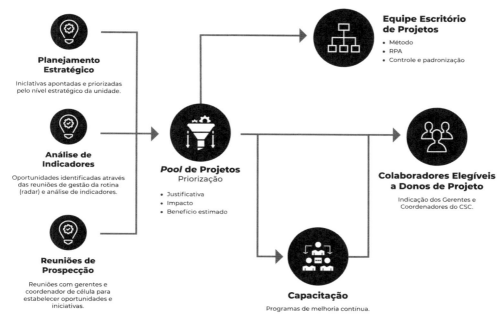

Figura 19.2. Funil de oportunidades e atuação do escritório de processos.
Fonte: os autores.

Uma vez identificadas as oportunidades, o time de processos e projetos deve atuar na priorização, sendo proficiente em mensurar devidamente os benefícios para planejar a execução dos estudos e a construção das soluções, considerando também esforço, custo e complexidade. Tal priorização deve ser enviesada pelo planejamento estratégico da empresa, portanto é essencial o contato da área com a alta liderança do CSC e da empresa.

Uma vez priorizadas as iniciativas, a própria equipe de Processos e Projetos pode executar ou atuar como suporte através do conhecimento de métodos de soluções de problemas. As oportunidades devem ser devidamente analisadas até a definição de soluções e controles; portanto, a equipe deve ser constituída por colaboradores com esse conhecimento e com capacidade de compartilhá-lo com a operação, para que as iniciativas também possam ser executadas pelas próprias áreas. Esse cenário aumenta a abrangência do escritório, permitindo o desenvolvimento de programas

140 Jornada CSC

de melhoria e o devido aculturamento direcionado à melhoria contínua, maximizando os ganhos.

Dentro das atribuições citadas, o escritório também deve estar associado à tecnologia, acompanhando o movimento de simplificação e digitalização de processos. É importante que a equipe apoie as oportunidades identificadas. Os ganhos mais representativos estão comumente ligados ao desenvolvimento de sistemas e de automações, como, por exemplo, o RPA (*Robotic Process Automation* ou automação de processos robóticos), ferramenta tecnológica emergente que, por meio de lógica e regras de negócio, permite a automatização de tarefas repetitivas, frequentes e volumosas que demandam alocação significativa de recursos humanos.

De fato, considerando que um CSC tem como base para ser implementado um ERP (*Enterprise Resource Planning* ou sistema de planejamento de recursos da empresa), ferramentas de comunicação, atendimento e integração com sistemas, um volume considerável de oportunidades surge nesse âmbito. Entretanto, é extremamente importante pontuar que os valores e entregas do escritório certamente não estão limitados a processos, padronização e tecnologia – existe um grande impacto comportamental na gestão de mudanças, passando de uma visão meramente voltada ao cumprimento de atividades para uma cultura com foco na prestação de serviços, atendimento com qualidade e empatia.

As iniciativas de projetos podem ser realizadas tanto em atividades de atendimento, transacionais, controle ou qualquer escopo que gere valor ao cliente ou mantenha a sustentabilidade da unidade. Nada impede que a célula de projetos suporte iniciativas para clientes e processos externos ao CSC, oferecendo-o como um serviço ao cliente ou consultoria interna. Inclusive, vem sendo um desafio e um caminho a percorrer por muitas áreas de projetos e excelência do CSC se expandir para áreas externas, exatamente pela sua capacidade analítica de performance, onde resultados contínuos com qualidade atraem olhares de toda a corporação. Nesse contexto, ter no CSC uma área de inovação voltada a toda a empresa parece ser uma opção em alguns modelos culturais corporativos.

Uma vez que as iniciativas são executadas, as alterações realizadas nos processos devem ser devidamente padronizadas e compartilhadas com todos os envolvidos na operacionalização. Aqui há um papel importante do escritório na gestão de mudanças, garantindo a definição clara de papéis e responsabilidades, documentação e apoiando nas ações de comunicação. Caso existam impactos em nível de serviço prestado aos clientes, parte dos procedimentos que abordam as interações com o centro também deve ser comunicada. Comumente, a padronização é organizada por meio de padrões operacionais sob a gestão da operação do CSC, treinamentos quando pertinentes e comunicações direcionadas ao público-alvo.

Estrutura

Ao abordarmos as responsabilidades e a abrangência de um escritório de processos e projetos, bem como o vínculo com tecnologia, vale falarmos brevemente sobre a estrutura dessa área dentro do CSC.

De maneira geral, células de excelência são compostas por perfis de analistas e especialistas que apresentam domínio sobre metodologias de melhoria contínua e ferramentas de análise, sendo capazes de realizar mapeamentos, conduzir *workshops* ou eventos *Kaizen*, realizar treinamentos de equipes, identificar oportunidades e conduzir planos de ação.

Vimos que um escritório de processos e projetos dentro do CSC é estrategicamente importante para garantir autonomia e avanço na implantação de demandas relevantes, sem competir com as priorizações dos processos primários. Assim sendo, é recomendável que, além de especialistas de processos e projetos, existam células de inteligência de negócio, com foco na implantação, gestão e automatização de indicadores, e de desenvolvimento de sistemas, também agregando autonomia e velocidade às automações, sem entrar em uma fila de prioridades da área de tecnologia da informação.

Na figura a seguir, apresenta-se um modelo sugerido de escritório de processos e projetos na estrutura de um CSC:

Figura 19.3. Exemplo de estrutura do escritório de Processos e Projetos em CSC.
Fonte: os autores.

Implantação

Sugere-se que a implantação de um escritório de processos e projetos siga os seguintes passos:

1. Criação da descrição do negócio de todas as atividades desempenhadas pelo Centro de Serviços Compartilhados. Identificar todos os processos, seus clientes, fornecedores, entradas e entregas é o ponto de partida para compreender o escopo operacional. Indica-se a ferramenta SIPOC para realização deste exercício.
2. Mapear os processos detalhadamente, identificando as etapas, os responsáveis e os sistemas envolvidos e gerando conteúdo padronizado. Pode-se realizar um maior aprofundamento definindo o tempo por meio de estimativas ou análises cronológicas de maneira mais criteriosa.
3. Definição e monitoramento de indicadores de atendimento e de desempenho. Esta etapa é primordial para criar as primeiras iniciativas de melhoria. A operação monitorada nos âmbitos citados deve dar clareza tanto sobre a satisfação do cliente, quanto sobre o esforço gerado na operação e os custos.
4. Nesta etapa é possível, no decorrer dos exercícios de mapeamento e análise de indicadores, identificar *quick wins* (ações de ganho rápido), visando mitigar

desperdícios de recursos utilizando a metodologia *Lean Six Sigma*, bem como definir um plano de iniciativas ou projetos.

5. Ao implantar ações de melhoria, novos processos, incorporações, construir ou atualizar procedimentos e padrões operacionais, é importante garantir não apenas a comunicação efetiva com as equipes executoras, mas que de fato façam parte de todo o processo e validem o cenário redesenhado. No padrão operacional é importante descrever as regras inseridas no processo, que devem ser consideradas na execução das etapas e possíveis ações para mitigar eventuais erros.

É recomendável e extremamente importante que o desenvolvimento das etapas descritas seja conduzido em conjunto com a operação. Estes devem ser inseridos no método através de capacitação, antes da realização das atividades de mapeamento, *workshops* de melhoria ou eventos *Kaizen*. Desse modo, geram-se não apenas conscientização e familiaridade com a metodologia de trabalho do escritório, mas principalmente engajamento, senso de responsabilidade e autonomia na jornada de melhoria contínua dos processos do CSC, materializando-se em resultados.

20. *Customer experience*: o cliente como peça-chave no CSC

Felipe Sessin e Silva

Certamente ao ler o título deste capítulo você deve ter em mente alguns exemplos bem-sucedidos de experiências de bons atendimentos, não especificamente de CSCs, mas de prestação de serviços de modo geral. Porém, ao mesmo tempo, tenho absoluta certeza de que, se você refletir sobre casos de atendimentos não tão bem-sucedidos, a lista mental tende a se tornar muito mais extensa. Acertei?

Pois então, essa é uma reflexão que sempre passou em minha mente e que fez iniciar a jornada, quase que obsessiva, em busca de oferecer aos clientes uma experiência inesquecível. Através deste capítulo procurarei compartilhar brevemente a teoria e a prática dessa busca do cliente como peça-chave no CSC.

Ao viajar para outros países, é perceptível o quanto há ótimos casos de atendimentos ao cliente que são realmente marcantes. Não apenas nos Estados Unidos, mas também na Europa e Oceania, é possível ter grandes exemplos. E, ao mesmo tempo, há casos em que isso também não acontece em grandes proporções.

Uma das conclusões a que cheguei é de que, dentre outros aspectos, isso tem muito a ver com a cultura do povo. Há países em que ser mal atendido é o padrão, enquanto em outros é exatamente o contrário. E, ao chegar no caso real do Brasil, é inegável o quanto estamos acostumados a sermos mal atendidos.

O pior de tudo é que simplesmente aceitamos com maior tranquilidade essa mediocridade na prestação de serviços de modo geral. E isso ocorre, via de regra, em todo o ciclo de vida do cliente, em que pese muitas vezes a fase inicial (de compra/contratação) se sobressair um pouco em alguns casos.

Recordo um amigo meu que desejava encerrar sua assinatura de TV a cabo. Para conseguir, teve que inventar a desculpa de que estava saindo do país, caso contrário não conseguiria. Ou, outro caso, bastante recente: para cancelar a assinatura de um aplicativo, teve que simplesmente cancelar o cartão de crédito onde ocorria mensalmente o débito automático.

Felizmente, nos últimos anos tenho percebido uma mudança nesse contexto para um movimento em direção à prestação de melhores serviços aos clientes. Certamente, há várias explicações para essa mudança. Em parte, porque esse movimento já ocorre fora do país, mas também porque a concorrência vem aumentando, as margens estão caindo e a disputa por clientes é cada vez mais acentuada.

Em 2018 fui convidado a assumir a área de atendimento de uma grande instituição financeira brasileira, dentro do seu Centro de Serviços Compartilhados. O cenário em que nos encontrávamos não era muito diferente do cenário brasileiro, onde normalmente essa é a área menos valorizada das empresas. Ou alguém nunca ouviu falar (erroneamente) que o atendimento é simplesmente um *call center*, porta de entrada para as empresas e que deve ser avaliada a sua terceirização?

Confesso que quando aceitei o desafio fiquei bastante reflexivo e não imaginava o quão apaixonante viria a ser esse tema.

Um aspecto que cabe merecido destaque é que as áreas de atendimento, via de regra, são algumas das mais bem organizadas sob a ótica de processos dentro dos CSCs (e não apenas nos CSCs). Isso não acontece porque esses profissionais são melhores ou piores que os das demais áreas, mas porque, se não tiverem a gestão da operação no detalhe, o caos, em segundos, se espalhará pela estrutura.

Então o desafio já partia de um ponto bastante interessante. A estrutura estava organizada. Porém, isso não bastava. O fato de estar organizada não significava que estava prestando os serviços a contento. Por onde começar, então?

Bem, conversando com os gestores, tive a clareza de que ótimos profissionais trabalhavam na área. E, ao mesmo tempo, ter a percepção externa, dos nossos clientes, seria algo fantástico.

Nesse momento, decidi "sair" em busca dos nossos clientes internos e externos, para entender quais eram os anseios e as necessidades.

Queria eu realizar alguns atendimentos dos clientes. "Não deve ser tão difícil assim", pensava eu. E aqui já fica mais uma dica: quer realmente ter o cliente como peça--chave? Livre-se dos pré-conceitos!

Como preparação para essa missão, busquei apoio de uma das colegas que realizavam os atendimentos. Passei alguns dias escutando as ligações e aprendendo (tentando aprender) os procedimentos realizados. Confesso que no início foi algo bastante difícil, tanto da minha parte (por ter que entrar tanto no detalhe durante tanto tempo) quanto por ela (por não termos uma relação tão próxima até então). Mas, com liberdade e abertura (e aqui fica mais uma dica), as coisas fluem e, com isso, se consegue obter um diagnóstico mais claro de qual é a real situação.

Passados alguns dias, declarei a minha derrota. Não conseguiria realizar os atendimentos sozinho. Iria precisar de muito mais tempo para me preparar. Mas as informações que tinha já me fizeram concluir que havia questões importantes a resolver, tanto para o cliente final como para o próprio time, afinal de contas, para realizar os atendimentos precisava ser quase um super-herói, de tantas telas que eram necessárias acessar e o famoso "alt+tab" entre telas.

Outra conclusão a que cheguei foi que estávamos atendendo muitos clientes diariamente, mas apenas cerca de 20% dos casos demandados eram efetivamente resolvidos. Os demais sinalizávamos que não conseguiríamos resolver, sempre com uma grande simpatia – eis o motivo dos elogios recebidos anteriormente.

Então, resumindo: **quer avaliar o foco no cliente? Use você mesmo o serviço! É o melhor jeito de descobrir como as coisas estão.** Certamente a estratégia do cliente oculto também é uma ótima ideia, porém, ter a sua própria visão é fundamental para poder entender a realidade.

Com esse diagnóstico claro em minha mente, pairava a reflexão: afinal de contas, para que serve essa estrutura se não conseguimos resolver a maioria das demandas que recebemos? Como conseguir patrocínio para realizar os investimentos necessários se não temos reclamações relevantes sobre essa estrutura? (lembre aqui do que comentei anteriormente sobre sermos – brasileiros – em geral acostumados com atendimentos não satisfatórios).

A análise de eficiência dos processos sempre deve ter claros os resultados almejados – e, obviamente, em uma estrutura de atendimento, resolver apenas 20% das demandas recebidas certamente não é um resultado almejado. Ao mesmo tempo, tinha total clareza de que talvez nunca conseguíssemos resolver 100% dos casos demandados. Mas, afinal, o que custa sonhar alto?

Voltando ao mercado internacional e buscando *cases* de referência em atendimento, é recomendável explorar o *case* da Zappos, uma empresa americana, comprada pela

Amazon, de vendas de itens de vestuário que realmente é um grande exemplo de bom atendimento. Ao ler o livro "Delivering Happiness" (HSIEH, 2010), tive a clareza do que precisávamos.

O foco no cliente, sobretudo nos CSCs, passa necessariamente por três aspectos que irei explorar a seguir: **pessoas, processos e tecnologia**.

O uso de forma equilibrada desses três aspectos faz com que seja possível atingir resultados talvez impensáveis.

Foco no cliente: pessoas

Bem, se a empresa serve pessoas e é formada por pessoas, para obtermos resultados acima da média, o passo inicial sempre será gerar consciência e planos de ação coletiva.

Particularmente, não acredito em planos de ação *top-down* ou em projetos muito megalomaníacos se não há uma base bem construída com as pessoas.

Ter a clareza de propósito é fundamental para poder iniciar toda a transformação desejada. Nesse aspecto, agendas de construção colaborativa e *discoveries* são muito bem-vindas para explorar esse novo contexto.

Outra ferramenta que sempre entendo como adequada é a utilização de casos reais e explorar com o time se a saída daquele caso foi a melhor que poderia ter acontecido. Nesses momentos, é também natural que apareçam as restrições da área X ou Y, que não autoriza determinado procedimento.

A análise de casos reais nos permite tirar a teoria de cena e colocar a vida real, como ela é, para que o time possa analisar e identificar, sem restrições, o que poderia ter sido feito diferente. E é papel do líder tratar essas restrições junto aos demais *stakeholders* e áreas envolvidas.

A construção de um propósito coletivo engaja o time e permite que novos multiplicadores desse ideal estejam presentes constantemente no time. Analisando o caso prático onde liderei a transformação, após a fase inicial de engajamento, entendemos que precisávamos de um propósito inspirador para buscarmos nos superar sempre.

"**O melhor atendimento do mundo**": eis o propósito construído pelo time para marcar esse novo momento. Entenda aqui que o atingimento ou não desse alvo deixa de ser o ponto mais importante, afinal ele é, de fato, bastante ambicioso. O mais importante é o caminho, a busca constante da superação, a análise contínua se fizemos tudo o que era possível para gerar a melhor experiência para o cliente.

Foco no cliente: processos

Como em todos os CSCs e áreas de operação, a definição de processos é uma peça--chave da estruturação da área. Se não há processos bem definidos, que busquem em sua essência a eficiência, então certamente há aspectos basilares a serem tratados dentro do CSC.

Porém, o aspecto de processos para o *customer experience* vai muito além de ter processos padronizados, com SLAs e KPIs bem definidos e mapas de riscos bem construídos.

O pilar de processos para o *customer experience* vai no sentido da empatia mais genuína possível para o cliente final. Merece abstrair todas as restrições possíveis e pensar, repensar e propor o melhor formato para o cliente. É a empatia genuína com o cliente. Entender a sua necessidade, não a nossa! Entender que, apesar de aceitarmos péssimos serviços prestados, ninguém em sua essência gosta disso. E não estou falando de métricas de riqueza e tampouco de preço. Estou falando de se colocar no lugar do cliente.

Muitos talvez pensem que isso demanda muitos investimentos. Sim, demanda investimentos, com certeza. Mas não necessariamente os investimentos são tão altos e, mais do que isso, o retorno via de regra é algo muito plausível, ainda mais tendo bases de referência de prestação de serviços em patamares tão baixos como temos atualmente.

O aspecto principal está, portanto, em analisar o que efetivamente se quer e fazer a escolha que se encaixar nas pretensões da empresa. Não dá para querer, por exemplo, ser o melhor atendimento do mundo e não otimizar os processos internos, não buscar elevados níveis de solução, não achar mecanismos de encantamento ou de transposição de barreiras. É o famoso *walk the talk*. Já temos muitos casos relacionados a boas prestações de serviços, porém, é sempre importante analisar se aquilo é efetivamente genuíno. Se não for, certamente o mercado logo reconhece e reage.

Foco no cliente: tecnologia

Outro aspecto bastante relevante para completar a tríade necessária para a entrega de elevada experiência ao cliente é justamente a tecnologia.

Com base no que já analisei e conheci dos CSCs, esse pilar acaba muitas vezes sendo deixado em segundo plano: investimento primeiramente em processos, depois em pessoas, e pouco ou nada em tecnologia.

Com o acelerado desenvolvimento de novas e antigas tecnologias, cada vez mais novas soluções exponenciais estão ficando disponíveis.

Nesse sentido, é fundamental que o CSC tenha cada vez mais profissionais altamente qualificados para poder implantar novas e robustas soluções de tecnologia que tragam, ao mesmo tempo, eficiência de processos e qualidade para a experiência.

Confesso que um aspecto que sempre me incomodou muito foi perceber que os CSCs são, para muitas empresas, apenas braços para viabilizar a operação. Sempre entendi que é, sim, possível termos centros de serviços altamente qualificados, sendo referência para as estruturas e, mais do que isso, moldando novos comportamentos e potencializando alguns aspectos do negócio.

Aqui não vou explorar soluções específicas de tecnologia, por entender que cada demanda tem suas particularidades e por haver uma infinidade de soluções atualmente disponíveis no mercado. O principal ponto de reflexão aqui está em se posicionar como um centro de excelência completo, sendo braços de operação, mas também sendo o cérebro para grandes transformações.

Por fim, e retornando ao aspecto principal deste capítulo, que busca explorar a importância da experiência do cliente, cabe o reforço da análise sobre qual o efetivo desejo da empresa. Focar no cliente, de forma genuína e completa, exige sim muito esforço e algum investimento, certamente. Não significa que os investimentos são necessariamente altos, visto que muitas soluções estão disponíveis a custos cada vez menos representativos.

Mas, muito mais do que investimentos, o principal aspecto está no *mindset* corporativo. Não há foco no cliente se não estivermos abertos a mudar processos e, por que não, corrermos algum risco controlado. Tendo isso bem definido e pessoas imbuídas desse espírito de colaboração, o restante é consequência – tanto a questão da revisão dos processos como as próprias soluções tecnológicas irão aparecer. E com esses três pilares em sinergia, não tenho dúvidas de que a mágica certamente vai acontecer. Pode tomar um pouco de tempo, mas certamente irá acontecer.

21. Como estão os profissionais do CSC e suas mudanças de *mindset*

Paulo Castello

O CSC é uma estrutura com um grande nível de complexidade. Definitivamente é um desafio profissional que traz no dia a dia da operação todos os elementos que estamos vendo nos últimos anos em relação à dinâmica do mundo atual, cujo termo VUCA (Volátil, Incerto, Complexo e Ambíguo) tem sido uma tentativa de explicar.

O profissional de um CSC precisa atender a múltiplos *stakeholders* (todos são seus clientes internos e possuem necessidades diferentes e que ao mesmo tempo são opostas às necessidades dos demais *stakeholders*). Manter esse equilíbrio é uma arte que demanda do profissional de CSC grande inteligência emocional, habilidade política, conhecimento amplo dos processos (e como se interconectam), entendimento crítico das políticas internas e grande habilidade em gerenciar prioridades e liderar times multidisciplinares.

A próxima década (2020 em diante) marca a virada de uma era em que as empresas e as pessoas foram empurradas para um mundo onde as interações e transações precisaram ser priorizadas de forma digital.

O balanço do ano de 2020 é o começo da era de extinção das organizações não digitais. As grandes corporações vão precisar reinventar suas empresas, cultura e modelos de negócio ou não serão mais competitivas. O ano de 2020 forçou todos a irem para o digital, até as nossas avós passaram a usar *app* de banco (pela necessidade de ficar em casa e as agências fechadas).

Apesar de ser uma alavanca que possibilita uma nova abordagem para resolver melhor um determinado desafio/problema, a tecnologia por si só não tem o poder de realizar uma transformação digital. A transformação digital está ligada diretamente à mentalidade das lideranças em arriscar e se abrir ao novo – e não só isso: entender que o novo leva tempo para ser adotado e que o patrocínio à inovação é essencial para que novas abordagens sejam testadas. **Na transformação digital o exemplo sempre vem de cima.**

Essa revolução digital (que veio de fora para dentro) demonstrou que os profissionais precisam **aprender a se reinventar continuamente, aprender a aprender, além de aprender a desaprender (conceitos que atualmente não fazem mais sentido).**

Quem vem liderando essa revolução na mentalidade tem sido as pequenas empresas chamadas de *startups* ou *scale-ups* (que já nascem 100% digitais e onde o negócio é baseado em plataforma tecnológica), extremamente escaláveis e que crescem em velocidades vertiginosas. Antes o grande vencia o pequeno, mas agora o mundo responde a quem tem mais velocidade e quem tem mais dados (e sabe usá-los). Todas as empresas, no mundo inteiro, estão tentando replicar o *mindset* de *startup, fail fast & learn fast*. E, para isso, precisam começar a trabalhar com base em dados e com elaboração de hipóteses, testes, análises dos dados e validação (ou nova hipótese).

Ou seja, a evolução da melhoria contínua é a experimentação contínua em processos.

Experiência do cliente, do colaborador e do fornecedor/parceiro

Esse é o nome do jogo atual. Muitos acham que experiência do cliente é fazer um aplicativo para celular, implantar um *chatbot* ou colocar sua loja na *web* (comércio eletrônico). E a experiência do cliente é um jogo de *touchpoints*: quanto mais passos o cliente tiver que dar, quanto mais tempo o cliente tiver que esperar, sua empresa será penalizada. O jogo da experiência do cliente poderia ser relacionado ao futebol americano, onde você tem um time de ataque (*frontline*) e você tem um time de defesa (suporte, apoio e *backoffice*). Em programação chamamos de *frontend* (interface com usuário) e *backend* (processamento, cálculos, regras de negócio, etc.). Não adianta você fazer um *app* onde o cliente abre uma conta no celular, mas leva horas ou dias para receber uma informação. Cada *touchpoint* que você elimina no *front* e no *back*, hoje em dia, é estratégico para a experiência do seu cliente. Logo, os CSCs, que são a plataforma de processamento da organização, precisam estar buscando a eliminação de *touchpoints* todos os dias.

Eis alguns dos desafios do dia a dia de um profissional de CSC que demonstram o quão complexo, volátil, ambíguo e incerto é o trabalho em um CSC:

✓ A *holding* ou a matriz demanda do CSC padronização e procedimentos dentro das políticas *versus* as unidades de negócio que demandam customizações e políticas mais personalizadas.

152 Jornada CSC

✓ As unidades de negócio demandam velocidade e custo baixo, mas ao mesmo tempo exigem personalização (que inviabiliza a padronização, deixando mais difícil o custo menor).

✓ Os clientes internos demandam maior qualidade e para isso os gestores do CSC demandam mais recursos ou recursos mais qualificados (confrontando a exigência de redução contínua de custos).

Novos perfis de liderança (não importa a idade) terão que unir experiência, conhecimento técnico na área em que atuam, conhecer lógica de programação, muita inteligência emocional para lidar com um mundo extremamente rápido e com muita pressão e precisarão saber ler e *hackear* cada um do seu time. Cada indivíduo do seu time quer ser tratado individualmente, quer *feedback* constante, quer interagir e participar de decisões (sim, isso mesmo), opera de um jeito, tem suas próprias motivações e o mais desafiador... não gosta ou está acostumado com rotina e disciplina. Para extrair o máximo de cada um, mantendo todos engajados na missão, os líderes terão que dedicar muito tempo a um *coaching* individual em vez de gestão. E o líder que não se transformar continuamente vai ficar para trás.

O novo ambiente de trabalho é disperso fisicamente, tem sotaque, fala outras línguas, está em diferentes fusos horários, ambientes e sistemas, que são acessados de qualquer lugar. Cada passo digital (*touchpoint*)/clique é convertido em dados e digitalmente registrado, analisado por diversas áreas de conhecimento (marketing, RH, finanças, logística, jurídico) usando ciência de dados para entender comportamentos, perfis, prever e recomendar ações (ou tomar ações automaticamente com base em premissas preestabelecidas) e então os dados são devidamente armazenados ou devidamente descartados (por proteção LGPD/GDPR).

O perfil e o *mindset* do novo profissional de CSC

Os perfis dos profissionais estão mudando

O novo perfil de um profissional não pode ser puro generalista, assim como não pode ser puro especialista. Os tempos atuais trazem novos conhecimentos com tanta velocidade que não dá tempo para contratar especialistas nos temas, pois são áreas de conhecimento totalmente novas; logo, o perfil precisa ser híbrido.

As desvantagens dos perfis atuais e que não se encaixam em um cenário super dinâmico:

Como estão os profissionais do CSC e suas mudanças de *mindset* **153**

✓ **Puro generalista (muito buscado por gestores)** – Hoje é considerado um quebra-galho/tapa-buraco. Acaba servindo temporariamente, mas quando precisa resolver problemas complexos que demandam conhecimento mais profundo acaba não atendendo, por não entrar na parte técnica e com isso não liderar uma real mudança.

✓ **Puro especialista** – Pouco adaptável ao VUCA. Serve temporariamente a um propósito super específico (onde o conhecimento é necessário) e quando precisa evoluir para fora da zona de conforto/*expertise* acaba não querendo ir para áreas de conhecimento onde terá que começar do zero. Com isso, fica cada vez mais dentro de uma bolha de conhecimento (que vai diminuindo ao longo do tempo) e acaba não liderando as mudanças reais.

O novo perfil: híbrido (ou mutante)

Esse novo perfil consegue no mesmo dia discutir assuntos no nível estratégico de negócio com uma visão do todo (do alto das árvores) e de tempos em tempos entende que existe um novo conhecimento que precisa ser aprofundado e faz um mergulho profundo em especialização para liderar áreas e iniciativas que estão sendo impactadas com esses novos conhecimentos e necessidades. Não somente aprende o novo, mas consegue desaprender o antigo. Esse perfil entende que, se não estudar como se faz (incluindo botar a mão na massa), vai ser difícil liderar a execução em áreas de conhecimento tão novas e determinar metas.

A competição está totalmente fora do radar

Seu concorrente está fora do radar, seja uma *startup* nascendo em uma garagem ou uma empresa de outra indústria que está nesse momento mirando ocupar seu espaço no mercado.

> *I am not in competition with anyone but myself. My goal is to improve myself continuously.* – *Bill Gates*

✓ *Startups* – Devido ao acesso barato à tecnologia, a competição está nascendo em dormitórios e em "garagens". A *startup* possui alta velocidade, adaptabilidade e seus *shareholders* (nos primeiros dez anos) estão em busca de *valuation* e não de lucro. Cada *startup* resolve bem um único problema *versus* uma grande empresa que possui um catálogo de soluções e produtos para resolver vários problemas (porém acabam deixando seu foco mais diluído).

154 Jornada CSC

> ✓ *Players* **de outras indústrias** – Com ampla base de usuários/clientes, qualquer *player* pode entrar no seu jogo a qualquer momento. Quanto mais clientes esse *player* possuir em sua base, maior é a capacidade deste ocupar outros espaços. Exemplo é a Apple lançando o *Apple Card* (cartão de crédito) e iniciando uma competição com bancos com uma base inicial de 500 milhões de clientes.

Não olhe para frente, não olhe para os lados e não olhe para trás. Entenda bem o problema que você está resolvendo, use seus clientes para testar produtos/serviços e foque na excelência e melhoria contínua. Você tem que ser melhor que você mesmo (e não se comparar aos outros, pois você nem consegue enxergá-los).

Skin in the game = Talento

O próximo desafio das empresas e das lideranças será acessar/encontrar, atrair e principalmente reter talentos a longo prazo. A briga por talentos já começou. Qualquer empresa do mundo pode contratar os seus melhores recursos (e pagar em dólar, euro ou libra). A competição não é por salários, benefícios ou pufes coloridos. Talentos querem um pedaço do sonho para lutar por ele. Para construir um time talentoso e que mantenha o engajamento é necessário pensar em *equity*[3] como um forte *driver* de inovação.

Escassez de recurso não é mais uma desculpa para não inovar

Startups provaram para o mundo que com pouco recurso, usando prototipagem/MVP que entrega valor imediato às dores dos clientes, qualquer ideia pode sair do papel. Em um ambiente com motivadores e propósitos alinhados, poucos recursos não são desculpas e sim combustível para fazer mais com menos.

Ideias precisam ser convertidas rapidamente em experimentações (MVP – *Minimum Valuable Product*/protótipo funcional) que estejam baseadas em hipóteses e que possam ser testadas rapidamente na vida real.

Ideias não são nada. Não se apaixone pela solução e sim pelo problema que pode ser resolvido. O que importa agora são ideias colocadas à prova, em ambiente real, com cliente real usando o protótipo funcional do produto (MVP), feio e não escalável, possibilitando *feedbacks* imediatos (dados de uso) para ajuste e refino do produto/serviço.

---

[3] Participação acionária na empresa onde está trabalhando.

Montar um negócio/produto/serviço não é mais uma arte, começa a entrar no campo da ciência:

*Teste de Hipótese + Prototipagem (MVP) + ciência de dados
(feedback real) = Aprendizado rápido*

Grandes ideias podem começar pequenas, sem se preocupar em escalar, pois primeiro temos que validar que realmente resolvem – e para isso temos que botar em prática com o mínimo de recursos possíveis. Quanto mais feia está a solução, mais rápido você a colocou no ar (e isso é ótimo), pois já está recebendo dados de *feedback* de clientes reais que estão testando. Com esses dados na mão e com o *feedback* de que o conceito funciona, então é hora de buscar o orçamento.

Tomada de decisão = Velocidade (mesmo sem ter todas as informações)

Velocidade é o nome do jogo. Os seus consumidores/clientes internos (assim como os colaboradores) estão buscando serviços totalmente customizados e que entreguem *feedback* em tempo real. A Uber perde milhões de clientes para outros aplicativos que já existem ou que estão nascendo por não ter carro disponível a um minuto de distância do cliente. Ou seja, velocidade é tudo na nova liderança. E isso demanda uma mentalidade preparada para arriscar mais e cometer mais erros. A chave é associar a velocidade ao comportamento de correção rápida. Menos buscas por culpados e mais buscas por melhoria contínua. Erramos, corrigimos rápido, analisamos o que sai errado, corrigimos e vamos em frente.

Inovação é igual a execução extrema. Não tem nada a ver com boas ideias

Qualquer pessoa tem centenas de ideias ao longo de sua vida, boas ideias nascem diariamente. Inovação significa execução extrema, contínua e resiliente.

- ✓ **Foco** – Dizer não. *Stick to the plan*. Sem essa postura o projeto muda a toda hora a qualquer nova ideia.
- ✓ **Intensidade** – Paixão pelo sonho, pela missão, pelo propósito. Isso é combustível para lidar com todos os problemas que vão ocorrer durante a execução. E tudo vai ocorrer para atrapalhar a execução.

156 Jornada CSC

✓ **Cadência** – Está ligada à disciplina perante as tarefas, rotinas e os rituais que precisam ser feitos diariamente. As coisas chatas que, se não forem feitas diariamente, não o levarão para a excelência.

The way to get started is to quit talking and begin doing – Walt Disney

Propósito = Um combustível novo

A regra do jogo mudou. Estabilidade, salário, benefícios, adesivo no computador, bermuda e pufes coloridos não são a causa do sucesso. Novas gerações com novas motivações buscam PROPÓSITO.

✓ Mudar o mundo.
✓ Fazer a diferença.
✓ Sentir-se parte (antigo sentimento de dono).

Empresas e líderes que conseguem genuinamente demonstrar qual é a grande missão atraem profissionais apaixonados e que irão realmente fazer a diferença nos momentos mais difíceis.

Ecossistema é uma alavanca para ajudar no aprendizado contínuo

Estar presente em grandes ecossistemas de inovação faz a diferença. Conviva em ambientes com outras empresas:

✓ *Startups*
✓ *Co-workings*
✓ *Labs*
✓ Aceleradoras
✓ Conferências
✓ Comunidades
✓ Grupos de trabalho entre empresas diferentes
✓ Investimento-anjo
✓ Mentoria (receber para depois dar com base em suas experiências)

Os CSCs possuem vários grupos de estudos no Brasil que se reúnem frequentemente para trocar ideias sobre os desafios do dia a dia. É um grande exemplo de usar o ecossistema para sair da caixa.

O comportamento que cria os *outliers*? *Grit* e o perfil dos campeões

O livro "Garra ("Grit"): o poder da paixão e da perseverança", de Angela Duckworth (2016), demonstra através de estudos que o esforço e a capacidade de "apanhar e levantar de novo e continuar insistindo'' são o grande diferencial entre as pessoas que alcançam resultados incríveis. Diferentemente do que se imaginava, o esforço vence o talento.

Nos Estados Unidos existe a expressão *work ethics*. São aquelas pessoas que são tão dedicadas à sua missão que são imparáveis, são as primeiras a entrar e as últimas a sair. Possuem uma força mental de continuar exercitando suas habilidades sem deixar se afetar por nada. Alguns exemplos dessa mentalidade de campeões: Will Smith, Kobe Bryant, Beyoncé, Arnold Schwarzenegger.

Planejamento num mundo imediato e dinâmico: use o MIT (*Most Important Thing*)

"Se você não mata um leão por dia, amanhã tem dois leões para matar".

Todos os dias seu mercado muda, seus clientes mudam, seus colaboradores mudam, novas tecnologias são adotadas. Avalie a todo momento o plano e repriorize. Ou seja, seu plano muda a todo momento com base nos *feedbacks* (dados) que você recebe enquanto está executando. De tempos em tempos reavalie o que precisa ser priorizado e o que pode ser postergado. Em uma floresta em chamas não coloque energia para apagar todas as árvores, veja as que irão causar maior dano e priorize--as (mesmo sabendo que outras continuam pegando fogo). Ou seja, no CSC você vai receber informação sobre vários problemas acontecendo ao mesmo tempo. Se você resolver atacar todos ao mesmo tempo, sua força vai diluir e não conseguirá resolver tudo. Avalie o que vai te "matar" amanhã se você não agir e coloque sua energia para resolver esse problema. Saber ler o cenário constantemente e repriorizar é chave em um mundo tão rápido.

Aprendendo de forma contínua

A absorção do conhecimento do ser humano não é mais fixa. Ela é contínua, quebrada em blocos de conhecimento dinâmicos que vão se encaixando. O conhecimento é criado através de inúmeras fontes e plataformas e os criadores de conhecimento estão espalhados em comunidades digitais.

São dezenas de microcursos conceituais e técnicos em combinação com a prática que vão formar os novos profissionais. Todo dia os sistemas são redesenhados e novas versões/*releases* entram no ar, todo dia um novo paradigma aparece sobre qualquer assunto e precisa ser rapidamente analisado, descartado ou adotado. E é essa dinâmica que vai transformando a pessoa em um novo tipo de profissional. Bem-vindo à era dos profissionais mutantes. Hoje já vemos profissionais navegando de uma área para outra e cada vez essa navegação vai ficar mais fluida e com menos preconceitos.

22. Indicadores e monitoramento (*dashboards*)

Camila Rocha
Tiago Ferreira

Os indicadores são os maiores aliados de um Centro de Serviços Compartilhados durante a jornada em busca da excelência operacional. Por meio dos *insights* gerados, é possível aprimorar cada vez mais a eficácia dos serviços prestados. Para utilizar essas ferramentas, é necessário definir as operações que serão monitoradas e as métricas que serão utilizadas, garantindo maior efetividade nas medições.

Uma das principais funções dos indicadores é medir se a performance de uma determinada área ou processo está acima ou abaixo das metas estabelecidas para o CSC. Por conta da padronização da maioria das atividades, os indicadores se tornam fáceis e objetivos de acompanhar e permitem identificar possíveis problemas oriundos da operação.

Assim como em qualquer empresa ou macroprocesso, monitorar a performance do CSC gera inúmeros benefícios, que possibilitam não apenas um retorno superior ao investimento na metodologia ou em sistemas utilizados, mas adequações e melhorias gradativas nos processos, revertendo em resultado para o negócio. As principais vantagens obtidas são:

- ✓ Redução de custos.
- ✓ Otimização e centralização de processos.
- ✓ Ganho de produtividade.
- ✓ Redução de falhas.
- ✓ Comunicação ágil.

Entende-se que o monitoramento de indicadores está diretamente ligado à maturidade na gestão de processos, seguindo alguns estágios de evolução a partir de um cenário onde não há conhecimento e domínio sobre os processos executados.

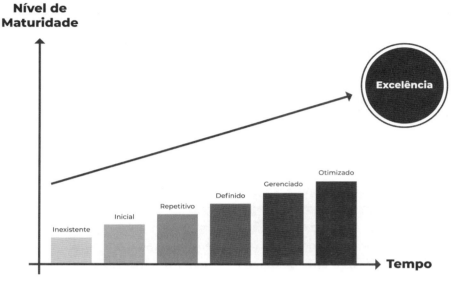

Figura 22.1. Modelo adaptado dos cinco níveis de maturidade do CMM
(*Capability Maturity Model* ou Modelo de Maturidade de Capacidade).
Fonte: os autores.

No nível inicial, os processos e atividades são executados sem a preocupação com padronização e repetibilidade; basicamente as pessoas realizam suas atividades do dia a dia sem ordenação e sem conectar causa e efeito. No segundo nível, repetitivo ou replicável, os processos passam a ser conhecidos e há certa disciplina na execução. A partir do terceiro nível, definido, temos a definição e o mapeamento dos processos, gerando conteúdo padronizado para a organização.

Seguimos então para o estágio gerenciado, onde os processos replicáveis implantados requerem medição, e, por fim, chegamos ao nível otimizado, atingindo uma cultura de melhoria contínua.

Aplicando o mesmo conceito, antes de implementar os indicadores, é necessário avaliar o nível de maturidade do CSC com relação à gestão de seus processos, estruturando uma jornada mais objetiva e que permita a evolução alinhada com a estratégia.

Indicadores e monitoramento (*dashboards*) **161**

Figura 22.2. Estágios de evolução do CSC.
Fonte: adaptado de CARDOSO (2018).

✓ **Nível 1 – Incompleto:** a estrutura do CSC é mais recente, com diversas atividades em execução, ausência de processos definidos ou centralizados, quase não existem indicadores de performance e, portanto, SLAs predefinidos (*Service Level Agreement* ou acordos de nível de serviço), pois ainda não foi estabelecido um catálogo de serviços prestados. Assim, apenas os indicadores de transação dos processos são medidos, mas de maneira manual, usualmente em planilhas, e individualmente pelas áreas.

✓ **Nível 2 – Básico:** o CSC apresenta tempo de operação superior a 1 ano e o foco passa a ser a definição do portfólio de serviços. Os processos passam a ser executados a partir de uma centralização inicial e começam a ser ofertados aos clientes internos. Dessa forma, os indicadores do nível anterior, ainda que em um estágio primário, continuam sendo medidos e é possível estabelecer alguns SLAs.

✓ **Nível 3 – Intermediário:** os serviços do CSC se tornam mais maduros com a operação. Entre as etapas 2 e 3 ocorrem as definições e os mapeamentos dos processos, gerando também um conteúdo padronizado por meio de fluxogramas, procedimentos e padrões operacionais desses serviços. Além da documentação, que promove a gestão do conhecimento, são estabelecidas as métricas que permitem monitorar a eficiência do CSC. Nesse nível, o relacionamento com os clientes deve ter qualidade e transparência, sendo essencial a padronização do meio de comunicação ou formato de atendimento, com possibilidade de registrar, categorizar e medir os atendimentos realizados. A partir desse nível, é recomendável avaliar um sistema ou plataforma que permita a solicitação e gestão dos serviços oferecidos de maneira automática.

162 Jornada CSC

✓ **Nível 4 – Avançado:** os processos estão definidos, documentados e são gerenciados por meio de ferramentas. Nesse ponto, indica-se a implantação de uma ferramenta de BI (*Business Intelligence*), como, por exemplo, a solução Power BI da Microsoft, ou outras disponíveis no mercado, que viabilize a automatização dos relatórios e forneça informações detalhadas sobre os dados capturados, tornando o processo de tomada de decisão mais objetivo. Considerar a automação dos painéis é relevante, pois permite o desprendimento de planilhas, controles manuais ou extrações de relatórios de sistemas, que normalmente ocupam tempo considerável dos analistas das áreas. Em um segundo estágio, é recomendável também automatizar a extração dos dados que alimentam os painéis desenvolvidos na ferramenta de BI, e é possível realizar isso por meio de *views* ou tabelas dentro do banco de dados da organização. Dessa forma, a conexão é realizada diretamente pela ferramenta de BI, eliminando a etapa de extração dos dados de sistemas ou outras ferramentas e exigindo apenas a conexão, o tratamento e o carregamento dos dados para criação dos indicadores que farão parte do *dashboard*.

✓ **Nível 5 – *Best in class*:** neste nível de maturidade é possível melhorar o desempenho do Centro de Serviços Compartilhados automatizando totalmente ou parcialmente os processos que não exigem muita ou nenhuma interação com os clientes. A priorização pode ser gerada a partir da análise estrutural dos indicadores. As regras já foram estabelecidas e automatizar se torna uma boa opção, pois minimiza erros humanos, reduz o retrabalho e agrega agilidade. Além disso, a automatização pode ser utilizada para mostrar realmente o tempo gasto na execução das atividades, gerando insumos para aumentar cada vez mais a produtividade do CSC.

É fundamental entender o nível de maturidade do CSC, pois existem diversos indicadores para auxiliar a gestão, porém só trará resultados se utilizados no momento certo em que se encontram os processos. Dessa forma, o Centro de Serviços Compartilhados estará em constante evolução, conseguirá colher muitos frutos e gerar inúmeros benefícios para a companhia que optar por sua implementação.

Quando o CSC entra no último estágio, além das análises quantitativas, é possível medir o tempo e a qualidade da entrega. Para isso, existem ferramentas e metodologias que podem ser utilizadas para chegar no resultado. A seguir, alguns detalhes sobre esses indicadores:

✓ **Nível de serviço:** um dos indicadores iniciais e medido com base nos SLAs definidos ou acordados, considerando a performance alcançada pelas equipes

Indicadores e monitoramento (*dashboards*) **163**

e tornando mais ágil o ajuste pontual, interno ou externo, em determinados processos que não estejam totalmente alinhados ou padronizados.

✓ **Produtividade:** considera-se a análise da produtividade individual, buscando uma evolução tomando como base as melhores práticas realizadas por colaboradores *benchmarks,* ou seja, com melhores resultados ou performance, proporcionando um desenvolvimento interno e tornando a área mais especializada nas necessidades da empresa.

✓ **Assertividade:** essa taxa mostra a efetividade dos processos executados pelo CSC, seguindo um padrão já estabelecido e com alta eficiência. Uma das principais formas de realizar essa medição é identificar a quantidade de chamados que necessitam de um segundo atendimento, ou seja, que foram reabertos pelo cliente por não estar satisfeito com o retorno recebido. Essa é uma medição muito comum para atendimentos realizados por humanos e principalmente pelos serviços automatizados, que exigem um acompanhamento para saber se o modelo implementado está atingindo o objetivo inicial da proposta.

✓ **Taxa de erros:** um dos indicadores que não pode faltar no CSC, a medição do % de erros é importante para entender a maturidade e efetividade dos processos implantados. É possível agregar ferramentas à análise, tais como o Diagrama de Pareto ou 80/20, permitindo a identificação de processos, serviços ou motivos que devem ser priorizados. Após a análise, uma das maneiras de tratar o erro é criando um plano de ação, identificando a causa-raiz e buscando soluções efetivas. Existem diversas metodologias conhecidas que podem servir de apoio na identificação da causa-raiz, como:

- **PDCA:** também conhecido como Ciclo de Deming, trata-se de um método bastante conhecido e empregado na melhoria e no controle de processos e na implantação de projetos. Divide-se em quatro etapas: *Plan* (planejar), *Do* (executar), *Check* (verificar) e *Act* (agir).

- **Ishikawa ou Diagrama de Espinha de Peixe:** é uma ferramenta gráfica que permite a análise e categorização das principais causas relacionadas a um problema, resultando em uma definição mais objetiva de plano de correção ou prevenção.

- **5W2H:** refere-se a uma importante ferramenta para definir plano de ação ou implantação de projetos. A sigla é composta da seguinte forma: *What* (o que será feito?), *Why* (por quê?), *Where* (onde?), *When* (quando?), *Who* (por quem?), *How* (como será feito?) e *How much* (Quanto irá custar?).

✓ **Taxa de custos:** tendo em vista que tratamos de uma operação centralizada e padronizada, é essencial medir os custos por processo do CSC, identificando oportunidades, gastos desnecessários e gerando um *saving* (economia) para a organização.

✓ **Nível de satisfação:** por último, e combinado ao nível de serviço, tornam-se os mais importantes aliados do CSC em uma jornada de melhoria contínua. A satisfação do cliente é o principal termômetro para entender se o produto final está sendo entregue conforme acordado, com qualidade e outros requisitos satisfatórios. Veremos a seguir formas de medir o nível de satisfação.

Não há dúvidas sobre a relevância dos indicadores dentro de um Centro de Serviços Compartilhados, os quais evoluem com a maturação do CSC e devem ser aplicados com base nos diversos fatores apresentados para alcançar os níveis de desempenho de maneira evolutiva.

Uma boa gestão de KPIs (*Key Performance Indicators* ou indicadores-chave de desempenho) permite identificar os pontos passíveis de correção ou melhorias, de modo que o centro atinja um elevado nível de excelência, aprimorando a performance de suas operações, bem como a percepção e experiência dos clientes. Agregar tecnologia no desenvolvimento de *dashboards* e na automatização da extração de bases torna o processo mais fluido, gerando oportunidades para a criação de novas análises ou visões dos gestores, alinhadas à estratégia da organização.

Seguindo as tendências de consumo globais, hoje entendemos que o famoso "cliente no centro", inicialmente abordado como um dos princípios do *Lean Thinking* (pensamento enxuto, originado a partir do Sistema Toyota de Produção) na década de 50, vai muito além do que apenas entregar com eficiência produtos ou serviços.

Com a era da experiência iniciada em meados dos anos 90 e em constante transformação, entendemos que o consumo não é mais linear, é difuso, complexo, passando por camadas e etapas até uma decisão final. Com isso, apenas entregar *just in time*, com qualidade, produtos ou serviços é coisa do passado, é um pré-requisito, e trazer o cliente para o centro, não na teoria, mas na prática, ouvindo de fato sua percepção em todas as instâncias e conduzindo ações a partir disso, deve ser a principal estratégia das empresas.

Sabemos que o conceito de cliente não é unicamente aplicável aos consumidores externos. Talvez antes de tudo seja interno, navegando por praticamente todos os processos e áreas de uma organização, com alto nível de percepção e impacto desde a concepção até a entrega final de produtos ou serviços.

Tratamos neste livro de uma célula vital que, pelo próprio nome, fornece serviços que geram valor para basicamente toda uma organização, seja de pequeno, médio ou grande porte. Ao longo dos capítulos, apresentamos histórico, metodologias, ferramentas, formas de capacitação, gestão. Aqui no capítulo de indicadores, não há como não abordar as métricas de satisfação desse cliente interno.

Sabe-se que o ponto de partida de qualquer processo a ser melhorado é a medição, mas, antes disso, vale um breve entendimento sobre os principais requisitos e gatilhos dos consumidores atuais e do futuro próximo, e que impactam de certa forma todas as empresas e negócios.

Tendências comportamentais e de consumo

Trazemos aqui um resumo das principais tendências que influenciam o comportamento do consumidor e levam as expectativas de entrega e satisfação a outros patamares.

1. **Personalização:** vai além de conhecer seu cliente; é desenvolver empatia, criar vínculos e relacionamento. A análise de dados e pesquisas frequentes ajudam a escutar e entender a voz do cliente, capturando necessidades e insumos importantes para adaptações.
2. **Atendimento *omnichannel*:** este conceito transcende o comércio. O consumidor de maneira geral não deseja apenas comprar ou navegar por múltiplos canais, mas se comunicar, resolver questões, realizar consultas, portanto, agregar o máximo de atividades em canais que mais utilizam no dia a dia, e podemos aqui citar WhatsApp, redes sociais como Instagram e até mesmo o *Teams*.
3. **Planejamento baseado em dados (*Analytics*):** não é novidade que os dados se tornaram uma das maiores fortalezas de uma empresa. A jornada na definição de processos, medições e análises consistentes de dados permite a clareza do que deve ser aperfeiçoado, atingindo de maneira evolutiva novos níveis de entrega e experiência aos clientes, sejam internos ou externos. Isso reflete diretamente em resultados.
4. **Transparência e responsabilidade socioambiental:** estamos na era do conhecimento; o cliente de hoje tem um poder muito maior de pesquisa e, portanto, de escolha. Com tantos desafios globais nos quesitos políticos, socioeconômicos e ambientais, empresas transparentes com seus valores, que tenham projetos ou iniciativas com impactos nesses âmbitos, ganham confiabilidade e preferência.

Métricas de satisfação

No início deste capítulo vimos que as fases no monitoramento de indicadores estão diretamente ligadas com a maturidade na gestão de processos. Tomando como partida processos definidos, replicáveis e indicadores em monitoramento, voltamos o foco para a otimização. Além dos indicadores associados à performance do negócio e suas áreas, é importante agregar métricas qualitativas, comportamentais, que transmitam a percepção dos clientes.

Quando abordamos métricas de satisfação, temos alguns formatos praticados pelo mercado, desde uma simples pesquisa com múltiplas perguntas, analisando instâncias de uma jornada ou atendimento, até métodos mais estruturados como CSAT e NPS.

CSAT (*Customer Satisfaction Score*)

O CSAT é uma das métricas mais antigas para medir satisfação e é amplamente utilizada no mercado. Apresenta conceito e usabilidade simples, podendo ser implantada como uma ferramenta para captura de *feedback*, obtendo a percepção do cliente em diversas dimensões e interações com a marca, produto, serviço, atendimento etc. O registro e a análise frequente desses *feedbacks* permitem a identificação de desvios, definindo planos de melhoria aderentes com o objetivo de reverter a experiência negativa.

Usualmente trabalha-se com uma escala de **0 a 5 ou 1 a 5**, medindo o nível de satisfação em dada dimensão do negócio. Vale reforçar que não deve ser vista como uma ferramenta de medição de fidelidade, mas sim circunstancial, como uma foto daquela experiência isolada. Além da escala de pontuação, é desejável sempre incluir um campo aberto para comentários, trazendo verbalizações significativas sobre a experiência do cliente.

Figura 22.3. Exemplo ilustrativo da escala utilizada na CSAT.
Fonte: os autores.

No mercado, observamos essas pesquisas ao encerrar a ligação para uma central de atendimento ou após realizar a compra de um serviço ou produto, podendo ser enviadas por canais diferentes, tais como SMS, e-mail, WhatsApp ou outras plataformas utilizadas pelas empresas.

De maneira análoga, num CSC, é possível empregar a CSAT das seguintes formas:

- ✓ Caso exista uma central de atendimento do CSC, é possível incluir uma pesquisa integrada com a URA[4] ao encerrar uma ligação, ou por outro canal que seja utilizado.
- ✓ Caso exista uma plataforma de serviços atendida pelo CSC, é possível associar o envio de uma pesquisa por e-mail ou outro canal ao concluir o atendimento de tal chamado.

NPS (*Net Promoter Score*)

Se a CSAT mede a satisfação situacional, o NPS permite entender o nível de fidelidade ou engajamento com dada marca, produto ou serviço.

Também empregado de maneira crescente e bastante valorizado pelas empresas, apresenta um tipo específico de pergunta: "em uma escala de **0 a 10**, qual a probabilidade de indicar (marca, empresa, etc.) a um amigo ou familiar?".

Figura 22.4. Exemplo ilustrativo da escala e forma de cálculo do NPS.
Fonte: os autores.

---

[4] URA: Unidade de Resposta Audível, também chamado de IVR, *talker* ou atendente eletrônica é um equipamento para um *call center* que provê serviços automáticos para os clientes que ligam, como responder a dúvidas e fornecer informações sem a intervenção de um atendente (WIKIPÉDIA, s.d.).

Conforme figura anterior, a escala de pontuação é dividida em promotores, neutros e detratores, compondo uma nota final do indicador NPS. Vale observar que as notas neutras compõem o total para o cálculo dos percentuais, porém não são consideradas na fórmula de cálculo do NPS.

Além de medir o nível de engajamento por meio de um acompanhamento estruturado, tem como objetivo identificar as causas e definir um plano para reduzir ou minimizar as notas detratoras e neutras, aumentando o número de notas na faixa promotora.

A escala de pontuação do NPS pode variar de **-100 a +100**, indicando a respectiva zona de engajamento. Faixas acima de 76 compreendem a **zona de excelência**, onde a incidência de notas detratoras é pontual ou mínima, e a empresa oferece um nível de serviço de maneira mais consistente, indicando uma gestão mais madura de processos e indicadores.

Figura 22.5. Modelo ilustrativo das zonas do NPS e respectivas pontuações.
Fonte: os autores.

De maneira similar ao CSAT, é possível observar o envio da pesquisa NPS em segmentos por canais diferentes, e no CSC ela pode ser aplicada, por exemplo, para avaliar o nível de engajamento global de uma respectiva célula ou de um dado serviço.

Importante reforçar que a definição da tecnologia empregada para medir satisfação não requer elevada complexidade e pode ser facilmente adaptada aos recursos e sistemas disponíveis.

Apenas com o objetivo de agregar maior efetividade na implantação dessas métricas, recomendam-se os seguintes pontos:

Indicadores e monitoramento (*dashboards*) **169**

✓ Simplicidade na formulação das perguntas, com linguagem adequada e mais direta. Pesquisas longas tendem a ter menor adesão.
✓ Garanta que os dados das pesquisas sejam armazenados em uma base segura, com atualização em tempo real.
✓ Desejável que os indicadores sejam disponibilizados em um *template* ou *dashboard* e divulgados para as respectivas áreas.
✓ Monitore e tome ações direcionadas ao aumento da adesão às pesquisas. É estatisticamente desejável percentual acima de 20%; como estratégia, desenvolva uma rotina de engajamento nos principais canais de comunicação.
✓ Garanta uma rotina de análise e gestão dos indicadores, bem como dos comentários registrados pelos clientes, definindo um plano objetivo de correções ou melhorias.

Independentemente da métrica escolhida ou tecnologia empregada no envio das pesquisas, o objetivo final deve ser sempre o mesmo: **diagnóstico** e **ação**. Empregar métodos para medir satisfação não pode ser apenas uma tendência de mercado, deve se refletir em rotinas de monitoramento frequentes e em ações que permitam não apenas correções em serviços prestados, mas de fato uma cultura de excelência, buscando oferecer sempre a melhor experiência aos clientes.

23. *Lifelong learning* no contexto do CSC e a importância de manter os profissionais capacitados

Bruno Leonardo
Breno Rabelo

Ampliar o aprendizado é uma parte crítica da armadura para proteger as pessoas da obsolescência futura. Esta frase foi dita por Nigel Paine no seu fantástico livro "Workplace Learning: how to build a culture of continuous employee development" (2019).

O que Paine traduziu em palavras é o que o mercado vem nos mostrando em números: 55% das pessoas temem ficar obsoletas, segundo a pesquisa do Edelman Trust Barometer (EDELMAN, 2019), e 80% dos CEOs estão preocupados a respeito de ter ou não as habilidades necessárias na empresa para entregar os resultados planejados (PWC, 2018).

E um dos resultados desse momento que vivemos de profundas transformações tecnológicas e aumento da longevidade é que a educação básica como conhecemos não será suficientemente forte para impulsionar as pessoas durante toda a sua vida profissional.

É nesse contexto que surge uma das competências mais demandadas pelos profissionais atualmente, o *lifelong learning* ou aprendizagem contínua. As pessoas passam a valorizar o envolvimento em um trabalho que tenha mais oportunidades de desenvolvimento, bem como ambientes que estimulem investir tempo em aprimorar e ganhar novas habilidades. Inclusive, na pesquisa de 2019 do Workplace Learning Report (LINKEDIN, 2019), 94% dos empregados consideraram o desenvolvimento de carreira o benefício mais importante para escolher onde trabalhar.

Podemos dizer que todas as empresas precisam de profissionais qualificados e é cada vez mais difícil encontrar pessoas com habilidades conectadas aos novos desafios. E isso não muda para a área de Serviços Compartilhados.

Este capítulo traz a discussão da necessidade da aprendizagem contínua no contexto dos CSCs, ainda mais por ser um ecossistema que tem sofrido também grandes mudanças. Por isso, dividimos nossa abordagem em três partes:

Lifelong learning no contexto do CSC e a importância de manter os profissionais capacitados **171**

1. O que sempre foi e sempre será importante para o CSC, ou seja, as competências centrais de qualquer empresa nessa área.
2. O que é importante hoje para o CSC, mostrando as principais *skills* desenvolvidas pelos profissionais atualmente.
3. E, por fim, as tendências e como podemos estar atentos a esse cenário de tantas transformações nas habilidades requeridas pelos profissionais para o futuro dos CSCs.

1. O que sempre foi e sempre será importante para o CSC

O CSC começou, principalmente no Brasil, com o objetivo de ser uma área de eficiência de custos, qualidade e padronização através da centralização de serviços e união de processos. O desafio inicial gerou uma demanda de profissionais baseada em *hard skills*, ou seja, competências técnicas para a implementação desse novo sistema. Depois que o CSC alcançou esse objetivo, começou a demandar e incorporar novos processos e habilidades, como melhoraria do atendimento, previsão e planejamento. O próximo passo de desenvolvimento, mais recente, foi a automação, que tornou o CSC uma área de referência em inovação e robotização (RPA) dentro das empresas.

Por que relembrar essas etapas?

Primeiro, para ressaltar competências básicas que sempre serão fundamentais para a área de Serviços Compartilhados, como:

- ✓ Gestão de desempenho (nível gerencial)
- ✓ Disciplina de execução
- ✓ Compromisso com a excelência
- ✓ Gestão de relacionamento com o cliente (nível gerencial)
- ✓ Abordagem metódica (padronização)
- ✓ Planejamento e organização
- ✓ Resolução de problemas
- ✓ Conhecimentos em equipamentos e programas

Segundo, para mostrar que, apesar de não ter nascido virtual, o CSC sempre foi evolutivo e adaptativo. Então, antes de começarmos qualquer exercício de futurologia, precisamos partir do ponto que a mudança não é uma novidade e sim a velocidade cada vez mais rápida com que ela vem acontecendo. A adaptabilidade já era uma competência valorizada quando a gente achava que o mundo se transformava rapi-damente, imagine agora!

Mas como se preparar para o inesperado?

É aí que o conceito de *lifelong learning*, aprendizado contínuo ao longo da vida, entra no contexto do CSC: é a sua capacidade de aprender que o prepara para qualquer desafio, e essa habilidade precisa de constância para ser desenvolvida. As habilidades de hoje podem já não fazer sentido amanhã, por isso *lifelong learning* também será sempre umas das principais competências não só para o CSC, mas para qualquer área e qualquer indivíduo.

A influência começa na liderança

Aprendizado é conhecimento posto em prática, mas para construir uma cultura de aprendizagem o líder precisa inspirar e proporcionar um ambiente propício e amigável à aprendizagem. Um estudo da Deloitte (2021) mostrou que 70% do engajamento de um time depende do seu líder, portanto o CSC precisa entender que o responsável por isso não é o RH.

O papel do RH é criar o caminho, investindo em conteúdo e plataformas de aprendi-zagem. Quando a liderança pratica e dá importância, os funcionários se encarregam e se tornam protagonistas do seu próprio desenvolvimento, o que é crucial para o sucesso dos Centros de Serviços Compartilhados.

Gestão do conhecimento é sobre gestão de pessoas

- ✓ **Conheça os desafios atuais:** compreender as aspirações, os níveis de interesse dos seus funcionários e os desafios da empresa pode ajudar a conduzir estudos, verificar as percepções e práticas dos funcionários sobre o conteúdo e ainda vincular o aprendizado ao crescimento pessoal e profissional.
- ✓ **Forneça conteúdo diverso e atual:** a qualidade, o formato e a variedade do conteúdo ajudam a combinar preferências pessoais de aprendizagem. Além de personalizável, o conteúdo deve ser dinâmico.
- ✓ **Torne o aprendizado importante:** incorporar a aprendizagem em situações cotidianas, sem fazer com que pareça mais trabalho, e reconhecer a equipe que faz do aprendizado um hábito podem ser grandes passos para o desen-volvimento de uma cultura duradoura.

2. O que é importante hoje para o CSC

Como ponto de partida, já ficou claro que investir em capacitação está entre as decisões mais importantes de uma boa liderança. Recentemente, um estudo feito pela Universidade Julius-Maximilianst, na Alemanha, e publicado pelo Valor Econômico (BIGARELLI, 2020) também comprovou que capacitar funcionários aumenta, em média, dez pontos percentuais a lealdade, a produtividade e a retenção deles na empresa.

Também é hora de avaliar como as transformações causadas pela pandemia do COVID-19 podem se tornar oportunidades de mudanças positivas para os modelos de Serviços Compartilhados. Parafraseando Winston Churchill: nunca desperdice uma crise. O contexto atual é de disrupção para um CSC virtual, com uma cultura mais analítica, orientada a dados, que tem demandado uma nova camada de habilidades.

Analisando a base de dados da academia digital de Serviços Compartilhados da Witseed (SSAcademy), que conta com mais de 40 mil usuários das maiores empresas do país, podemos verificar de forma mais precisa as competências que mais estão sendo desenvolvidas em 2020 e em 2021. É importante ressaltar que a figura a seguir ainda não é sobre tendência, é sobre o que está sendo feito agora. A partir dela, podemos destacar três tipos de habilidades que todos os serviços compartilhados exigirão:

- ✓ **Habilidades dinâmicas:** habilidades básicas e habilidades técnicas.
- ✓ **Habilidades digitais:** conforme o mundo se torna mais virtual, as habilidades digitais se tornam essenciais à sobrevivência de qualquer carreira ou setor.
- ✓ **Habilidades pessoais:** as *soft skills* são as únicas habilidades que nunca ficarão desatualizadas, pois cada vez mais os melhores líderes e profissionais serão os melhores seres humanos. A McKinsey previu que a procura por competências emocionais crescerá 26% até 2030 (BUGHIN et al, 2018). Na figura a seguir podemos notar a importância dessas competências em uma área tão tecnológica, técnica e burocrática como a do CSC. Além de liderança, negociação, criatividade e inovação, também houve uma busca relevante pelo desenvolvimento de comunicação e produtividade.

Top 15 competências por áreas

Figura 23.1. Top 15 competências por áreas.
Fonte: o autor.

O que os CSCs das maiores empresas do Brasil estão aprendendo hoje?

Além de habilidades, há também novas funções em alta no mercado, como cientista de dados, especialista em RPA, especialista em inovação e gestor de bem-estar. Nos níveis de executivos seniores, vemos funções como CDO (Diretor Digital), CIO (Diretor de Inovação) e CLO (Diretor de Aprendizagem) ganhando cada vez mais importância dentro das empresas, o que nos traz também uma reflexão sobre um pilar de cultura muito importante para os tempos atuais e novos: a cultura ambidestra.

As empresas ambidestras buscam o equilíbrio entre dois pontos principais: a excelência operacional e a inovação. Olhar para pessoas, processos e plataformas é o que forma uma boa gestão, pois um ambiente favorável à inovação precisa de investimento em desenvolvimento contínuo, a devida valorização de boas ideias e ainda espaço para o erro – não erro de oportunismo ou *compliance*, e sim o erro inerente a qualquer processo de mudança disruptiva.

Lifelong learning no contexto do CSC e a importância de manter os profissionais capacitados **175**

3. Tendências para o futuro do CSC

O futuro do CSC segue como em qualquer outra área da corporação: flexibilidade e agilidade para acompanhar as mudanças do mercado. O que é flexível não quebra e nesse conceito o *mindset* aberto à mudança contribui com o sucesso das organizações. Diante do grande desafio da transformação acelerada, a agilidade se torna o segundo pilar de todas as outras mudanças que estão por vir.

De acordo com um estudo do Institute for the Future (DELL TECHNOLOGIES, s.d.), até 2030 aproximadamente 85% das profissões serão novas. Traçar um paralelo sobre o futuro das organizações para tentar encontrar a resposta sobre o futuro do CSC é uma responsabilidade muito grande, mas podemos afirmar que o aprendizado contínuo e digital é o caminho.

O futuro da aprendizagem e o futuro do trabalho estão conectados

No futuro, será cada vez mais difícil encontrar profissionais prontos para os desafios velozes do mercado, portanto a empresa que não oferece cultura de aprendizagem hoje está programando a própria obsolescência. Parece forte e é. Os vencedores do amanhã serão aqueles que poderão acelerar suas taxas de aprendizado para se adaptar a qualquer cenário.

Mas não adianta falar de *lifelong learning* sem apoio da tecnologia, e nesse aspecto o futuro da educação e o futuro do trabalho se conectam ainda mais, pois o digital oferece o artifício do ágil e ainda o do escalável. Imagine uma empresa com 70 mil funcionários em demanda por aprendizagem; como oferecer educação em escala?

A aprendizagem *on-line* democratiza o acesso ao conhecimento dentro das empresas, nivela oportunidades, além de oferecer flexibilidade e personalização nessa jornada. Acaba sendo a união perfeita: o CSC como motor de inovação e a educação como motor de desenvolvimento.

Ainda precisamos combater os anticorpos da inovação

Seria realmente incrível se todos tivéssemos uma alta capacidade de adaptabilidade, mas ainda há um impasse que foi tema de um artigo que o autor Bruno Leonardo escreveu e foi publicado pelo Estadão (LEONARDO, 2021): enquanto seres humanos, **resistir ao novo** ainda é da nossa natureza.

Nossos anticorpos da inovação ainda são muito fortes e por isso Peter Diamandis, presidente executivo da Singularity University, resolveu estudá-los e categorizá-los, no que chamou de 6Ds da Tecnologia Exponencial. São eles: digitalização, decepção, disrupção, desmonetização, desmaterialização e democratização.

Traçando um paralelo com a educação *on-line*, podemos dizer que atualmente o Brasil está no estágio 3. A disrupção vem sendo acelerada pela pandemia, já que o isolamento social não nos deixou outra alternativa a não ser dar uma chance para o mundo *tech* – e essa pode ter sido a virada de chave mais importante para o futuro do trabalho.

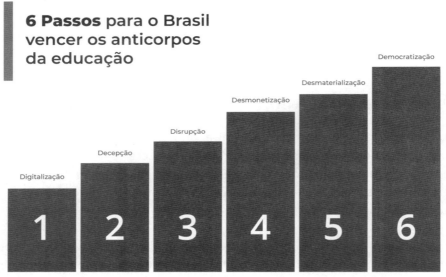

Figura 23.2. Seis passos para o Brasil vencer os anticorpos da educação.
Fonte: o autor.

A habilidade de desaprender abre as portas para inovação

Você deve estar pensando: como assim eu passo o capítulo inteiro lendo sobre a importância de aprender e adquirir novas habilidades para no final saber que desaprender é fundamental para a inovação? É que para transformar o que você faz, primeiro é preciso transformar como você pensa. Em geral, costumamos ver o novo pela lente do antigo. Foi esse modelo mental que levou o homem, há muitos anos, a criar um protótipo de veículo a motor com o nome de "carruagem sem cavalo" e também a criar, hoje, um carro autônomo com retrovisores.

Em todos os aspectos dos negócios, para abraçar uma nova lógica, temos que desaprender a antiga. O conceito de *unlearning* não se trata de esquecer algum conteúdo

Lifelong learning no contexto do CSC e a importância de manter os profissionais capacitados **177**

fundamental, mas sim da capacidade de escolher um modelo mental alternativo àqueles que sempre utilizamos, e essa é uma habilidade fundamental para abraçar com honestidade as inovações do futuro. Enquanto observarmos a inovação sob as lentes do antigo, continuaremos presos no passado sem transformar de forma disruptiva o futuro.

A principal competência será o *lifelong learning*

Manter atualizadas as habilidades das pessoas é o maior desafio dos nossos tempos. O aumento do trabalho remoto, os avanços tecnológicos e a pressão constante por mais automação tornam o desenvolvimento dos funcionários cada vez mais fundamental. Ainda assim, em um estudo recente (CISION PR NEWSWIRE, 2020), somente 22% dos líderes de RH e dos executivos disseram ter oferecido treinamento para atender às necessidades de *upskilling*, embora 91% deles acreditassem ser essa uma responsabilidade das suas empresas.

Pesquisas também apontam que 62% dos executivos acreditam que terão que retreinar ou substituir grande parte da sua força de trabalho (ILLANES et al, 2018), ou seja, o mundo está vivendo um apagão de habilidades e aquela história de que a faculdade e o diploma decretam o fim dos estudos está mais do que ultrapassada.

Esses dados só reforçam os papéis das organizações, da liderança e dos colaboradores nesse contexto disruptivo, que abordamos ao longo deste capítulo tão importante. São eles:

- ✓ **Empresa**: investir em educação, em tecnologias e conteúdos estimulantes ao desenvolvimento.
- ✓ **Liderança**: inspirar e criar um ambiente amigável ao aprendizado.
- ✓ **Funcionário**: ser protagonista do próprio desenvolvimento e manter-se sempre atualizado, trazendo assim resultados positivos para a empresa e para a sua carreira.

Há alguns séculos, Charles Darwin deixou bem claro que não é o mais forte que sobrevive, mas sim o que se adapta melhor, e para ser ágil e flexível em um mundo que muda muito rápido, não tem outro jeito a não ser focar na cultura do aprendizado contínuo ao longo da vida. As empresas que proporcionarem uma cultura e uma boa experiência de aprendizagem aos seus colaboradores terão o poder de ganhar as habilidades necessárias para vencer no futuro.

Pensamos que a frase que melhor resume nosso momento é: os vencedores de amanhã serão aqueles que poderão acelerar sua taxa de aprendizado.

24. Melhoria contínua

Jorge Ahicart Perlas
Regine Venturi
Flavio Couto da Silva
Timóteo Tangarife
Dione Nunes

A melhoria contínua é um conceito simples e ao mesmo tempo poderoso. Na sua essência, significa a intenção de aprimorar os nossos processos e produtos de forma a entregar cada vez mais valor aos nossos clientes. Porém, tão importante quanto essa intenção é a estratégia que utilizamos para colocá-la em prática.

O sucesso dessa intenção estará fundamentado na nossa capacidade de identificar claramente:

- ✓ Por que melhorar?
- ✓ O que melhorar?
- ✓ Como melhorar?

Quando pensamos em melhoria, estamos pensando em alterar o que fazemos e como fazemos.

Por que melhorar?

A resposta a esse questionamento deve ser obtida a partir do ponto de vista dos clientes (internos ou externos) de cada processo analisado.

A melhoria pode surgir como "problema" ou insatisfação identificada pelo cliente ou como "oportunidade" identificada pelo fornecedor para criar maior valor ou entregá--lo de forma mais eficaz.

Se estabelecermos a visão dos clientes como ponto de partida para entender as oportunidades de melhoria, evitaremos o risco de cair em um processo autocentrado de "arte pela arte" onde a novidade ou os interesses particulares guiam os esforços de melhoria sem real reflexo na percepção de valor dos clientes de cada processo.

Para poder estabelecer essa sequência que tem como origem as REAIS necessidades dos clientes dos processos, é imprescindível conhecer a fundo a forma como cada ator do processo interage e os resultados que cada um deles está perseguindo.

Esse conhecimento somente pode ser obtido através de um contato a fundo com cada ator do processo e disposição de entender os "porquês" de cada atividade e produto que conforma o processo de ponta a ponta.

Com esse entendimento claro, deverão aparecer as oportunidades de melhoria, seja para corrigir insatisfações, seja para criar maior valor na entrega.

O que melhorar?

Um CSC está tipicamente organizado em volta de "produtos" oferecidos aos seus clientes em um catálogo de serviços. Nesses produtos podemos distinguir: a forma e o conteúdo.

A **forma** seria o meio pelo qual prestamos um serviço ou entregamos um produto.

Exemplos:

- ✓ Atenção telefônica com URA ou sem.
- ✓ Página ou *app* para autoatendimento.
- ✓ Fluxos de trabalho mais ou menos automatizados.
- ✓ Atenção presencial.
- ✓ Documentos físicos.
- ✓ Etc.

O **conteúdo** seria a parte de agregação de valor que o cliente usufrui.

Exemplos:

- ✓ A informação que o cliente obtém.
- ✓ O produto físico que ele recebe.
- ✓ As ações que ocorrem após a solicitação.
- ✓ Etc.

Podemos afetar o resultado por uma combinação de alterações na forma e no conteúdo da nossa oferta. As oportunidades e os resultados serão mais ou menos relevantes para cada esforço de melhoria ao centrar os trabalhos em um lado ou outro da equação. Se entendemos corretamente as necessidades dos clientes e olhamos para cada processo a partir dessa ótica, ficará muito mais claro onde aplicar as mudanças de forma a obter o máximo efeito como contrapartida aos nossos esforços.

Como melhorar?

Descoberto o que melhorar e o que justifica esse esforço, chega o momento de pôr as mãos na massa e iniciar a mudança de fato. Nesse momento vale a pena lembrar o conceito de PDCA (Criado pelo Dr. Shewhart e popularizado pelo Dr. Deming), que foi a base da revolução da qualidade japonesa e do resto do mundo através do conceito de *Kaizen* e posteriormente *Six Sigma/Lean Management*.

O PDCA corresponde às iniciais em inglês de um ciclo contínuo que diz que devemos executar qualquer programa de melhoria seguindo as etapas:

- ✓ *Plan* (Planejar) – Nesta etapa, devem ser identificados os problemas e os elementos causadores que impedem o alcance do que é esperado (resultado de indicadores, tratamento de riscos, tratamento de desvios, problemas com interfaces, etc.). Ao final, define-se um plano de ação.
- ✓ *Do* (Executar) – O nosso plano com disciplina obtendo dados e fatos sobre os resultados e incidentes ocorridos durante a execução.
- ✓ *Check* (Avaliar) – Com objetividade, analisamos os resultados do nosso plano à procura de oportunidades de melhoria focando sempre na causa-raiz dos incidentes ocorridos.
- ✓ *Act* (Agir) – Para mudar as condições do plano e da execução para um novo ciclo.

A disciplina na execução deste ciclo para cada um dos nossos projetos de aprimoramento permitirá manter em movimento a roda da melhoria contínua entregando cada vez maior valor aos "clientes" dos nossos processos de forma mais eficaz.

Principais benefícios em implementar a melhoria contínua

Os benefícios de implementar um circuito de melhoria contínua de processos, produtos ou serviços são inúmeros.

Temos como principais:

1. **Redução de custos** – O foco da melhoria contínua é fazer mais, melhor e com menos, identificando os gargalos que travam os fluxos e tratando-os, o que colabora para a redução expressiva de custos operacionais.
2. **Ganho de produtividade** – O circuito de melhoria contínua colabora para que as áreas possam se tornar mais produtivas, inovando e automatizando processos em solução a atividades repetitivas e que não agregam valor às entregas.
3. **Encoraja o trabalho em equipe** – Para a melhoria contínua, é fundamental o engajamento dos colaboradores e que estes estejam dispostos a trabalhar em equipe. Agrupar profissionais com diferentes competências e pontos de vista ajudará a ter mais clareza sobre os problemas enfrentados e a encontrar as soluções mais eficazes.
4. **Propicia a integração de novos colaboradores** – Com a implementação da melhoria contínua, obtém-se a padronização dos fluxos dos processos, favorecendo a integração de novos talentos, os quais poderão executar suas tarefas de acordo com os padrões de qualidade e metodologias previamente definidas.
5. **Melhor _compliance_** – O foco em promover a melhoria contínua de processos acaba sendo também uma forma de gerenciar melhor os riscos que possam afetar a sustentabilidade das entregas.

E destacamos também a seguir algumas barreiras que podem travar a implantação da melhoria contínua:

1. Baixo envolvimento e comprometimento da liderança.
2. Pouco entendimento da metodologia, das ferramentas e das técnicas.
3. Falta de engajamento das equipes que executam os processos.
4. Baixo foco na satisfação do cliente.
5. Não investir em inovação.
6. Processos sem padrão definido.

Melhoria contínua na prática

Na prática, a melhoria contínua faz parte do DNA do CSC. Um processo nunca estará perfeito. Com o avanço da tecnologia a passos largos e rápidos, novas implantações são desenvolvidas a cada dia.

É importante antes de tudo avaliar melhorias que possam haver no processo. Existem duas maneiras mais comuns: **a melhoria contínua em partes do processo** ou o

redesenho total do processo. É de fundamental importância a avaliação do processo, verificando se há atividades que não agregam valor. E a melhor maneira de verificar processos que não agregam valor é através do mapeamento de processos. Após mapeado o processo, é crucial um olhar sem apego, verificando o que está ligado ao retorno financeiro, o que agiliza a atividade da área fim e/ou o que é interesse das partes relacionadas. Quando uma atividade não atende a nenhum desses itens, uma avaliação mais profunda é fundamental para verificar se a atividade agrega ou não valor. Se não agrega, sempre que possível, deve ser eliminada. Porém, em muitos casos, não é possível eliminá-la, então deve ser automatizada ou reduzida ao máximo, tendo como objetivo principal o menor gasto de energia em algo que não agrega valor à empresa.

Nos dias de hoje, onde se exigem resultados em tempo recorde, muitas vezes a falta de planejamento é justificada pela impossibilidade de fazê-lo nos modelos tradicionais. É nesse contexto que metodologias simples e ágeis preenchem as necessidades do CSC e aqui encontram um terreno fértil para se desenvolver. Comentaremos algumas metodologias mais simplificadas e que podem atender às diversas etapas do PDCA sem a menor pretensão de esgotar o assunto, até porque novas metodologias surgem a cada dia aliadas a várias ferramentas que tornam sua implantação cada vez mais simples.

- ✓ *Plan* **(Planejar)** – Podemos usar diversas ferramentas da qualidade para identificar as causas dos problemas e priorizá-las para, então, elaborar um plano de ação. Entre elas, podemos citar: 5 porquês, *brainstorming*, *design thinking*, *design sprint*, diagrama de *Ishikawa* e matriz GUT.
- ✓ *Do* **(Executar)/***Check* **(Avaliar)/***Act* **(Agir)** – Após encontrar as causas dos problemas, montamos o plano de ação. As ferramentas mais comuns para esta etapa são: 5W2H e *roadmap*. O último, vindo muito forte da área de TI, também encontrou campo fértil no CSC por trazer as ações de maneira muito visual. Usualmente, os CSCs mantinham os *roadmaps* em locais visíveis a todos, porém, com a mudança do estilo de trabalho na pandemia, muitos foram migrados para *planners* e aplicativos de mapas mentais. As mesmas ferramentas são utilizadas para manter o acompanhamento (*Check* – Avaliar) e o replanejamento (*Act* – Agir). Para o acompanhamento, geralmente utilizam-se dados e indicadores para poder calibrar o quando a ação está dentro ou fora do planejado. Esta parte é fundamental e é onde os CSCs têm maior facilidade que outras áreas, visto que o atendimento por chamados nos possibilita uma ampla gama de dados. Porém, é preciso fazer análises bem feitas e ações que efetivamente foquem no ponto problemático.

Figura 24.1. Exemplo de *roadmap* em um CSC com ações separadas por trimestre e com as diversas áreas representadas por cada uma das cores dos *post-its*.
Fonte: os autores.

No início, parece que aplicar a melhoria contínua é um serviço a mais no CSC. Já temos tantas atividades e podemos cair no erro de pensar: "não tenho tempo para focar em redesenhos e sessões de *brainstorming*". Sim, este é um erro comum, pois a rotina em um CSC já é pesada; porém, esses momentos são os que possibilitarão encontrar soluções para problemas que drenam nossa energia e nosso tempo – e conforme as melhorias vão sendo implementadas, atividades que davam trabalho são eliminadas, simplificadas ou automatizadas. Para evitar despender energia em melhorias contínuas que dão poucos resultados, é necessário um plano de priorização das melhorias (e até do mapeamento, se você tiver uma gama muito grande de mapeamento a ser feita). O ideal é iniciar pela Lei de Pareto (os 20% das atividades que consomem 80% da energia ou do FTE[5] ou são 80% das origens dos problemas). Só cuidado para não tratar o sintoma em vez da causa.

---

[5] *Full-Time Equivalent* ou equivalente a tempo completo é um método de mensuração do grau de envolvimento de um colaborador nas atividades de uma organização ou unicamente em um determinado projeto (WIKIPÉDIA, s.d.).

Contudo, conforme se adquire experiência na melhoria contínua e são percebidos os enormes ganhos nos processos com suas implementações, acontece o inverso do relatado no parágrafo anterior, que é: a quantidade de melhorias sugeridas é muito maior que a capacidade de implementação. Por isso, é crucial a avaliação dos ganhos de cada melhoria com uma metodologia que leve em conta não só ganhos financeiros imediatos (redução de custo ou geração de receita), mas também o impacto sobre os processos adjacentes e o investimento (financeiro e de tempo) necessário. Após esse levantamento, é fundamental a priorização dessas melhorias e, após a implementação, conferir se elas trouxeram os ganhos esperados, para calibração de futuras priorizações. Veja que até o processo de priorização das melhorias contínuas usa o PDCA para seu próprio aprimoramento.

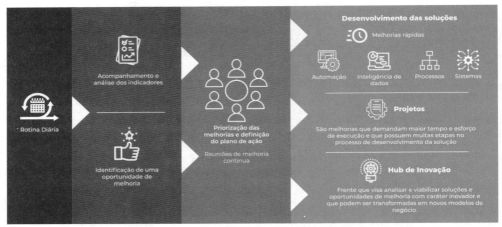

Figura 24.2. Modelo de melhoria contínua do CSC da Mosaic Fertilizantes.
Fonte: os autores.

Porém, alcançar todos esses resultados e conseguir que a metodologia da melhoria contínua flua naturalmente não é fácil. Um Centro de Serviços Compartilhados que busca excelência na execução de seus processos precisa de uma estrutura que dê suporte a iniciativas de melhoria de performance e de custos, conforme já apresentado.

Nessa condição surge a oportunidade de estruturação de uma célula de melhoria contínua em um CSC, seja ela ligada a um centro de excelência, área de gestão de serviços ou até mesmo um escritório de processos.

Sendo assim, é recomendável que haja um núcleo que possa trabalhar para garantir o mapeamento, o gerenciamento e a ordem de priorização dos projetos de melhorias, sejam estas planejadas ou em desenvolvimento, tudo isso feito através de metodologias para solução de problemas e do uso de técnicas de gestão de projetos. Esse escritório é geralmente conhecido como **Centro de Excelência**.

A importância de ter um escritório de melhoria (Centro de Excelência)

Os Centros de Excelência têm como missão garantir o direcionamento das melhorias de acordo com as estratégias do CSC e o alinhamento entre as áreas. Possui foco na produtividade e na padronização dos entregáveis, na redução de custos e na satisfação dos clientes.

Os *drivers* para um Centro de Excelência estão, em sua maioria, focados na experiência do cliente e na eficiência operacional.

Seguem alguns benefícios importantes dos Centros de Excelência:

1. **Adoção de mudanças** – Cria uma estrutura para a adoção de mudanças.
2. **Implementação de melhorias** – Captura demandas de clientes ou revisões de processos das melhorias, constrói o projeto e é responsável pela implementação, pela padronização e pelos treinamentos.
3. **Manutenção e treinamentos** – Fornece uma estrutura para manutenção e evolução dos fluxos de processos, POP (Procedimento Operacional Padrão), manuais de processos e treinamento das equipes.
4. **Olhar para o futuro** – Promove a transformação digital no CSC.

Por se tratar de um processo contínuo e não apenas um esforço temporário como um projeto, necessita de alocação de recursos humanos com conhecimento em gerenciamento de processos, além de infraestrutura para essa organização de trabalho.

Uma outra etapa importante nesse ponto inicial é definir o portfólio de serviços de melhoria contínua que será oferecido ao CSC. Normalmente encontramos como responsabilidade dessa área os seguintes processos:

- ✓ Análise de processos implantados
- ✓ Análise de indicadores
- ✓ Governança do catálogo de serviços e níveis de serviços
- ✓ Controle de qualidade
- ✓ Implantação de novas metodologias

- ✓ Cultura do CSC na companhia
- ✓ Projetos ágeis de melhoria
- ✓ *Business Case* para migração de novas áreas
- ✓ Gestão de mudanças
- ✓ Treinamentos internos e externos
- ✓ Relacionamento com o cliente
- ✓ Gestão de conhecimento
- ✓ RPA e automatização

Estruturada a área e com as condições necessárias estabelecidas, é fundamental que um fluxo de trabalho seja instituído para operar com as seguintes oportunidades de melhoria de processos:

- ✓ Indicadores
- ✓ Experiência do cliente
- ✓ Experiência da área de serviços
- ✓ Automatização

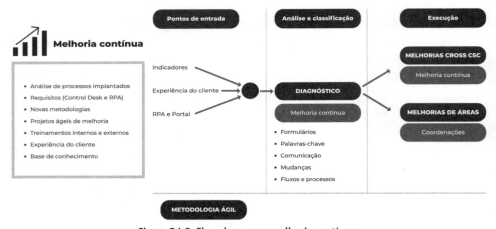

Figura 24.3. Fluxo base para melhoria contínua.
Fonte: os autores.

Ao acompanhar a condução dos processos, seja pela definição de indicadores e metas, contato frequente com clientes e outras oportunidades, a área de melhoria contínua tem como uma de suas responsabilidades analisar e propor melhorias de forma proativa.

Realizar diagnósticos periodicamente gera oportunidades para o CSC como um todo, fundamentando os ganhos perseguidos pelo setor.

Normalmente um analista de processos observa e traz *insights* em etapas da execução de serviços e rotinas do setor, como:

- ✓ Etapas repetitivas e desnecessárias
- ✓ Cargo e conhecimento dos executores
- ✓ Ferramentas de apoio ao processo
- ✓ Canais de atendimento
- ✓ Nível de conhecimento dos clientes
- ✓ Instruções e padrões de trabalho

Passada essa etapa de diagnóstico, a execução das melhorias pode ser controlada por ferramentas de delegação de atividades para fins de alocação de responsabilidades.

Por uma questão de adequação de custos, um escritório de melhoria contínua pode ser estruturado de forma enxuta, sem a necessidade de um time para cada processo, pois existem metodologias de formação de *squads* e grupos de trabalho que permitem uma execução distribuída.

A realização de reuniões de acompanhamento tanto dos resultados do CSC como *checkpoints* semanais ou reuniões de prestação de contas para o *head* do setor auxilia na apresentação dessas oportunidades, no patrocínio financeiro e no engajamento do time nessa perseguição por mais agilidade na operação, além de trazer otimização aos investimentos, fazendo cada vez mais com um menor valor financeiro.

Além dessa responsabilidade de *report* interno, a aproximação e o convívio com o cliente também se lançam como uma grande oportunidade para o setor. Eventualmente, é fundamental programar visitas nas unidades de negócio e realizar eventos que tragam os clientes para dentro do CSC, ajudando na compreensão de ambos os lados.

Em geral, por ser um acelerador de melhorias, esse núcleo funciona como um incentivador de resultados para o CSC, indo além da promoção do ciclo da melhoria contínua – ele também colabora para o desenvolvimento das equipes e o alinhamento entre os departamentos. Por fim, traduz tudo isso em ganhos significativos de qualidade e performance nas entregas.

188 Jornada CSC

Processos *end-to-end*

Quando tratamos de melhorias contínuas somente no nível de determinada área e não no nível da empresa como um todo, podemos ter uma visão equivocada do impacto da melhoria. O que acontece em muitos casos é que uma devida área faz uma melhoria no seu processo ou acredita que está eliminando uma atividade do seu setor, mas o que ela está fazendo é repassando a atividade para outra área da empresa ou até piorando o processo de outra área por eliminar a dada atividade. Isso não é melhoria para a empresa.

A melhoria no processo deve ser sentida pela empresa como um todo. Por isso, tem-se optado por processos *E2E* ou *end-to-end* (de ponta a ponta) nos CSCs. Essa metodologia traz ao CSC uma visão total do processo, possibilitando oportunidades de melhoria em um processo que impactam significativamente o outro e que talvez não fossem feitas, eliminando assim atividades redundantes, utilização limitada dos recursos e controles deficientes devido a medições isoladas, e múltiplos pontos de interrupção ou conexão entre várias áreas da empresa. Resumidamente, as áreas deixam de enxergar silos/departamentos e passam a trabalhar por processo, ou seja, passam a ter a visão que o cliente experimenta quando solicita um serviço ou que a empresa verdadeiramente sente do processo. Por exemplo, o cadastro de forne-cedor atualizado e com saneamento constante pode não trazer grandes benefícios ao processo de suprimentos, mas impacta significativamente na efetividade de uma escrituração fiscal automatizada. Quando ambos os processos estão no CSC, proces-sos trabalhosos, mas com mudanças estruturais são tratados como projetos e com a visão dos ganhos efetivos. Desta maneira, como tudo está interligado e dependente, passa a ser preocupação de todos a melhoria daquele processo.

Resumidamente, várias áreas/departamentos passam a trabalhar alinhados com um objetivo único, remando todos para o mesmo destino.

Investimento para os projetos do escritório de melhorias

Para obter um olhar diferenciado da empresa em relação a investir nos projetos do escritório de melhorias (Centro de Excelência), é importante um envolvimento da liderança do CSC nessa estratégia. Apesar dos executivos conhecerem os benefícios potenciais dos projetos, eles trazem um foco maior para o retorno financeiro tangível, chegando, em algumas situações, a colocar em segundo plano a importância de tornar cada vez mais positiva a experiência do cliente frente a outras prioridades do negócio.

Nesse momento é fundamental que os líderes do CSC traduzam, de forma clara, a importância dos pilares de sustentabilidade do centro, que, além de custo, preza pela satisfação e pelos entregáveis, sendo porta-voz das demandas e expectativas dos clientes, trazendo uma visão de desenvolvimento e continuidade do modelo de prestação de serviços e geração de valor para as unidades e empresas clientes.

Esse envolvimento vai além da aprovação da criação de um Centro de Excelência, ele deve definir uma formalização para um fluxo de aprovação, com metas e objetivos desse núcleo, e, assim, garantir o financiamento dele.

Todas essas mudanças, seja nos processos, seja na estrutura, muitas vezes impactam a cultura organizacional. Por isso, como comentamos no capítulo de implantação de um CSC, o **engajamento dos envolvidos** e o **patrocínio da alta liderança** são fundamentais. Isso porque, como diz um dito popular, "não é possível fazer omelete sem quebrar os ovos". Mudar o jeito de fazer as coisas muitas vezes traz grande resistência. Contudo, utilizando metodologia correta e uma boa gestão de mudanças, tendo um patrocínio forte e uma comunicação ativa, é possível implantar o processo de melhoria contínua de forma sólida e alinhado às características da cultura da empresa.

Finalizando o capítulo, percebemos que a melhoria contínua deve ser entendida como uma ferramenta de uso permanente, porém, onde e quando aplicá-la deve ser objeto de análise criteriosa na procura pelas melhores oportunidades. Essa escolha deve ser informada pela melhor relação entre o custo do esforço de melhoria e os resultados potenciais da empreitada.

Para isso vale a pena resgatar um conceito do Dr. Eliyahu M. Goldratt: TOC – *Theory of Constraints* (teoria das restrições). Em poucas palavras, a TOC nos diz que o resultado final de um processo é sempre marcado pelo seu elemento mais lento (ou com menor qualidade). Assim sendo, o aprimoramento da eficácia de qualquer processo deve se centrar nos elementos que são o "gargalo" em termos de custo e qualidade.

Se atacarmos esses "gargalos" o resultado final será melhorado automaticamente. A má notícia é que, como qualquer praticante da melhoria contínua com alguma experiência poderá lhe dizer, os gargalos não desaparecem, eles somente mudam de lugar. É aí que reside a bondade dessa estratégia, onde sempre podemos começar de novo descobrindo: **o que devo melhorar agora?**

25. ESG/ASG e sua relação com o CSC

Romeu Amaral
Luiz Augusto
Timóteo Tangarife

O conceito de sustentabilidade nasceu intrinsecamente do instinto de preservação da espécie humana e trouxe junto a preocupação com o futuro das próximas gerações. Dentro desse conceito, ao longo do tempo, foram incluídos temas subjacentes e correlatos que, igualmente, traziam essa ideia de proteção da espécie ou de melhoria do modo como os homens se relacionam entre si e com nosso planeta.

A responsabilidade social, por exemplo, surgiu pela primeira vez em um manifesto de 120 industriais ingleses que declararam que a "responsabilidade dos que dirigem a indústria deve ser a de manter um equilíbrio justo entre os vários interesses envolvidos, entre eles o interesse público, dos consumidores, dos funcionários, dos acionistas". As primeiras manifestações em defesa dessa ideia surgiram no início do século XX, com os americanos Charles Eliot (1906), Hakley (1907) e John Clark (1916), e em 1923 com o inglês Oliver Sheldon.

Em 1992, com a Conferência das Nações Unidas sobre o Meio Ambiente e Desenvolvimento, a conhecida ECO-92, realizada no Rio de Janeiro, a relação do homem com o meio ambiente ficou evidenciada e o assunto começou a se destacar.

O sociólogo britânico John Elkington, em 1994, tornou o conceito de sustentabilidade tangível por meio do que ele chamou de *Triple Bottom-Line* (TBL) – Tripé da Sustentabilidade. Segundo Elkington, o TBL, formado por indicadores sociais, ambientais e financeiros, traduziria de modo mais holístico o desempenho de uma organização, habitualmente avaliada pela última linha do resultado financeiro.

Nessa abordagem do TBL, o tripé apresenta a seguinte subdivisão:

- ✓ **Social** – Refere-se ao tratamento do capital humano de uma empresa e seu relacionamento com todas as partes interessadas.
- ✓ **Ambiental** – Refere-se ao capital natural de uma empresa e aos impactos gerados por suas operações.

✓ **Financeiro** – Refere-se ao resultado econômico positivo de uma empresa e à capacidade de gerar valor aos seus acionistas.

No campo da governança corporativa, os investidores institucionais (fundos de pensão, fundos soberanos, instituições religiosas, seguradoras, grandes gestoras internacionais) passaram a reconhecer a importância de práticas sustentáveis e de investimentos socialmente relevantes em diversas áreas. Em 1998, a OCDE (Organização para a Cooperação e Desenvolvimento Econômico), em seu relatório de governança corporativa, reforçou a expectativa dos investidores do mercado de capitais de que as companhias combatessem o trabalho infantil ou escravo, a corrupção, o apoio a regimes ditatoriais ou opressores, ou que destruam o meio ambiente.

Apesar de ter sido mais disseminado nos últimos anos, o termo ESG surgiu em 2005, sendo citado, naquele ano, em um artigo chamado "Who Cares Wins" (ganha quem se importa), do autor Ivo Knoepfel.

O conceito surgiu a partir da iniciativa de Kofi Annan, Secretário-geral da ONU, para integrar grandes corporações ao Pacto Global, criado em 1999, amparado em pilares ambientais, sociais e de governança. O artigo de Knoepfel mostrava que as empresas que se preocupavam com a conservação do meio ambiente, que se envolviam em causas sociais e que garantiam boas práticas de governança tinham melhores resultados. Em outras palavras, como o próprio nome do artigo já anunciava, "ganharia quem se importasse com essas práticas".

Em 2020, o conceito de ESG entrou em forte evidência e tornou-se frequente em diferentes instâncias empresariais e acadêmicas. Os motivos são diversos: combinação de eventos relacionados às mudanças climáticas como incêndios florestais devastadores, inundações e secas; profunda desigualdade social descortinada por uma pandemia global; e as manifestações de presidentes de grandes companhias e das maiores gestoras de fundos de investimento, tendo como referência as cartas provocativas de Larry Flink (CEO da BlackRock, uma das maiores gestoras de fundos de investimento do planeta). Os números mostraram que o ano de 2020 marcou uma mudança profunda no modo como as instituições investem, tendo em vista as declarações de vários investidores no sentido de dar preferência às empresas que tenham em seu propósito a preocupação com os fatores ambientais, sociais e de governança no exercício de suas atividades.

Ainda em 2020, o *World Economic Forum* (WEF), com a participação de diversas empresas, reforçou a urgência da mudança nos modelos de negócio, passando do tradicional capitalismo dos *shareholders* para o capitalismo dos *stakeholders*.

Nesse novo paradigma, a organização deve mudar seu modelo de fazer negócios, adotando o capitalismo dos *stakeholders* como inspiração e incorporando os fatores ESG em sua estratégia empresarial. Para tanto, no pilar de governança corporativa, por exemplo, deve incentivar e empoderar a liderança engajada e com propósito, estabelecer padrões éticos e transparentes, e incentivar a representatividade e a diversidade nos fóruns decisórios. No âmbito social, esperam-se o respeito e o engajamento de clientes, empregados e fornecedores. Na esfera ambiental, recomenda-se a proposição de uma licença-socioambiental para operar nas localidades onde atua e promover o incentivo ao consumo circular e consciente, o fomento às matrizes energéticas renováveis e a preservação do ar, da água e da biodiversidade.

A importância dos relatórios de sustentabilidade e sua relação com os ODSs

Quando a pesquisa de Relatórios de Sustentabilidade da KPMG foi publicada pela primeira vez, em 1993, apenas 12% das empresas globais publicaram relatórios de sustentabilidade. Atualmente, mais de 80% publicam tal relatório, representando mais de 90% entre as maiores companhias do mundo.

Segundo a KPMG, isso acontece porque:

- ✓ as empresas precisam atender às novas leis e regulamentações;
- ✓ a agenda ESG (que engloba questões ambientais, sociais e de governança) impacta o desempenho financeiro e o valor de mercado de muitas companhias;
- ✓ riscos ambientais e o não atendimento às melhores práticas em direitos humanos impactam os valores das ações e são cada vez mais percebidos como fundamentais pelos *stakeholders*.

Antes de abordarmos algumas recomendações, importante destacar alguns dados para reflexão sobre a conexão dos Objetivos de Desenvolvimento Sustentável ("ODSs") com os relatórios de sustentabilidade. Na pesquisa feita pela KPMG (2020), 67% das empresas responderam que os relatórios da empresa conectam as informações apresentadas com os ODSs. Destaca-se, ainda, que 61% das empresas responderam que mais de 15 ODSs são identificados como relevantes para seus negócios. Mas, infelizmente, apenas 33% responderam que os relatórios comunicam claramente os impactos positivos e negativos em relação aos ODSs.

Sobre os riscos relacionados ao clima, a pesquisa nos mostra que 46% informam que em algum relatório a empresa reconhece que as mudanças climáticas são um risco para os negócios. Desses, apenas 30% incluem no relatório uma descrição narrativa dos impactos potenciais de seus riscos relacionados ao clima e 2% incluem no relatório modelagem dos impactos potenciais usando análise de cenário. Ainda, apenas 32% dos respondentes declaram que reportam seus riscos climáticos de acordo com as recomendações da força-tarefa sobre divulgações financeiras relacionadas ao clima (*Task Force on Climate-Related Financial Disclosures* – TCFD).

Na parte da pesquisa sobre biodiversidade e metas baseadas em carbono, observa-se que 46% dos respondentes reconhecem em seus relatórios a perda de biodiversidade como um risco para o negócio. Destaca-se que 73% responderam que a empresa relata metas de redução de carbono e apenas 14% responderam que a empresa declara que adotou ou pretende adotar metas com base científica para redução do carbono.

A partir dessa pesquisa global, pode-se afirmar que os relatórios de sustentabilidade são agora universalmente adotados e as empresas que ainda não os adotaram correm sérios riscos de perder competitividade, sobretudo as que atuam no mercado internacional.

Baseando-se nas constatações do *The Decade of Action for the Sustainable Development Goals: Sustainable Development Report 2021* (SACHS et al, 221), para alcançar os ODSs é necessário o **sucesso** na realização de seis grandes transformações:

- ✓ Transformação 1: Educação, Gênero e Desigualdade (ODS4)
- ✓ Transformação 2: Saúde, Bem-estar e Demografia (ODS3)
- ✓ Transformação 3: Descarbonização de Energia e Indústria Sustentável (ODS7, 12 e 13)
- ✓ Transformação 4: Alimentos Sustentáveis, Terra, Água e Oceanos (ODS2, 14 e 15)
- ✓ Transformação 5: Cidades Sustentáveis e Comunidades (ODS6, 9 e 11)
- ✓ Transformação 6: Revolução Digital para Desenvolvimento Sustentável (ODS9)

Sendo assim, é fundamental que líderes, gestores e membros de conselhos estejam cientes de que os relatórios de sustentabilidade são documentos críticos de avaliação da qualidade da liderança e gestão, instrumentos de construção da reputação e base para inúmeras análises.

Nesse momento, é importante enfatizar que de nada adianta praticarmos os fatores ESG e não os divulgar apropriadamente, uma vez que estes se constituem em um relevante diferencial competitivo. A divulgação é que fará a empresa ser conhecida como empresa alinhada com os fatores ESG, preocupada com os *stakeholders*, com as questões socioeconômicas e com resultados de longo prazo.

Além disso, em diferentes países, já é visível a eclosão de riscos de litígios envolvendo empresas, decorrentes ou relacionados aos fatores ESG não reportados. Na área ambiental, são questões relacionadas aos impactos das mudanças climáticas, às práticas de gestão ambiental, emissão de carbono, uso racional da água, descarte de resíduos entre outros. Na esfera social, destacam-se os temas relacionados às condições justas de trabalho e segurança, inclusão, diversidade e direitos humanos. No que diz respeito às questões de governança, enfatiza-se a obrigação de elaborar e publicar os relatórios corporativos, as práticas antissuborno e *compliance*, a proteção de dados, o conflito de interesses e os deveres fiduciários dos administradores.

Os fatores ESG e a sua aplicabilidade nos Centros de Serviços Compartilhados

Os temas sociais, ambientais e de governança, que são críticos para o sucesso dos negócios, estão em constante evolução. A forma como a sociedade os percebe também impacta a forma como a sociedade enxerga as empresas e a expectativa que se nutre em relação a elas.

É cada vez mais essencial que a liderança esteja permanentemente conectada com essa agenda, para ser capaz de garantir o sucesso do negócio em um cenário sujeito a constantes mudanças.

Com base em todas as análises realizadas, identificamos algumas recomendações feitas às empresas de como implementar os fatores ESG de forma global:

- ✓ Identifique as métricas ESG que sejam apropriadas ao seu negócio e à sua área.
- ✓ Conecte as métricas ESG ao pagamento de bônus aos executivos.
- ✓ Divulgue as práticas de ESG adotadas pela empresa.

Perceba que esses três passos irão transformar o negócio e a percepção dos investidores, consumidores e mercado sobre a empresa.

Considerando as estruturas dos CSCs, especialmente quanto ao seu escopo, segundo o Estudo sobre o Mercado Brasileiro de Serviços Compartilhados realizado pela ABSC (2019), observa-se que o processo de contas a pagar é o mais comum nos Centros de Serviços Compartilhados brasileiros, estando presente em mais de 90% deles. Em geral, as atividades das áreas de finanças, contabilidade, RH, fiscal e suprimentos fazem parte do portfólio de mais da metade dos centros, seguidos de *facilities*, TI e jurídico.

Para ajudar na definição das métricas de ESG, as *Big Four* (Deloitte, KPMG, PwC e EY) se uniram para construir 22 métricas que podem ajudar a acelerar a transformação ESG e que sejam capazes de apurar o resultado das práticas ESG, permitindo assim tornar mais transparente a enorme correlação que existe entre desempenho financeiro e não financeiro.

Observando esse contexto apresentado, mostramos que, como ponto de partida, uma maneira prática seria correlacionar – identificando, mapeando, adaptando e centralizando – as métricas de ESG às atividades do CSC com base em um modelo de *scorecard*. Ou seja, indicamos que se faça uma avaliação sob o ponto de vista das métricas e como se aplica ao CSC, identificando quais e como essas áreas podem contribuir nas pontuações.

Aqui é importante enfatizar que a adoção de práticas de ESG deve sempre levar em conta as peculiaridades do negócio. Do mesmo modo, os gestores dos CSCs devem também adaptar as práticas de ESG às particularidades de cada centro. Feita essa observação, vamos passar agora a um guia bastante elucidativo de como podemos adotar ações e comportamentos que favoreçam as práticas ESG. A partir desses exemplos, esperamos que você possa identificar e refletir sobre novas atitudes que sejam socialmente e ambientalmente responsáveis. É a partir de exemplos simples como esses que podemos refletir sobre o que fazemos hoje e como podemos melhorar – e até mesmo inovar – para que as atividades dos centros de serviços estejam alinhadas com as melhores práticas ESG.

O Guia ("The Lazy Person's Guide to Saving the Planet"), da United Nations (s.d.), é separado em quatro níveis e mostra que cada ser humano é parte da solução. Felizmente, existem algumas coisas que podemos adotar em nossas rotinas. Se cada um fizer a sua parte, faremos uma grande diferença.

- ✓ Nível 1 – Coisas que você pode fazer do seu sofá.
- ✓ Nível 2 – Coisas que você pode fazer de casa.
- ✓ Nível 3 – Coisas que você pode fazer na sua vizinhança.
- ✓ Nível 4 – Coisas que você PODERIA fazer no trabalho.

No nível 1, temos mudanças de atitude simples que podem fazer diferença. Por exemplo, economizar energia. Em vez de deixar os equipamentos ligados na tomada, mesmo quando não estiverem em uso, coloque tudo em uma régua estabilizadora, com chave liga e desliga, de modo que possamos desligar todos os equipamentos de uma vez quando não estamos usando.

Outra medida simples – e aqui bastante significativa para os Centros de Serviços Compartilhados – é exigir tudo que for possível de forma eletrônica, incentivando o desuso da forma impressa. Com isso, você e seus fornecedores economizarão papel e ajudarão a reduzir o consumo e a quantidade de lixo produzida. A via eletrônica do documento é mais do que suficiente.

Outra medida parecida é a assinatura eletrônica de contratos. Evite ter que imprimir os contratos para coletar assinatura física. Em tempos de pandemia, várias empresas passaram a adotar a assinatura eletrônica de contratos, facilitando a vida de todos e reduzindo o consumo de papel. Sem contar a economia de tempo e a redução da poluição com a logística da coleta de assinaturas. Evita-se o uso de transporte para coletar a assinatura das partes.

Compre produtos e serviços de empresas que adotem práticas sustentáveis e não prejudiquem o meio ambiente. Essa vai para a área de compras das empresas. Quais são as políticas de qualificação de fornecedores com base nos fatores ESG? As empresas deveriam valorizar os fornecedores que adotam práticas sustentáveis? Não poderia ser um diferencial competitivo? Não apenas preço. Aí eles vão falar que as metas da área de compras estão ligadas apenas aos valores das contratações. Será que essas metas não estão erradas? Será que não deveriam incorporar os fatores ESG e exigir que as companhias demonstrassem as práticas socioambientais e de governança? Isso ajudaria a reduzir os riscos para o negócio. Lembre-se do escândalo da Nike (fornecedores que usavam trabalho infantil). Transporte esse exemplo para outras dimensões. Será que os seus clientes gostariam de saber que os seus fornecedores poluem, desmatam, tratam mal os seus empregados, não são éticos, etc.? Talvez isso não tenha tido a menor relevância no passado. Nos dias atuais e em um futuro breve, será que isso não poderá ser objeto de questionamento? Aqui vem uma questão muito interessante: até que ponto devemos exigir dos nossos fornecedores que adotem as mesmas práticas que nós? Até que ponto devemos fiscalizar nossos fornecedores? Será que o seu questionário de auditoria de fornecedores contempla fatores ESG? Não seria o caso de elaborar um questionário *due diligence* específico para cada fornecedor, considerando os riscos de cada produto ou serviço fornecido, do processo de fabricação, dos materiais empregados?

A IKEA, empresa da Escandinávia, que fabrica e comercializa móveis e utensílios, recebeu diversos prêmios em reconhecimento a sua postura responsável. Em 2012, ela lançou uma campanha para que toda a cadeia de fornecedores fosse 100% sustentável até 2020. É uma estratégia global da empresa, que mudou completamente o *mindset* de produção de móveis, de uso de novos materiais, novos modelos e coleções, com a criação de móveis e objetos de decoração com materiais recicláveis, com iniciativas de inclusão no ambiente de trabalho. Esses programas alteraram a percepção das pessoas sobre a empresa e os resultados foram altamente positivos. Em 2016, 71% da energia consumida pela empresa era proveniente de fontes renováveis, 61% da madeira vinha de fontes sustentáveis, o uso de plástico à base de petróleo foi substituído por produtos à base de fibra natural, totalmente reciclável, 100% do algodão, e todas as lojas trocaram sua iluminação para lâmpadas de LED.

No nível 2, reduza o uso de equipamentos que consomem muita energia, use menos água, coma menos proteína animal e mais proteína vegetal (como é elaborado o cardápio do seu refeitório?). Como é feita a reciclagem dos materiais utilizados nos centros de serviços? Houve a substituição de plásticos? Muitas empresas pararam de usar copos plásticos ou de papel para consumo de água e café, substituindo-os por canecas de cerâmica ou de alumínio reutilizáveis.

Ajuste o sistema de aquecimento ou refrigeração – procure mecanismos que reduzam o consumo de energia. Substitua equipamentos antigos por novos, que sejam mais eficientes no consumo de energia.

No nível 3, coisas que podem ser feitas na sua vizinhança ou comunidade, temos as recomendações de realizar comprar em lojas locais, pois ajuda o comércio local e evita que caminhões se desloquem por longas distâncias. Compre produtos sustentáveis. Vá de bicicleta, andando ou de transporte público para o trabalho. Faça com que a sua empresa se preocupe com o assunto, fale com os governantes e exija melhorias no transporte público. Não basta melhorar o transporte público, exija também que o transporte não polua e seja eficiente, substituindo ônibus por metrô e trem, ônibus movido a diesel por veículos movidos a eletricidade ou a álcool. Você já se perguntou por que o Brasil, grande produtor de cana de açúcar e de álcool, não tem uma frota de ônibus movida a álcool? Por que não há incentivos para a compra de carros movidos a álcool ou elétricos? Os carros elétricos são mais caros que os carros a combustão no Brasil. Faz sentido isso? Não seria o caso de buscar alterar esse mercado?

Eleja pessoas na comunidade que estejam preocupadas com as questões ambientais, sociais e de governança e que tenham propostas alinhadas com os fatores ESG.

No nível 4, coisas que podem ser feitas no trabalho, além de todas já mencionadas, compartilhe com os seus colegas de trabalho, ajude os mais jovens fazendo mentorias, defenda a igualdade de pagamento e a igualdade nas condições de trabalho, independentemente da raça, cor, gênero ou opção sexual. Não aceite discriminação no local de trabalho. Organize eventos que possam disseminar a cultura ESG.

Finalizando, segundo Goleman (2014), ao tomar uma decisão, questione-se: **quem se beneficia?** Só eu ou um grupo? Só o meu grupo ou todos? Só no presente ou também no futuro?

Como uma estrutura de CSC pode contribuir e por que os gestores de CSC devem se preocupar com o tema?

Conhecendo os fatores ESG e como eles evoluíram, temos a sensação de que os objetivos de desenvolvimento sustentável são importantes, mas estão muito além do nosso alcance. Parece que é coisa para os governos e organismos internacionais, para líderes mundiais e grandes corporações internacionais. No entanto, são pequenas mudanças, feitas por nós no dia a dia, que gerarão impacto. Todos nós fazemos parte das soluções. Depende muito dessa reflexão sobre a nossa rotina e como podemos mudá-la. Como podemos incluir os fatores ESG nas rotinas pessoais e profissionais? Como adaptar as atividades e os processos dos Centros de Serviços Compartilhados para fazermos a diferença, gerando resultados positivos para a empresa e para a comunidade em que estamos inseridos?

A contribuição dos Centros de Serviços Compartilhados para as nossas empresas tem um papel fundamental e é muito valiosa por ser uma área que está envolvida diretamente em diversas atividades táticas e operacionais.

Sendo assim, deixamos como mensagem final a importância de todos nós nos preocuparmos com os aspectos ambientais, sociais e de governança. Mas precisamos ter uma atenção especial primeiramente com as pessoas e suas ações, pois na verdade elas são as indutoras das práticas de ESG nas empresas. Precisamos de ações de disseminação do tema nas equipes e de um trabalho de conscientização, ampliando as preocupações para questões de acidente de trabalho, inclusão, riscos de integridade, corrupção, fraude, etc.

É importante destacar que não basta o nosso Centro de Serviços Compartilhados ser sustentável. Todas as empresas que se envolvem com o nosso CSC também devem ser sustentáveis. Ou seja, **todo o ecossistema deve ser sustentável**!

PARTE IV

TRANSFORMAÇÃO DIGITAL E INOVAÇÃO DOS CSCs

26. Implementando com o olhar tecnológico

Giovana Zanirato

A transformação digital tem sido discutida intensamente nos últimos tempos, trazendo provocações que vão além das ferramentas e valores investidos por cada organização. É uma mudança cultural e de mentalidade, é transformar a forma de fazer, de liderar, de pensar e de como enxergar a experiência do cliente.

Em um mundo com mudanças cada vez mais velozes, profundas e intensas, a tecnologia tem assumido o protagonismo de vetor transformacional, causando impactos diretos na rotina e na cultura da humanidade contemporânea.

Para iniciar este capítulo, é importante esclarecer a diferença entre digital e transformação digital, de acordo com David Rogers (2016):

- ✓ **Digital** é a convergência de múltiplas tecnologias inovadoras potencializadas pela conectividade.
- ✓ **Transformação digital** é a mudança organizacional com uso de tecnologias digitais e modelos de negócio que melhorem a performance e gerem valor adicional.
- ✓ **Disrupção digital** é o efeito que as tecnologias digitais e os modelos de negócio inovadores terão nas propostas de valor das empresas estabelecidas e seu consequente resultado em posicionamento de mercado.

E o que as empresas buscam com a transformação digital? Por que ela é tão importante e urgente na atualidade? Por que a transformação digital gera disrupção?

- ✓ Foco na experiência e agilidade no atendimento ao cliente.
- ✓ Aumento da produtividade dos colaboradores.
- ✓ Performance operacional com redução de custos, gargalos e erros, além de rapidez na entrega.
- ✓ Padronização de processos, centralização da informação e geração de dados de forma rápida e objetiva.

A pandemia e o *home office* aceleraram esse movimento. O trabalho remoto e a necessidade de solucionar os problemas de forma digital e rápida impulsionaram vários CSCs a mudar a forma de gestão, controle e de atendimento aos clientes.

A mudança do olhar transacional para um papel estratégico, agregando valor para a organização, é consequência de um processo de digitalização e transformação digital das funções. As tecnologias têm acelerado e mudado a forma de trabalho de todas as áreas, da contratação do colaborador e fornecedor até o pedido e atendimento ao cliente.

As funções padronizadas e repetitivas passam a ser substituídas pela automação e pelo *Robotic Process Automation* (RPA). O autoatendimento e os *chatbots* transformam a rotina do atendimento e a cultura de *data driven* e inteligência artificial (IA) geram dados e apoiam cada vez mais a tomada de decisão. Nesse novo contexto, temos que repensar processos, cultura, pessoas e autonomia.

Tanto para as empresas que querem estruturar um modelo de CSC como para as que já possuem um CSC maduro, o olhar digital é fundamental. Ter um planejamento estratégico de curto e médio prazo para apoiar as discussões e aprovações necessárias dentro da organização, o total do investimento e a verba disponibilizada para o projeto, quais processos serão impactados, o que irá melhorar na experiência dos usuários e clientes, o potencial de escalar os serviços a longo prazo, assim como o papel da área de Tecnologia, são discussões essenciais para a viabilidade e aprovação da estratégia. A participação e o apoio da área de TI são imprescindíveis, porque, por mais que o CSC tenha autonomia de execução, são necessários o conhecimento e a experiência da área técnica.

Algumas perguntas podem ser feitas nesse momento para apoiar a estratégia e a tomada de decisão: quais processos gerenciados pelo CSC podem ser revistos no âmbito de parceiros externos e internos? Quais parceiros externos podem apoiar a transformação dos serviços e processos? Quais serviços podem impactar e gerar valor para os clientes atuais?

Uma dica importante, segundo Antonio Salvador e Daniel Castello (2020), é organizar a parte cognitiva da transformação tecnológica por níveis de automação:

- ✓ Nível 1: atividades mais básicas e operacionais.
- ✓ Nível 2: atividades que incluem pequenos pontos de decisão.
- ✓ Nível 3: atividades que exigem lidar com algum nível de ineditismo e cujos pontos de decisão não podem ser programados por completo.

202 Jornada CSC

✓ Nível 4: atividades humanas mais sofisticadas, não automatizáveis, que exigem criatividade, parâmetros éticos, tomada de risco e intuição.

Os profissionais do segmento de Serviços Compartilhados devem saber interpretar, planejar e liderar o uso de tecnologias que verdadeiramente possam entregar valor para as organizações, de modo a torná-las mais competitivas.

É nesse ponto que se torna vital para qualquer profissional da era digital compreender como são estruturados e organizados os processos de negócios, pois é através de processos conhecidos, bem conduzidos e operados através de tecnologias adequadas que a geração de valor será viabilizada pelos CSCs.

Uma das vantagens dos CSCs que já possuem os processos bem mapeados e padronizados é a facilidade de identificar e encaixar em cada nível as oportunidades de automação.

Por outro lado, o processo padronizado pode dificultar a visão de inovação e de como pensar de forma diferente. Uma metodologia utilizada para discussões de tecnologia e desenvolvimento de software é o *design thinking*. Ela pode ser utilizada em CSCs para apoiar projetos tecnológicos. Inicialmente são detectados os problemas através de um processo de imersão, onde é importante se colocar no lugar do cliente para entendimento da situação. Após essa etapa ocorre a delimitação do escopo; o problema deve estar claro para todos os envolvidos. Em seguida, é realizado o *brainstorming* para gerar ideias que possam solucionar o processo. Após a análise das soluções, inicia-se o protótipo do produto ou serviço a ser entregue.

Além de entender as tecnologias, prioridades por nível e ter uma metodologia adequada, as mudanças exigem planejamento e foco. Os CSCs têm buscado acelerar esse processo de automação nos últimos anos, mas acelerar sem foco pode ser caro e perigoso, pois gera dispêndio de tempo e energia em algo que não trará o retorno esperado, ou, ainda, podem gerar problemas massivos. Ter um time direcionado é muito importante para não concorrer com outras demandas, considerando que os CSCs trabalham com prazo de entrega e alto volume. No dia a dia, os problemas e prioridades podem tirar o foco do propósito almejado.

O trabalho por *squads* multidisciplinares ajuda bastante na orquestração desse movimento. Iniciar um projeto de transformação digital com um grupo de trabalho envolvendo áreas-chave como TI, RH, CSC, finanças, etc. enriquece a visão *end-to--end* (E2E), ou seja, do início ao fim, e fomenta discussões de jornada e experiência com o olhar no produto e no cliente.

Implementando com o olhar tecnológico **203**

A equipe (ou *squad*) direcionada para o projeto deve ter uma postura ágil para apoiar a transformação e disseminá-la para o restante do time. Culturalmente, os CSCs se estruturaram para ter padrão e baixo custo, o erro é algo ruim que pode gerar um impacto grande nas entregas; porém, no processo de inovação errar é comum. Trabalhar o conceito de errar e corrigir rapidamente calibrando o processo com dados e *feedback* das áreas e dos clientes, experimentando novas hipóteses, é importante para a evolução do modelo. Esse é talvez o maior desafio cultural que os gestores podem enfrentar. É necessário reconstruir os pilares que sustentaram o modelo tradicional por muito tempo.

O trabalho deve ser colaborativo entre os envolvidos, para troca de experiência e visão horizontalizada do processo – o viés departamental pode prejudicar a entrega. É o momento de incentivar objetivos e metas comuns e acabar com o contexto de que cada departamento cuida "do seu". Por exemplo, o processo de requisição ao pagamento (R2P) deve ser discutido e avaliado do início ao fim de forma colaborativa por todas as áreas envolvidas. Deve ser avaliado o "produto ou serviço" final que será entregue e a experiência que será proporcionada ao cliente final.

As discussões e o planejamento com foco no cliente podem ser um bom exercício para os CSCs, que sempre focaram na centralização, no padrão e no preço; então, entender e ouvir o cliente, tanto interno como externo, é o maior desafio, principalmente quando a expectativa do cliente tira o *backoffice* da zona de conforto e exige uma entrega e uma experiência diferenciada.

O papel da liderança é fundamental na transformação digital dos CSCs, e o patrocínio, o engajamento e o empoderamento dos times são fatores críticos para o sucesso do projeto. A equipe precisa entender o *roadmap* digital, o impacto das mudanças e o seu novo papel no processo.

Em muitas áreas, essa mudança pode ser significativa, alterando completamente a forma de trabalho. Para não gerar uma postura reativa, é importante ter transparência nas mudanças e novas atribuições da equipe. É fazer com que o time transite da execução operacional para uma visão mais gerencial na busca de oportunidades e atividades que agreguem valor.

O apoio e a participação da área de recursos humanos também são essenciais, pois é um momento de rediscutir os papéis dos colaboradores no CSC, investir em formação de time e capacitar a equipe para novas funções.

Por exemplo, se você está implantando um RPA (*Robotic Process Automation*), a equipe impactada pelo robô deve ser informada, engajada no projeto para apoiar e contribuir com as discussões, e, ao mesmo tempo, deve ter visibilidade das oportunidades dentro da organização, para o processo ser positivo e não negativo, evitando criar uma barreira e postura reativa dos envolvidos. Como esse time deve se preparar e quais as expectativas após o projeto é um trabalho de *change management* importantíssimo para evoluir no modelo de transformação digital.

A comunicação também deve ser trabalhada e estimulada durante todo o projeto. É através da comunicação que a estratégia de transformação digital será disseminada para todas as áreas do CSC e contribuirá para a mudança da cultura. Ela deve ser clara e objetiva, e os gestores devem estabelecer momentos de troca e alinhamento com o time sobre a estratégia e as etapas do projeto.

Buscar o equilíbrio entre tecnologia e pessoas é o grande desafio dos próximos anos. A tecnologia é o meio, e as pessoas são os impulsionadores do processo de transformação. Ter pessoas com o *mindset* de mudança, foco tecnológico, inovando os processos e serviços, e, ao mesmo tempo, formando pessoas, será o fator-chave para a evolução do modelo de CSC.

Dar liberdade para criar, medir constantemente os acertos e erros, reconhecer e recompensar as entregas, assim como entender os desejos e as frustrações dos clientes, são diferenciais de um novo modelo de gestão da era digital que todas as empresas e CSCs irão vivenciar nos próximos anos.

27. Automação e RPA (estratégia com o olhar de futuro)

Tiago Póvoa
Leandro De Santi

A palavra automação tem sua origem no grego *autómatos*, que significa mover-se por si só ou que se move sozinho. Esse conceito sempre esteve muito atrelado a processos industriais, porém, graças ao avanço tecnológico cada vez mais acelerado, a automação está presente de forma intensa e muitas vezes imperceptível em nosso cotidiano pessoal e profissional.

Indo direto para o mundo corporativo, é muito difícil imaginar como seria realizar de forma manual consolidações contábeis, divulgações de balanços, atendimento ao cliente e fornecedores, controles internos para obtenção e manutenção de certificações, e dezenas de outros exemplos. Não estamos falando de um passado distante, mas de alguns anos atrás, ainda dentro de uma mesma geração. Os avanços tecnológicos nos trazem a sensação de que poucos anos significam décadas de mudanças, pelo tamanho e pela dimensão da transformação tecnológica que vivemos.

Esse ambiente é extremamente benéfico para ganhos de eficiência em atividades que não são *core* para um negócio, mas um *backoffice* comum para todos, o que reflete diretamente na margem de lucro de um produto e/ou serviço. Além de ganhos de custos e eficiência, há uma presença muito forte na maximização da experiência dos usuários (sejam eles internos ou externos/consumidores), principalmente quando a automação está ligada à inteligência artificial.

Automação, digitalização, ou qualquer outro termo utilizado no ambiente corporativo relacionado a tecnologias para processos, é uma realidade cada vez mais presente e um caminho sem volta. Estar fora dessa revolução não significa apenas uma defasagem mercadológica, mas também a perda de capital humano e talentos que as gerações estão moldando para um ambiente corporativo em constante transformação.

O que é e quais os tipos de RPA?

A constante e crescente busca por produtividade, redução de custos, experiência de usuários, autoconsultas etc. sempre esbarra em custos e prazos elevados para construção de integrações e/ou customizações de sistemas/plataformas existentes. Nesse contexto, e aliado com o avanço da inteligência artificial e *machine learning*, surgem o RPA (*Robotic Process Automation*).

Os RPAs são softwares que realizam qualquer atividade que uma pessoa possa fazer em seus computadores, exceto quando há alguma interação entre humanos. Assim, tudo que é "clicado e escrito" pode ser feito por um robô, ou *bot*, como também é chamado. Os RPAs chegam para liberar o tempo das pessoas para atividades mais analíticas e relacionais, assumindo as tarefas repetitivas e puramente sistêmicas. Dessa forma, uma equipe digital é agregada em diferentes áreas de uma empresa, trazendo velocidade, precisão, escalabilidade e muita produtividade. Um exemplo para entendermos o poder da produtividade que um RPA tem é o simples fato de ele poder trabalhar 24 x 7, sem intervalos de almoço, pausa para um café, afastamentos, férias ou qualquer outra ausência que um ser humano tem normalmente no cotidiano profissional.

Estão disponíveis no mercado diversas plataformas com funcionalidades que vêm se aprimorando cada vez mais em busca de usabilidade e ampliação de sua utilização, através da capacidade de adaptação a diferentes tipos de processos. Um RPA pode ser utilizado para preencher planilhas e dados em um ERP, realizar cobranças, fazer pedidos de ressuprimento, conceder/cancelar/bloquear acessos sistêmicos, responder a e-mails, gerar relatórios, realizar análises (desde que as regras sejam programadas), capturar dados de documentos (possuem tecnologia de OCR), monitorar tarefas automatizadas e muito mais. Há plataformas de inteligência artificial e *machine learning* que integram RPAs que se tornam os braços operacionais de um ecossistema inteligente, ampliando os conceitos de automação.

Os benefícios que um RPA pode trazer estão diretamente relacionados à:

- ✓ redução de custos (horas extras, dimensão de equipes, custo por transação, custo de tecnologia);
- ✓ otimização da produtividade (trabalho contínuo, sem interrupções ou período de capacitação);
- ✓ precisão (mitigação de falhas humanas por uma programação sistêmica, aumento do nível de serviço);

✓ repetição e reutilização (pode ser executado quantas vezes necessário, a qualquer momento).

Um RPA pode ser utilizado como uma solução temporária ou definitiva para um processo. Em casos de ser utilizado de forma temporária, ele pode, por exemplo, acelerar a integração de um sistema ou uma customização, sendo uma ponte que será retirada após uma solução integrada ser implantada. Nesse caso, ele pode acelerar o ganho do projeto, gerando o *funding* necessário para que a solução definitiva seja implementada ou já traga o que se espera de um cenário integrado mais rapidamente. No entanto, essa solução temporária pode ser tão eficiente e se tornar definitiva, desde que tenha uma governança estruturada para sua sustentação e manutenção. Isso porque os custos de um RPA tendem a ser menores do que uma integração, além de serem mais rápidos para entrar em operação.

Como estruturar a estratégia de RPA?

Uma das grandes dúvidas das empresas é por onde começar o plano para criar uma célula de RPA. A seguir listamos alguns passos para elucidar esse caminho:

a) Mapeamento de processos
b) Modelos de implementação
c) Ferramentas
d) Estrutura do Centro de Excelência de RPA
e) Perfil profissional/Seleção de time
f) Modelo operacional
g) Plano de comunicação
h) Definição das primeiras automações
i) Indicadores de desempenho

A – Mapeamento de processos

Esta é a primeira mas também a mais fácil tarefa para criação de uma célula de RPA. Além do tradicional mapa de desenho dos processos e subprocessos, a informação mais granular, ou seja, a instrução operacional (o famoso passo a passo de como é feito cada processo, seja ele estático em um documento com *prints* de tela e orientação de cada campo ou vídeos narrativos das atividades), será grande aceleradora da implementação do RPA.

Se não houver essa informação nesse nível de detalhe em sua empresa não se preocupe. Em tempo de projeto serão realizados esses mapeamentos, conforme item F – Modelo operacional.

B – Modelos de implementação

A implementação de um Centro de Excelência de RPA pode ser realizada de três formas distintas:

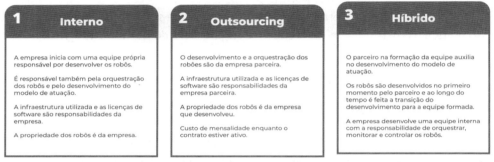

Figura 27.1. Três formas de implementar um Centro de Excelência de RPA.
Fonte: os autores.

Modelo 1 – Desenvolvimento interno
A implementação com time interno consiste na construção de uma rotina com base nos conhecimentos do time e da empresa, desde a escolha da ferramenta, infraestrutura de TI, mapeamento de oportunidades e desenvolvimento até modelo de governança e suporte.

Na prática, o time recebe um treinamento técnico e funcional da ferramenta de automação e caminha "sozinho" com o desenvolvimento das automações.

- ✓ **Prós:** modelo totalmente personalizado, com grande conhecimento dos processos internos e menor custo de implementação. Pessoas com conhecimento do negócio.
- ✓ **Contras:** maior tempo de implementação, grande dependência do *know how* do time, ausência de lições aprendidas (de mercado), limitação de recursos (TI e pessoas).

Modelo 2 – *Outsourcing*

A implementação é tratada como uma terceirização, usando *know how* e infraestrutura de um parceiro especializado.

Neste cenário o parceiro recebe os *inputs* para realizar a automação e entrega um "produto/serviço" para o demandante.

- ✓ **Prós:** velocidade de implementação/Recursos escaláveis (TI e pessoas).
- ✓ **Contras:**
  - Custo maior para implementação e sustentação do modelo.
  - Tende a existir uma dependência maior do parceiro.
  - Exige uma maior integração dos times de projeto.
  - Desconhecimento dos processos do negócio.

Modelo 3 – Híbrido

Neste cenário, o trabalho é constituído por um time de trabalho híbrido com recursos de parceiros e empresa contratante. As primeiras automações são desenvolvidas pelo parceiro com acompanhamento do time interno (parte do processo de treinamento) e as demais automações são desenvolvidas pelo time interno com supervisão do parceiro (forma de mensurar o aprendizado do time).

- ✓ **Prós:** time com experiência de negócio e capacitado em modelo já testado e aplicado em outras empresas, vivência teórica e prática de automação em processos da empresa. Processos automatizados desde a criação da área.
- ✓ **Contras:** maior tempo de implementação com relação ao modelo de *outsourcing*, investimentos maiores com relação ao desenvolvimento interno.

C – Ferramentas

Uma das grandes perguntas ao se planejar uma célula de RPA é qual solução tecnológica (ferramenta) será utilizada.

Para responder a essa pergunta, existem diversas variáveis envolvidas: <u>custo, recursos necessários de TI, profissionais disponíveis para contratação e até mercado de consultorias para implementação.</u>

Todas as questões anteriores devem ser levadas em consideração, porém existe um ponto importante: a aderência da ferramenta aos seus sistemas legados. Existem soluções que são mais aderentes ao ERP "A" do que ao ERP "B", por exemplo, então é importante mapear os sistemas que tendem a receber mais automações e colocar esse ponto à prova com os principais fornecedores, se possível até com uma prova de conceito (POC).

Existem hoje no mercado consultorias que trabalham com as principais ferramentas de automação e disponibilizam estudo de viabilidade de acordo com os sistemas que sua empresa utiliza, mas, como dissemos anteriormente, listar seus sistemas legados e trabalhar com provas de conceito (POC) resolvem facilmente essa questão.

Aqui nesse ponto, estamos falando de "melhor adaptação" aos sistemas da empresa, mas, exemplificando soluções de empresas constantes no quadrante mágico do Gartner, todas entregam o que se propõe e com certeza suprem a necessidade apresentada pelas empresas. Um bom paralelo para esse tema é comparar um Jaguar, uma Ferrari ou uma McLaren: todas são grandes máquinas, e a escolha passará por algum detalhe específico ou até pelo "gosto pessoal" do comprador.

D – Estrutura do Centro de Excelência de RPA

A estrutura de um Centro de Excelência vai evoluir conforme o número de automações. O intuito deste tópico é apresentar as principais funções. À medida que a célula ganhar corpo, as funções serão definidas de forma clara. No início é muito comum o time ser multidisciplinar, ou seja, atuando *part time* em diversas posições. Vamos às posições:

- ✓ **Arquiteto de Solução:** responsável pelo desenho da solução com base no processo a ser mapeado. Escolhe o caminho a seguir e visa nessa estruturação a automatizar o processo da forma mais rápida, objetiva e segura possível (considerando inclusive a sua manutenção).
- ✓ **Coordenador RPA:** além da coordenação do time, interage com as áreas da empresa buscando oportunidades de melhoria ou automação. Faz o elo de ligação entre todos os *stakeholders* e monitora o mercado buscando inovação.
- ✓ **Analista Desenvolvedor:** desenvolve a automação com base no desenho da solução, acompanha período de testes e operação assistida e faz repasse do projeto ao time de sustentação.
- ✓ **Analista de *Control room*:** organiza a agenda das automações e faz o balanceamento entre a necessidade da área e a otimização das licenças da ferramenta de automação.
- ✓ **Analista de Sustentação:** recurso disponível para manutenção das automações existentes. Pode inclusive aplicar melhorias nas automações.

Automação e RPA (estratégia com o olhar de futuro) **211**

✓ **Analista de Qualidade:** monitoria em tempo de projeto a aderência da solução e a melhor utilização dos recursos. Acompanha indicadores de desempenho das automações. Sugere automações a serem otimizadas/reformuladas.

E – Perfil profissional/Seleção de time

Em áreas consolidadas geralmente esse ponto passa despercebido, afinal, ao contratar alguém para a área contábil ou de RH, por exemplo, existe um padrão de competências técnicas e comportamentais que variam muito pouco de empresa para empresa.

Quando falamos de uma área nova, não existem principalmente em competências técnicas um "manual" para contratação de profissionais de RPA. Claro que, à medida que a tecnologia avança e se populariza, esse padrão vai se consolidando, porém existe ainda uma dúvida: devemos ter na área de RPA profissionais técnicos (TI) ou de negócio?

Não há uma resposta exata para essa pergunta, mas temos alguns pontos que devemos julgar como importantes:

✓ **Tecnologia *low code*:** ou seja, o nível de codificação dessa tecnologia é muito baixo; não precisamos de especialistas em tecnologia. Vale uma ressalva nesse ponto: RPA se conecta com diversas outras tecnologias ou faz integrações com diversos sistemas, então a visão estruturada, sim, é um diferencial que temos que levar em consideração, principalmente em parte do time.
✓ **Lógica de programação:** por mais que seja uma tecnologia *low code*, a lógica de programação é uma habilidade muito bem-vinda para o time.
✓ **Processos:** conhecer metodologia de processos e ser um bom entrevistador de processos é uma habilidade muito importante.
✓ **Conhecimento do negócio:** conhecer a(s) atividade(s) que será(ão) automatizada(s), além do negócio como um todo, é um grande acelerador.

Como dito antes, não há uma "receita de bolo" para formação de time, **mas a combinação das habilidades citadas** e a parte **comportamental** fazem toda a diferença.

F – Modelo operacional

O modelo operacional de um centro de excelência de RPA é muito semelhante a uma estrutura de projeto. A seguir, um exemplo de definição das fases do modelo de automação.

Figura 27.2

PRÉ PROJETO

Fase de *Preparation* **(Pré Projeto)**

Nesta fase iniciamos o entendimento macro do projeto.
- Conhecendo o escopo macro do projeto
- Identificando as áreas envolvidas
- Realizando reunião com as áreas envolvidas

PREPARAÇÃO - DDP

Fase de *Assessment* **(Preparação)**

Nesta fase iniciamos a preparação dentro do projeto.
- Desenhando o **"como é" (as Is)**
- Levantando os primeiros **riscos** e **preocupações**
- Desenhando a estrutura da solução **desejada** (to be)
- Definindo a equipe envolvida no projeto

DESENHO - DDS

Fase de *Blue print* **(Desenho)**

Nesta fase iniciamos o desenho do projeto de negócio.
- Desenhando o **"como será"** (to be)
- Detalhando os **requisitos** e **regras** do negócio
- Aprimorando os **riscos** e a **alocação** de recursos

DESENVOLVIMENTO

Fase de *Build* **(Desenvolvimento)**

Nesta fase iniciamos o desenvolvimento do projeto.
- Execução e solução desenhada
- Gerenciamento de mudanças dos requerimentos
- Levantamento dos **cenários de teste**
- Comunicando com **relatório de status**

TESTES

Fase de *UAT Regression* **(Testes)**

Nesta fase iniciamos os testes do projeto.
- Iniciando o acesso aos ambientes de testes
- Executando os testes definidos
- **Garantir** que o desenvolvimento está de acordo com os requisitos do negócio

PREPARAÇÃO FINAL

Fase de *Final preparation* **(Preparação final)**

Nesta fase iniciamos as preparações para o *Go live* do projeto.
- Preparação dos ambientes de produção na TI
- Preparação de dados
- Treinamento dos usuários e pessoas impactadas

GO LIVE - BATISMO

Fase de *Go Live* **(Produção)**

Nesta fase realizamos o *Go Live* do projeto.
- Colocar solução em ambiente de produção
- Acompanhamento da solução

SUPORTE

Fase de *Hypercare* **(Suporte)**

Nesta fase iniciamos o suporte do projeto.
- Acompanhamento da solução na produção
- Gerenciamento de incidentes e problemas

ENCERRAMENTO

Fase de *Finish* **(Encerramento)**

Nesta fase coletamos o aceite/validação da área.
- Relatório de automação/exceções
- Termo de aceite do projeto

Figura 27.2. Definição das fases do modelo de automação.
Fonte: os autores.

G – Plano de comunicação

Consideramos esse ponto como um dos fatores de sucesso de qualquer projeto de RPA.

Alicerces do plano de comunicação do projeto de RPA:

- ✓ O robô não vai substituir pessoas, ele vai executar tarefas repetitivas que não deveriam ser executadas por pessoas.
- ✓ A célula de automação vai suportar o crescimento orgânico da organização e não vai reduzir o número de pessoas.
- ✓ A célula de RPA vai permitir que as pessoas sejam envolvidas em atividades de maior complexidade, ou seja, o projeto vai gerar desenvolvimento das pessoas.

Esses são os alicerces do plano de comunicação da célula de RPA. É muito importante que os objetivos sejam claros e que as ações durante o projeto sejam coerentes com toda a comunicação, ou seja, se no caso da sua empresa a implantação da célula for resultar, por exemplo, em uma demissão massiva, será necessário adequar o plano.

Outra abordagem usada atualmente é fazer um paralelo entre a área de RPA e a área de recrutamento e seleção. Nesse cenário o solicitante demanda a contratação de um novo "funcionário" para a área de RPA, que desenvolve e "entrega" esse novo robô/funcionário para o solicitante. Assim, inclusive a responsabilidade de acompanhar/melhorar a automação é compartilhada entre a área de RPA e a área de atuação do robô.

H – Definição das primeiras automações

O investimento e a expectativa de retorno de projetos RPA são igualmente altos; portanto, a escolha dos primeiros processos a serem automatizados é muito importante.

Partindo da premissa de que temos um time novo e em desenvolvimento, o ritmo das primeiras automações geralmente é moroso no início – mesmo considerando o apoio de uma consultoria, o ambiente é novo, não há familiaridade com todos os sistemas legados e geralmente é necessário desenvolver documentações dos processos.

Dito isso, uma sugestão é começar por processos mais simples, por mais que eles não sejam os mais rentáveis (mais *headcount* envolvido/maior volume). Essa estratégia auxilia em três aspectos:

1. **Desenvolvimento mais rápido:** em semanas (em alguns casos dias) será possível ter automações de processos (ou parte deles) em produção.
2. **Confiança e tração do time:** com projetos "rodando" o time ganha confiança para gerar novas automações mais complexas.
3. **Patrocínio:** com as primeiras entregas e a divulgação desses resultados nos canais de comunicação da empresa, a curiosidade e a constante busca por eficiência vão trazer novos "clientes" com possíveis processos automatizáveis.

I – Indicadores de desempenho

Tão importante quanto as automações são os indicadores que devem ser controlados pelo Centro de Excelência. Aqui vamos mostrar os principais deles:

✓ **Quantidade de automações:** pura e simplesmente a quantidade de automações ativas, em desenvolvimento, em teste, lista de espera e "aposentadas".
✓ **Horas de automações:** número total de horas automatizadas por processo e por temporalidade (dia, mês e ano).
✓ **HCs automatizados:** quantidade de *headcount* automatizado, sejam pessoas remanejadas para outras atividades ou contratações evitadas.

✓ **Número de processos automatizados:** quantidade de processos finalizados pelo *bot*. Exemplo: você tem um robô que finaliza seus *tickets*; qual a quantidade de *tickets* tratada pelo robô? Qual o tempo médio de tratamento?

✓ **Percepção de qualidade:** no processo tratado pelo robô, qual a percepção de qualidade do usuário final? Qual é a nota atribuída? E em comparação a quando o processo era tratado por um ser humano?

✓ **Exceções:** são os processos que o robô está programado para não realizar por algum motivo. Os tipos de exceção são **exceção sistêmica**, quando os sistemas envolvidos apresentam alguma intermitência (falha, *timeout*) que impediu o *bot* de finalizar a tarefa; e **exceção de negócio**, que são situações mapeadas que não são possíveis de automação e exigem uma análise humana.

✓ **Automações por licença/% utilização de licenças:** cada licença de RPA equivale a 24 horas de trabalho. Ele não executa atividades simultâneas, portanto é muito importante controlar o % de utilização das licenças, adequando as tarefas que serão executadas por cada *bot* no melhor horário e dia da semana, garantindo que será aproveitado o melhor da licença contratada, sem desperdício de licenças.

RPA é "modinha" ou veio para ficar?

O RPA não é uma "modinha", mas sem dúvidas seu protagonismo tende a diminuir gradativamente. Certamente não ficará no modelo que entrou no cotidiano corporativo, mas, assim como demais plataformas e modelos de gestão e tecnologia, continuará com constantes evoluções para escalar cada vez mais o seu potencial. Dessa forma, ele veio para ficar como mais uma opção de automação, mas perdendo espaço para soluções estruturantes e robustas, como, por exemplo, as APIs.

A grande pressão por digitalização de processos e operações pela qual as empresas estão passando coloca o RPA como um grande facilitador e acelerador dessa transformação, que tende a automatizar 100% das atividades do *backoffice*. Essa digitalização completa trará a libertação para muitas pessoas que terão suas atividades transformadas, saindo da execução para a análise, e principalmente resgatando o relacionamento entre diferentes áreas das empresas.

Nessa grande tendência de *machine learning* e inteligência artificial, os RPAs estão sendo protagonistas das estratégias da digitalização, tornando-se aceleradores e viabilizadores de investimentos dos projetos de tecnologia, uma vez que trazem de forma rápida os ganhos e com um custo menor do que uma integração de sistemas robustos.

Muitos RPAs podem ter uma vida curta, antecipando ganhos necessários até que uma solução estrutural seja implantada – por exemplo, integrações sistêmicas –, sendo um elemento de grande importância até para saber de forma mais precisa o formato ideal de uma integração, uma vez que servirá como uma espécie de protótipo de um modelo totalmente integrado. No entanto, muitas vezes, após a implantação de um RPA, pode-se perceber que o modelo funciona tão bem que não há necessidade de um investimento mais elevado para integrações estruturantes. É possível sim conviver com o RPA fazendo esse papel.

Diversas tecnologias e plataformas trazem o conceito de RPA, que tende a entrar no cotidiano das pessoas de forma cada vez mais intensa e veloz. A certeza que temos de que os RPAs chegaram para ficar é respaldada por ser um conceito já existente há bastante tempo nas rotinas das corporações, como, por exemplo, as famosas macros do Excel ou programação em VBA. Esses recursos simulavam a execução de tarefas que antes eram feitas manualmente, porém poucas pessoas tinham o conhecimento para fazer tais programações e fórmulas. Os softwares de RPA são as próximas "macros de Excel", porém com um potencial muito maior e trazendo conceitos de BPM (*Business Process Management*).

Assim como aconteceu com as "macros de Excel", onde o conhecimento da funcionalidade foi gradativamente se difundindo nas pessoas e a plataforma foi sendo aprimorada para potencializar o seu uso, acontecerá o mesmo com as plataforma de RPA, e muitos fabricantes dessas ferramentas já começaram a embarcar e acelerar esse processo, trazendo o conceito de "um robô para cada pessoa". Consultores e programadores dessas plataformas serão migrados para dentro das empresas, pois as próprias pessoas que anseiam por um projeto para automatizar sua rotina, resolver um problema ou encontrar mais tempo em seu dia a dia poderão fazer seu próprio robô. Nesse sentido, entra o desafio da governança dessas pequenas automações: as organizações precisam estar atentas para não ter o grande problema de processos estarem vinculados ao conhecimento das pessoas – assim como na época das macros (que perduram até hoje), quando o processo pode parar se o programador da macro sai da empresa.

Os benefícios das automações são imensos, e os RPAs entram acelerando e apoiando muito nesse processo, transformando não apenas as rotinas de empresas, mas também mudando as pessoas, que passam a ter uma grande oportunidade de ampliar seus conhecimentos, suas capacitações e embarcar na busca constante (movimento que não tem volta) para digitalização total das atividades de um *backoffice*. Sim, o RPA veio para ficar!

28. CSCs x *startups*, uma parceria possível?

Flávio Feltrin

Como os CSCs podem interagir com empresas nascentes voltadas para a inovação, as *startups*, de modo a estabelecer parcerias saudáveis com os diversos ecossistemas de inovação? O choque de culturas é um problema? Os CSCs podem "matar" as *startups*? Qual o nível de maturidade necessário para uma *startup* interagir com um CSC? Como um CSC deve se preparar para interagir com uma *startup*?

A resposta para esse tema está longe de ser simples ou binária. O desafio para um CSC estabelecer uma parceria com uma *startup* pode variar de muito simples, até pelas características de uma *startup*, a muito complexo, essencialmente pelas características de alguns Centros de Serviços Compartilhados.

Minha opinião pessoal é que sim, é uma parceria não só possível como também bastante produtiva, mas que exige alguma atenção especial – e normalmente essa atenção deverá ser dada pelo Centro de Serviços Compartilhados, contratante de algum produto ou serviço de uma *startup*.

O maior desafio a ser superado, e a motivação para colocar este capítulo no livro, é o medo de não funcionar. E aqui começamos a traçar algumas características que diferem muito entre os CSCs e, portanto, as chances de sucesso ou fracasso nessa parceria.

O primeiro tema relevante é a cultura. Normalmente os centros trazem consigo a cultura da empresa para quem prestam os serviços, e alguns traços dessa cultura podem ser facilitadores ou dificultadores para os resultados. Uma empresa orientada à inovação, com estruturas de decisão que saibam avaliar os riscos de empresas caracterizadas como *startup*, que lidam bem com o aprendizado advindo do erro e que possuem orçamento para iniciativas inovadoras, lidarão melhor com os resultados da parceria.

Mas precisamos admitir que existem empresas que possuem uma área corporativa de compras e que todas as aquisições devem passar pelo escrutínio dessa área, que, independentemente da viabilidade técnica, a saúde financeira do parceiro é requisito para a contratação e que dois anos seguidos de prejuízos o desqualificam para a contratação – nesse caso o desafio será muito maior, mesmo que essas empresas se autodenominem inovadoras em seus produtos ou serviços. Se a empresa tem uma cultura de risco zero na contratação, as chances de sucesso serão menores.

Outro aspecto igualmente importante é como o Centro de Serviços Compartilhados lida com o seu orçamento. Se tem autonomia de orçamento ou possui orçamento destinado à inovação, será mais simples entrar nessa jornada. Mas se não possui orçamento carimbado para inovação, que possa ser colocado a risco e que isso não entrará na avaliação de desempenho do executivo do CSC, o medo de não funcionar pode ser tornar tão alto que as chances de uma parceria dessa natureza vingar são mínimas.

Via de regra, os Centros de Serviços Compartilhados são extremamente orientados a eficiência de escala, com foco na produtividade, na padronização e na previsibilidade dos seus resultados. São tão excelentes na entrega de resultados que possuem verdadeira aversão a riscos. Nesse ambiente dificilmente há espaço para experimentação. A contratação de um serviço é quase sempre seguida de uma promessa de maior eficiência traduzida por redução de custos. Esse cenário é bastante árido para a parceria com *startups*.

Mas por que a contratação de uma *startup* está necessariamente ligada a risco? Podemos citar algumas razões que, justificadamente ou não, criaram esse estigma.

A começar pela confusão acerca do termo *startup*. É lugar comum pensar que qualquer iniciativa que tente transformar uma ideia em uma empresa é uma *startup*, ou que qualquer empresa que tenha alguns funcionários além dos sócios é uma *startup*.

Segundo uma definição clássica de Steve Blank, acadêmico e empreendedor em série do Vale do Silício, precursor do termo "Startup Enxuta" ou "Lean Startup", uma *startup* é uma organização temporária e desenhada para buscar um modelo de negócios que seja replicável e escalável. Ou seja, envolver-se com essa turma significa que você faz parte de um experimento, que pode ou não dar certo, cujas estatísticas apontam para 90% de fracasso. O risco é altíssimo.

É bem verdade que nas fases iniciais de uma *startup*, e até que se encontre o modelo de negócio mais adequado, com produtos/serviços definidos e com modelo de comercialização replicável, os ajustes ou a reorientação total do projeto ocorra, é

218 Jornada CSC

exatamente isso o que acontece: a temida "pivotagem", quando parte dos clientes pode inclusive ficar a ver navios, já que foi enquadrada na categoria de clientes que não "deram *fit*" no *canvas*.

Mas, ainda segundo Blank, as *startups* que encontraram o modelo de negócios ideal, que desenvolveram os seus produtos e serviços para resolverem uma determinada situação no mercado (*product/market fit*) e já praticam um modelo comercial sustentável a ponto de alcançar o equilíbrio no seu caixa, gerar resultados e já possuir uma certa quantidade de funcionários além dos fundadores, já não são mais *startups* e sim "empresas". Estas estão na fase de execução do modelo de negócio e prontas para escalar os seus negócios. A conclusão óbvia é que, na medida em que a *startup* vai ganhando maturidade e se transformando em uma empresa estruturada, inclusive com a aplicação de conceitos de governança, os riscos diminuem, mas ainda são consideradas *startups* pelo senso comum.

Segundo o Instituto Brasileiro de Governança Corporativa (IBGC), em seu livro "Governança Corporativa para Startups e Scale-ups" (2019), existem quatro estágios de desenvolvimento: **ideação**, **validação**, **tração** e **escala**.

Na primeira fase, a de **ideação**, a *startup* está situada entre o desenvolvimento da ideia e o entendimento do problema ou lacuna do mercado que pretende resolver. O negócio ainda não tem, necessariamente, atividade operacional, tampouco existência formalizada do ponto de vista jurídico, mas as partes já estão envolvidas e poderão ser alavancadas com métodos de gestão.

Em seguida, na fase de **validação**, o produto, mercado e modelo de negócio estão em experimentação e são testadas as proposições e suposições levantadas na primeira fase. Aqui a empresa está formalizada, tem atividade operacional e pode receber os primeiros aportes de recursos de terceiros.

Os dois primeiros estágios são *startups* no sentido estrito do conceito de Blank. Já na fase de **tração**, o produto está validado e a prioridade do negócio está na construção de uma base sólida que o levará a escalar em alta velocidade. Normalmente nesta fase já existem vários investimentos feitos por terceiros (investidores) na *startup*, o que exige a estruturação formal como uma empresa bem como a aplicação de alguns conceitos de governança.

Outra mudança importante que ocorre mais ou menos nesse momento e que gera receio na contratação de *startups* é a alta dependência dos fundadores. Quando a empresa começa a se estruturar normalmente essa dependência diminui, pois outros profissionais assumem posições-chave.

Na fase final, **escala** (crescimento), a empresa já está estabelecida e tem como desafio crescer em ritmo acelerado, garantindo a exploração das oportunidades e a expansão do negócio. Algumas *startups* nessa fase já possuem modelos de governança avançados que podem até incluir conselhos estruturados e já serem até mesmo listadas em bolsa.

Faço aqui uma ressalva sobre a avaliação tradicional para aquisição de bens e serviços com base em avaliação de balanço, pois até mesmo em *startups* bem-sucedidas o prejuízo pode ser recorrente devido a uma lógica de investimento no crescimento exponencial que a análise tradicional tem bastante dificuldade para compreender, inviabilizando projetos de inovação e o contato entre o modelo tradicional dos Centros de Serviços Compartilhados e o modelo das *startups*.

Iniciei o capítulo dizendo que a resposta para a questão proposta não era tão simples nem binária. Acredito que, a essa altura, já foi possível compreender o motivo dessa colocação. A análise de risco depende, entre outras coisas, do momento e do nível de maturidade da *startup*.

Mas o sucesso dessa parceria depende também, já superadas as questões de contratação e orçamento, dos objetivos para essa aproximação. Existem vários objetivos que justificam a parceria até mesmo com *startups* em suas fases iniciais.

Se o objetivo é resolver uma necessidade com baixo custo, rápido e sem comprometer ou colocar em risco as rotinas operacionais de missão crítica do Centro de Serviços Compartilhados, tais como treinamentos, pesquisas diversas ou qualquer outra atividade não ligada à entrega do serviço, podem ser promovidos *hackathons* ou *pitchings* orientados ao problema. Essas práticas são excelentes para visualizar novas possibilidades ou até mesmo construir soluções quase que a partir da sua necessidade; afinal, muitas *startups* com boas ideias têm dificuldade em testar e desenvolver os seus produtos ou serviços. O sucesso vem de encontrar um problema que as pessoas realmente queiram pagar para resolver. Sem esse mercado, o negócio não tem futuro. Mas, nesses casos, tenha em mente que se trata de teste de hipóteses, e que o erro, o redirecionamento e várias rodadas de aperfeiçoamento é o mais certo de ocorrer.

Se o objetivo for a promoção de uma evolução cultural, novos métodos mais ágeis, simplificação na maneira de pensar e resolver problemas, as *startups* também po-

220 Jornada CSC

dem ser excelentes professoras. Nesse sentido, é fundamental se aproximar desse ecossistema, observar, trocar ideias e estar aberto a aprender. Uma boa maneira de fazer isso é participar de espaços de *coworking*, expor os seus colaboradores-chave para a mudança no convívio com os empreendedores, formal e informalmente, determinando os temas que abordarão, que podem ser problemas da empresa ou não. Se a sua organização possui um centro de inovação, promover a imersão de alguns líderes do CSC nesse ambiente é um caminho muito interessante.

Porém, se o objetivo for a solução para um problema de missão crítica, que realmente não pode comprometer a sua entrega, é bom considerar com muito cuidado o seu parceiro de jornada. É bem verdade que problemas podem acontecer com qualquer parceiro, especialmente nos tempos atuais, onde tudo se transforma em grande velocidade, mas as *startups* carregam consigo um risco um pouco maior, inerente ao modelo de funcionamento desse ecossistema que normalmente traz com a sua solução os investidores ávidos pela próxima rodada de captação, quando podem realizar o retorno dos seus investimentos e uma provável venda para outras organizações cujo objetivo da compra pode ser o mais diverso. Enfim, trata-se de um modelo bastante volátil e nesse caso o melhor é entender não somente o que a solução pode trazer de benefício, mas também conhecer planos de futuro, composição acionária, quadro de executivos e, claro, quanto maior o tempo de rodagem da *startup*, potencialmente menor o risco.

Por fim, gostaria de compartilhar erros muito comuns na relação entre negócios tradicionais, como os CSCs, e *startups*. O primeiro é a tendência que o negócio tradicional sempre tem de querer enquadrar a *startup* em diversos processos burocráticos, não somente de contratação, mas inclusive na estruturação de um projeto nos moldes tradicionais para a implantação de uma solução, com todas as formalizações, ritos e validações que levam semanas. A *startup* normalmente é bem menos formal e, por essa e outras razões, muito mais ágil.

É bem comum também querer adequar o produto ou a solução para necessidades específicas do seu negócio, muitas vezes pelo simples fato de evitar mudanças muito grandes nos processos. O pior é que a *startup*, ávida por ter você como cliente, afinal um cliente de referência pode impulsionar bastante novas vendas, acaba entrando nesse jogo e descaracterizando a sua própria proposta de valor. No final do dia, ambos vão descobrir que se casaram através de uma solução muito específica, mas que não atende a mais ninguém, e isso não combina com o modelo de negócio de uma *startup*. Minha recomendação aqui é: use o que a solução tem a lhe oferecer e tenha certeza de que melhorias chegarão muito rapidamente se fizerem sentido para o mercado em que a *startup* atua. Você não verá *roadmaps* de anos para novas funcionalidades, mas também não caia na tentação de querer funcionalidades que só você vai usar.

Para finalizar, esteja aberto a aprender que muitas situações advêm da diferença cultural entre o modelo tradicional e o ecossistema das *startups*. Uma delas é a compreensão que qualquer serviço ou produto adquirido estará sempre em evolução, o que pode parecer que nunca está acabado e não está mesmo – esse é um paradigma importante e muitas vezes limitante para os centros de serviços nessa relação, pois estamos muito acostumados com a mentalidade de projetos, com começo, meio e fim, enquanto as *startups* possuem mentalidade de produto, sempre em desenvolvimento e que traga maior valor para os seus clientes.

29. CSC como plataforma digital

Flávio Feltrin

No livro "Shared Services: adding value to the business units" (SCHULMAN, 1999), no Capítulo 19 – "Future of Shared Services", foi previsto o futuro do modelo até 2025:

- ✓ A tecnologia continuará a eliminar a necessidade de transações manuais e o esforço humano necessário para realizá-las.
- ✓ A conclusão lógica para serviços compartilhados internos é a terceirização de processos de suporte baseados em transações para várias empresas gigantes e globais de prestação de serviços.
- ✓ A economia global continuará a se fundir, rompendo as barreiras linguísticas e culturais.

De fato, a economia tornou-se global e muitas barreiras foram superadas. Certamente essa predição tinha como pretensão propor que grandes centros compartilhados globais pudessem existir (GBS), o que de fato ocorreu, mas talvez não com a intensidade esperada. Ainda vemos a língua e aspectos culturais como barreiras importantes para uma maior consolidação dos centros nas grandes companhias.

A terceirização massiva de atividades dos Centros de Serviços Compartilhados, já estruturados e com alto nível de maturidade, não ocorreu. Ainda que existam vários fornecedores com essa proposta, via de regra, o custo por transação e todo o esforço para a governança do serviço acabam superando os custos unitários praticados em centros de serviços internos, em especial os centros que adotam como premissa o repasse de custos reais (*cost sharing*) e o compartilhamento de riscos. Obviamente que o compartilhamento de riscos tem um custo, mas com a maturidade também são reduzidos, não se transformando em viabilizadores, por si só, para essa migração.

Já a predição sobre a tecnologia eliminar, gradativamente, as transações manuais vem se concretizando com maior velocidade nos últimos anos, com o aparecimento de plataformas para robotização de processos (RPA – *Robotic Process Automation*).

CSC como plataforma digital **223**

Considerando que ainda faltam alguns anos para 2025 e que esta edição foi escrita em 1999, podemos considerar que, com a visão que se tinha na época, as ousadas previsões têm o seu valor. Após mais de 20 anos, ainda considero este livro uma das principais e mais completas obras conceituais sobre Centros de Serviços Compartilhados.

Mas, seguramente, as previsões, que ocuparam apenas um terço de página em um livro de 300 páginas, levaram em consideração o tamanho do risco desse exercício, já que o potencial da tecnologia já era conhecido e já se avistava a névoa da indústria 4.0. Qualquer previsão considerando o tempo na era exponencial traz consigo também um risco exponencial.

Quando participei do primeiro projeto de Centro de Serviços Compartilhados, sonhávamos com a contabilidade em tempo real e acreditávamos que o ERP poderia trazer essa eficiência em poucos anos. Passados mais de 20 anos, ainda não temos essa realidade e ainda discutimos SLA (*Service Level Agreement*) para o fechamento contábil considerando alguns dias úteis. Mas é justamente aí que está a grande mudança. De onde estamos hoje para dados contábeis registrados em *blockchain*, validados e conciliados em sua origem, com impostos gerados e relatórios integrados com a Receita Federal, pode acontecer em um piscar de olhos.

O termo exponencial na era digital significa escala de resultado com o uso do mesmo ou de menos recurso que o habitual. De certa forma, uma das alavancas dos Centros de Serviços Compartilhados é justamente a eficiência operacional, fazer mais com o mesmo ou menos e com base na economia de escala. Mas como evoluir o modelo para obter resultados ainda melhores? Como romper os modelos atuais? A digitalização certamente é o primeiro passo.

A transformação digital desafia todas as empresas, e as forças de mudança bem como as tecnologias exponenciais imprimem uma velocidade nunca percebida antes. A conectividade entre sistemas e a combinação de tecnologias possibilitam soluções que antes eram impossíveis ou inviáveis.

Do outro lado está a unidade de negócios, que também vivencia os mesmos dilemas de velocidade, conectividade e tem o modelo de negócio desafiado constantemente pelo mercado, pelos clientes e pelos concorrentes. Em última análise, a transformação digital muda hábitos e a sociedade. Quem se utiliza dos centros de serviços são gestores, líderes e principalmente clientes, que esperam estar no centro da experiência, assim como são desafiados a fazer em seu dia a dia. O SLA pode não ser mais uma

224 Jornada CSC

boa experiência no mundo volátil, incerto, complexo e ambíguo. A linearidade da maioria dos centros de serviços perde, a cada dia, o seu valor.

Para melhor compreendermos o conceito de plataforma digital como um alvo próximo das estratégias dos Centros de Serviços Compartilhados, precisamos entender inicialmente os componentes dessa plataforma, no aspecto da tecnologia. Normalmente o principal sistema transacional de um CSC é o ERP. Sistemas de administração de pessoal também podem compor esse cenário, pois, na grande maioria dos centros do Brasil, os principais processos do catálogo de serviços são ligados às áreas de finanças, contabilidade, fiscal, compras, folha de pagamento e administração de pessoal.

Em boa parte dos CSCs esses sistemas não são gerenciados pelo próprio time do CSC, o que acaba por limitar de forma bastante significativa a possibilidade de evolução de tais sistemas, colocando o Centro de Serviços Compartilhados como mais um cliente da área de tecnologia da informação. É importante notar ainda que, quanto mais serviços no catálogo com maior quantidade de sistemas de suporte, mais dependente será o centro para evolução.

Em alguns casos, o próprio time de tecnologia do CSC sustenta e evolui esses sistemas, o que não significa que a evolução para o conceito de plataforma digital seja mais ou menos fácil, mas certamente terá maior controle sobre o *roadmap* dessa evolução.

Conceitualmente, as plataformas digitais são um modelo de negócio que permite conexão entre produtores e consumidores, para que eles se conectem a esse ambiente e interajam entre si, buscando criar algum valor de troca.

No caso dos Centros de Serviços Compartilhados, somos os produtores; nossos clientes e usuários finais são os consumidores; e os dados são os bens consumidos nessa relação de troca.

As plataformas digitais têm a vantagem de reunir todos os dados em um mesmo ambiente e, assim, possibilitar o detalhamento das estratégias em busca dos resultados mais relevantes, por isso são capazes de otimizar os processos.

O mundo ideal seria a evolução dos sistemas transacionais em plataformas "nativas". Sempre que possível, recomendo buscar soluções com essa característica para a evolução da tecnologia que suporta o Centro de Serviços Compartilhados. Sabemos, no entanto, que dificilmente teremos um único sistema transacional para a entrega de todos os nossos serviços. De qualquer forma, se este for o seu cenário e você tiver o controle desse sistema na sua área de tecnologia da informação, siga em frente na visão de plataforma digital.

Mas, para a maioria dos Centros de Serviços Compartilhados, para alcançar a evolução para plataforma digital de serviços, será necessário implantar uma camada de experiência. Essa camada de experiência deve atender às transações ou necessidades básicas dos nossos clientes e usuários: uma solicitação de serviço, uma informação ou um documento.

O desafio não está exatamente sobre O QUE atenderemos como plataforma e sim no COMO faremos isso. Afinal, ter o cliente no centro da experiência significa conhecê-lo individualmente, todos os pontos de contato e todas as suas dores, e a partir disso conceber um novo tipo de experiência de ponta a ponta utilizando as tecnologias digitais.

Podemos citar algumas características desejadas por todos nós, usuários e clientes de várias outras plataformas que somos, e os desafios que essas características podem trazer para a promoção dessa evolução.

Resposta instantânea

Se a motivação da interação for uma dúvida, a plataforma deve permitir uma interação amigável para sanar a questão. Agentes virtuais (*bots*) são boas ferramentas para obter esse resultado e exigem um trabalho intenso e constante de curadoria de conteúdo enquanto as plataformas ainda não conseguem "aprender" a correlacionar perguntas de um usuário com as dos demais usuários.

Quando a motivação do uso da plataforma for a solicitação de um processamento, isso deve ocorrer instantaneamente, com a geração de eventuais comprovantes no mesmo momento. Em outras palavras, isso quer dizer que o novo SLA (*Service Level Agreement*) deve ser: quando o usuário necessitar e não quando o Centro de Serviços Compartilhados processar.

On-line

Por *on-line* devemos entender que a plataforma está disponível a partir de qualquer dispositivo, acessível de qualquer lugar e em qualquer horário (*anywhere/anytime*). Então, os clássicos modelos de atendimento dos Centros de Serviços Compartilhados precisam ser revisitados – isso inclui as estruturas de atendimento, os horários limitados para atendimento, finais de semana e feriados. Nos casos em que o CSC atende a várias localidades ou países, a plataforma deve ser multilíngue.

Smart

Inteligente. O máximo possível preditivo, sem necessidade de várias interações para se obter um resultado. Um exemplo simples de *smart* é a execução de alguma ação associada a uma determinada data. Se o usuário está buscando informações de salário muito próximo da data da disponibilidade do pagamento, provavelmente ele está querendo ver o seu contracheque – não precisamos esperar que ele nos peça!

Omnichannel

Não tem nada mais contraproducente e até mesmo inconveniente do que você estar utilizando um determinado sistema para realizar uma ação e deparar com uma dúvida ou necessidade de outra informação e para obtê-la ter que se logar em outro sistema. Imagine se, nessa situação hipotética, a informação necessária ainda possuir um SLA de três dias úteis para ser gerada. A plataforma deve ser uma camada de serviços, não necessitando de inúmeros *logins* para completar uma determinada tarefa.

Bonito

Quando uso esse termo muitas pessoas acham engraçado. Mas gostamos de interações simples, ágeis, intuitivas e visualmente agradáveis, concorda? Esse é o conceito de bonito. Se temos acesso a algum sistema que resolve a nossa demanda muito bem, mas é difícil de usar, complicado, cheio de regras e visualmente ruim, a chance de abandoná-lo é bem alta.

Para que a camada de serviços ou de experiência funcione adequadamente, precisamos repensar também a nossa camada de processamento, ou seja, quais são as mudanças que precisamos promover para que a experiência seja alcançada?

Aqui certamente estamos falando em automação intensa, com o mínimo de intervenção manual possível para a realização das atividades. E sabemos que, para chegar a esse nível, somente a tecnologia não é suficiente. A tecnologia de RPA (*Robotic Process Automation*) vem ganhando maturidade e auxiliando bastante no desafio das automações. Essas plataformas de automação também estão se desenvolvendo rapidamente, aumentando a capacidade de conectividade com outras plataformas, evoluindo em inteligência de execução e de facilidade de desenvolvimento, mas repensar como realizamos as atividades é tão importante quanto a aplicação eficiente da tecnologia.

O termo Centro de Serviços Compartilhados pressupõe uma operação centralizada e padronizada, enquanto as plataformas digitais são distribuídas, focadas em autosserviço e customizadas para a experiência de cada usuário.

Portanto, a evolução do Centro de Serviços Compartilhados para uma plataforma digital de serviços e experiência é desafiadora e exige mudanças importantes em conceitos estruturantes dos CSCs. Entretanto, tudo que mencionamos até agora tem muito mais a ver com digitalização e experiência do que com transformação digital. Conforme mencionado por Silvio Meira recentemente, "transformação digital é um processo cultural e não o atendimento via WhatsApp". Ou seja, é uma visão de CSC como plataforma digital 1.0.

Para alcançar níveis superiores e consolidar a evolução do Centro de Serviços Compartilhados para plataforma digital e de fato promover a transformação digital, precisaremos de dois grandes movimentos, sendo que o primeiro depende de nós e o segundo pode nos surpreender em pouco tempo.

O primeiro movimento é uma mudança profunda na nossa forma de entender o modelo de Centro de Serviços Compartilhados, evoluindo a nossa visão de operação para inteligência dos processos, com foco na geração de dados e não no processamento, com ênfase em solução e não no custo de transação. Essa mudança vai colocar em xeque também o nosso modelo de operação, que precisará ser transformado em estruturas mais dinâmicas, autônomas e ágeis.

Por fim, o segundo movimento virá de uma forte atualização nas tecnologias existentes. Não acontecerá de uma só vez, já está acontecendo dia após dia. Os sistemas transacionais evoluirão e utilizarão outras tecnologias – por exemplo, um ERP poderá se apropriar da tecnologia de *blockchain* para gerar registros de uma aquisição de material, fazer o *match* desse registro quando um "documento fiscal" for gerado pelo fornecedor e esse *match* disparar uma transferência bancária (pagamento) relativa à aquisição. Essa transação será automaticamente registrada na contabilidade cujas demonstrações já estarão integradas à plataforma da Receita Federal, inclusive com os impostos apurados e recolhidos. Quando isso acontecer, se fizermos a nossa lição de casa, estaremos habilitados para operar uma plataforma digital 4.0.

30. Métricas e medição de valor

Eduarda Espindola

O valor de *analytics*

No atual cenário, em que nossos computadores podem processar volumes cada vez maiores de dados, e em que temos cada vez mais 'sensores' acompanhando cada etapa da operação, é natural que haja uma crescente demanda pelo uso correto desses dados, e o termo *gestão data-driven* fica mais em voga do que nunca. Seremos cada vez mais cobrados a tomar decisões com base em dados, o que destaca a importância dos sistemas de processamento e análise de dados ao longo de toda a operação. Constantemente vemos novas companhias alcançando vantagens competitivas gigantescas pelo uso eficiente de seus dados, o que nos mostra que a ciência de dados dentro das organizações será cada vez mais um diferencial, e que de fato os dados abrem o caminho para uma gestão muito mais eficaz, coesa e muito menos dependente do *feeling* do gestor.

Podemos extrair muito valor e compreender diversos aspectos do negócio apenas com uma boa análise dos dados existentes. Extrapolar esses dados para períodos futuros ou para prever algum resultado possibilita vantagens ainda maiores, desde que os dados sejam tratados com o rigor e o respeito que exigem.

Os CSCs, como operacionalizadores massivos de processos e serviços, naturalmente acabam gerando uma enorme gama de dados que, se bem estruturados e analisados, podem ser uma fonte estratégica importantíssima para tomada de decisão objetiva por parte do negócio.

O gráfico a seguir, adaptado da Gartner (PARNITZKE, 2016), sumariza bem os potenciais ganhos com o uso de *analytics* dentro das organizações, desde seus níveis mais básicos de relatório até seus níveis mais avançados, com análises preditivas e prescritivas.

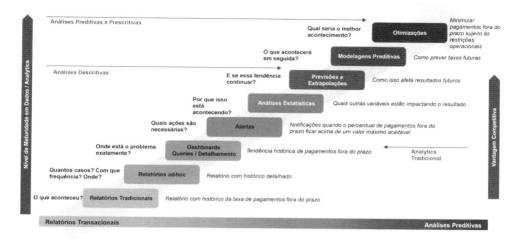

Figura 30.1. Potenciais ganhos com o uso de *analytics* dentro das organizações.
Fonte: adaptado de Parnitzke (2016).

Qualidade dos dados

Antes de estruturar qualquer tipo de visualização, análise, gráfico, *dashboard* ou qualquer outro tipo de relatório baseado em dados, é necessário definir o que se quer medir ou analisar, para determinar de maneira correta de onde vamos buscar os dados. É importante que, para cada análise que se faça, exista bem definida a fonte única de verdade – de onde os dados serão coletados – para que análises subsequentes estejam coerentes com o que já foi feito. Isso se torna particularmente crítico com o crescimento das organizações, com fusões e aquisições, onde, por algum período, é comum termos vários sistemas contendo as mesmas informações (ou os mesmos tipos de informação) até que a integração entre as companhias seja finalizada. Dessa forma, é crucial avaliar de onde virão os dados que alimentarão cada uma das análises, de acordo com as seis dimensões da qualidade de dados:

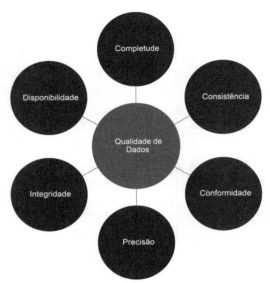

Figura 30.2. As seis dimensões da qualidade de dados.
Fonte: adaptado de Mansur (2020).

- ✓ **Completude:** determina o quão completos são os dados para o fim pretendido. Exemplo: para montarmos um relatório com o histórico da taxa de pagamentos fora do prazo, se em uma determinada entrada não tivermos o colaborador que processou o pagamento, tudo bem. No entanto, se não tivermos a informação do prazo para aquele pagamento ou não tivermos a informação de quando ele foi de fato efetuado, isso impacta diretamente a análise que queremos fazer; logo, o dado não pode ser considerado completo.
- ✓ **Consistência:** visa indicar se o dado tem os mesmos valores nos diversos locais de armazenamento. Voltando ao exemplo do pagamento, suponha que no ERP o prazo esteja cadastrado para o dia 18/03/2022 e no sistema de agendamento de pagamentos a mesma nota fiscal tem o prazo para o dia 22/03/2022 – esse é um dado inconsistente, que pode levar a decisões equivocadas, principalmente se não for possível determinar qual fonte apresenta a informação correta.
- ✓ **Conformidade:** dimensão que determina se os dados seguem os padrões de formato determinados. Voltando ao exemplo do pagamento, suponha que no ERP a data esteja cadastrada como 18/O3/2022 (o zero do mês 3 substituído pela letra O em maiúscula). Os cálculos automáticos que o próprio ERP faz de quanto tempo falta para o prazo do pagamento retornarão com erro, justamente pela existência de um dado não conforme.
- ✓ **Precisão:** define o quão bem os dados refletem a realidade. Voltando ao exemplo do pagamento mais uma vez. O prazo no ERP é 18/03/2022 e no sistema

de agendamento de pagamentos é 22/03/2022. Quando se busca a nota fiscal referente, nela está o prazo 18/03/2022 – dessa forma, o dado é preciso no ERP, mas não no sistema de agendamento de pagamentos.

✓ **Integridade:** essa dimensão está relacionada a quão válidos são os dados, se não houve erros ou fraudes na informação em questão. Suponha que, no exemplo do pagamento, o sistema de agendamento use OCR para ler as notas fiscais e determinar seus prazos, porém permite a correção manual por parte do usuário. Se houve um problema no OCR, e o *input* teve que ser manual, e a nota em questão estava no meio de uma lista de várias outras com prazo para o dia 22/03/2021, é possível que o usuário tenha passado batido e colocado erroneamente o prazo de 22/03/2021 para essa também. Dessa forma, o dado não tem integridade.

✓ **Disponibilidade:** fundamental para os dados e análises decorrentes. O dado precisa estar disponível com velocidade quando solicitado. Dados cuja obtenção é difícil podem atrapalhar e atrasar toda uma análise voltada à tomada de decisão.

Conduzindo a tomada de decisão orientada a dados

Relembrando o gráfico da Gartner (PARNITZKE, 2016), com os níveis de maturidade em dados e *analytics* e o valor que se extrai, é tentador cortar caminho e ir para o nível mais avançado, conduzindo otimizações baseadas em dados de maneira automática. Porém, é importante lembrar que a jornada em dados e *analytics* é uma construção, e pular etapas traz seus próprios problemas. Isso significa que até a organização alcançar o nível máximo não será possível extrair valor dos dados? A resposta é um retumbante NÃO. Os maiores saltos em valor vão ocorrer justamente avançando nos primeiros níveis, e o *analytics* tradicional pode agregar muito valor à operação que o use conscientemente.

Vamos focar nos ganhos que conseguimos extrair do *analytics* tradicional neste capítulo. Dessa forma, é fundamental sabermos como apresentar nossas descobertas em dados para orientar a tomada de decisão.

Pensando justamente no *analytics* tradicional, qualquer pessoa é capaz de inserir dados em uma ferramenta e gerar um gráfico. Porém, sem um direcionamento claro sobre quais decisões serão tomadas a partir dessa análise, uma apresentação mal pensada pode dificultar a chegada a uma conclusão por parte do tomador de decisão – ou pior, levá-lo a uma conclusão errada. No livro "Storytelling com dados"

(KNAFLIC, 2019) temos um exemplo bem ilustrativo dessa situação. Sabendo que dois especialistas de TI saíram de uma área de suporte em maio e observando esse gráfico, a qual conclusão que se chega? Que ação devemos tomar?

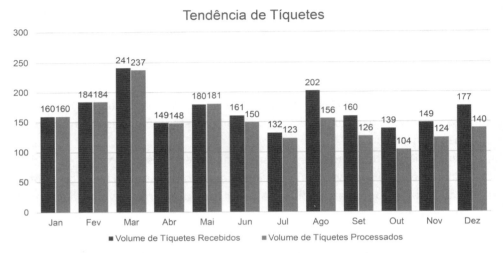

Figura 30.3. Tendência de tíquetes – barras agrupadas.
Fonte: Knaflic (2019), p. 3.

Se com os mesmos dados apresentarmos de uma forma diferente, fica mais fácil chegar a uma conclusão e definir a ação a ser tomada?

Figura 30.4. Tendência de tíquetes – gráfico de linhas.
Fonte: Knaflic (2019), p. 4.

Aqui fica bem mais claro que a saída desses dois funcionários afetou a capacidade de processamento de tíquetes, e a partir de agosto os demais colaboradores da área não mais conseguiram suplantar a demanda que esses dois especialistas que saíram atendiam. Dessa forma, a tomada de decisão deveria ser no sentido de repor esses dois *headcounts*.

Esse exemplo demonstra bem que, para cada tipo de análise que desejamos apresentar, existe uma visualização que conduzirá melhor à correta tomada de decisão. Em seguida, apresentamos alguns tipos de visualizações fundamentais para comunicação das descobertas com dados. Como regra geral, queremos sempre o mais simples possível. Aumentar a complexidade representa um risco de perder a atenção do tomador de decisão. Para ilustrarmos os casos a seguir, vamos retornar ao indicador de exemplo de pagamentos fora do prazo.

Para o *C-Level*, é sempre importante apresentarmos os *big numbers*, para dar uma visão geral sobre o assunto. Quando temos apenas um dos números que queremos comunicar, podemos usar o número diretamente, com um breve texto de apoio para contextualização, se necessário.

98.5%

dos pagamentos efetuados dentro do prazo

Figura 30.5. Texto simples.
Fonte: adaptado de Knaflic (2019), p. 35.

As tabelas apelam para o nosso sistema verbal, ou seja, nós lemos as tabelas. Então, no caso de um público misto, uma tabela sempre é uma boa opção, pois cada um vai buscar sua linha de interesse em particular.

Tabela 30.1. Tabela.
Fonte: adaptado de Knaflic (2019), p. 37.

% Fora do prazo	CSC (2021)	Descentralizado (2020)
Janeiro	1,63%	1,82%
Fevereiro	1,56%	2,12%
Março	2,19%	1,76%
Abril	2,65%	3,64%
Maio	1,15%	2,27%
Junho	0,63%	1,53%

Já o mapa de calor é um modo de visualizar dados em formato de tabela, porém, em substituição ao número, ou em conjunto com ele, você pode usar tons de cores para transmitir a magnitude relativa desses números, o que faz com que seu público tenha sua atenção voltada justamente para os valores mais extremos.

Tabela 30.2. Mapa de calor.
Fonte: adaptado de Knaflic (2019), p. 38.

% Fora do prazo	CSC (2021)	Descentralizado (2020)
Janeiro	1,63%	1,82%
Fevereiro	1,56%	2,12%
Março	2,19%	1,76%
Abril	2,65%	3,64%
Maio	1,15%	2,27%
Junho	0,63%	1,53%

Quando queremos evidenciar a relação entre duas variáveis, os gráficos de dispersão são uma excelente estratégia, pois nos permitem codificar os dados em dois eixos, o que leva a uma rápida compreensão de se e qual relação existe entre elas.

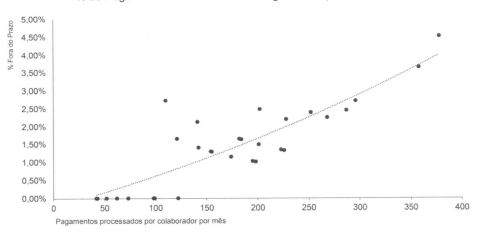

Figura 30.6. Gráfico de dispersão.
Fonte: adaptado de Knaflic (2019), p. 40.

Quando queremos mostrar dados contínuos, ou demonstrar a evolução de alguma variável ao longo do tempo, uma boa escolha é o gráfico de linhas. Os pontos nesses gráficos são fisicamente conectados pela linha, automaticamente gerando a ideia de evolução e continuidade no seu público. Se existe a necessidade de mostrar a evolução de mais de uma variável no mesmo período de tempo, o gráfico de linha pode ter mais de uma série – somente cuidado para não gerar poluição visual.

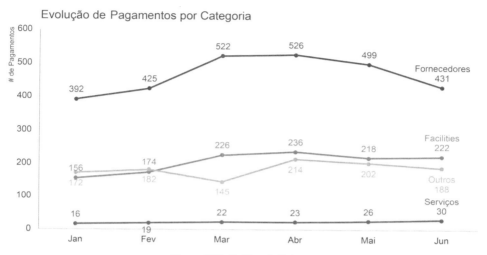

Figura 30.7. Gráfico de linhas.
Fonte: adaptado de Knaflic (2019), p. 41.

Os gráficos de barras são muito fáceis de ler, e isso deve ser aproveitado. Rapidamente o olho humano compara os extremos das barras, e imediatamente somos capazes de determinar qual a maior categoria, qual a menor e determinar a diferença incremental entre elas. Assim, quando desejamos comparar múltiplas categorias de acordo com uma mesma métrica, o gráfico de barras é a opção mais indicada.

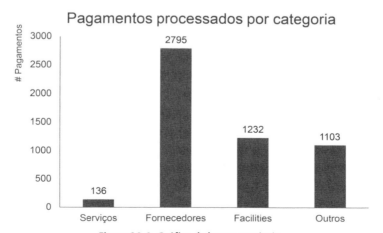

Figura 30.8. Gráfico de barras verticais.
Fonte: adaptado de Knaflic (2019), p. 49.

Quando queremos comparar totais entre categorias, bem como entender as partes subcomponentes de cada categoria, uma opção é usar o gráfico de barras empilhadas, desde que não tenhamos muitas partes subcomponentes, pois isso dificulta a leitura e polui a visualização.

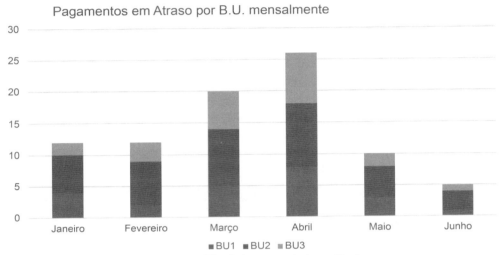

Figura 30.9. Gráfico de barras verticais empilhadas.
Fonte: adaptado de Knaflic (2019), p. 50.

Uma grande polêmica na visualização de dados são os gráficos de pizza e rosca. Ainda que imediatamente transmitam a ideia de partes formadoras de um todo, as vantagens acabam por aí. A comparação entre essas partes formadoras do todo envolve a análise visual de ângulos e área, para os gráficos de pizza, e a análise de arcos e áreas no caso dos gráficos de rosca. O problema fica ainda mais complexo quando os gráficos são colocados em 3D, pois o olho também passa a ter que levar em conta a perspectiva. No exemplo a seguir, visualmente, você consegue inferir em cada gráfico qual é a maior dentre as categorias? Fornecedores ou *facilities*?

Figura 30.10. Gráficos de pizza e rosca.
Fonte: adaptado de Knaflic (2019), p. 56, 57, 59.

Agora com os números; eles correspondem à sua resposta?

Figura 30.11. Gráficos de pizza e rosca com valores.
Fonte: adaptado de Knaflic (2019), p. 56, 57, 59.

Como regra geral, não use 3D, e quando for usar gráficos de pizza ou de rosca, use conscientemente, sabendo que pode impactar a interpretação correta por parte do seu público.

Concluindo, o uso de dados na tomada de decisão é algo que cada vez mais será demandado dentro das organizações. Com os diversos "sensores" que temos medindo cada etapa da operação, é importante definirmos métricas coerentes, que de fato sirvam para medir o grau de sucesso de uma determinada iniciativa, ação ou estratégia. Além disso, temos que nos assegurar de sempre usar a mesma fonte de verdade para alimentar os dados de cada uma dessas métricas, para que as análises sejam consistentes ao longo do tempo e o indicador mantenha seu significado. Por fim, sua tomada de decisão deverá ser fundamentada nas suas descobertas com dados, ou, ainda, você deverá guiar a tomada de decisão de outros a partir de suas descobertas com dados; logo, a maneira que você comunica tais descobertas pode ser uma grande aliada ao facilitar a compreensão dos dados e levar os outros a uma decisão correta.

31. BPO inteligente

Newton Akira Fukumitsu

BPO (*Business Process Outsourcing*), ou terceirização de processos de negócios, é quando uma empresa contrata um prestador de serviços especializado para realizar uma tarefa de processo que a organização contratante requer para seu próprio negócio operar com sucesso. As empresas especializadas em BPO podem prestar serviços que envolvem a terceirização de processos de negócios relacionados a atividades de *backoffice* e ou *front-office*.

As atividades de *backoffice* são funções internas da empresa, como contabilidade, departamento pessoal, tributário, gestão da qualidade, *call center* e muitos outros. Já as atividades de *front-office* são serviços diretamente relacionados à atividade fim, como os relacionados com o cliente, marketing e vendas.

Se analisarmos o BPO quando especializados nas atividades de *backoffice*, são muito coincidentes aos serviços normalmente prestados pelos CSCs.

No ambiente do CSC temos duas possibilidades de vivenciar o BPO:

1. Ter o BPO como um parceiro do CSC, onde alguns serviços prestados pelo CSC são executados por empresas terceiras. Como exemplo podemos citar atividades relacionadas a obrigações acessórias fiscais e tributárias, central de atendimento de TI, processamento e execução da folha de pagamento, serviços de tecnologia, serviços jurídicos, entre outros.
2. A segunda hipótese é o próprio CSC tornar-se um BPO, passando a prestar serviços especializados a outras empresas fora do grupo empresarial a que pertence, permitindo assim que o CSC passe de um centro de custo para um centro de resultado, gerando uma nova fonte de receita.

Vamos explorar a primeira situação, onde o CSC utiliza serviços de empresas especializadas em BPO.

Principalmente em fase inicial de operação, pode fazer sentido incorporar no CSC processos que estejam sendo executados por uma empresa parceira de BPO, permitindo a garantia de continuidade da operação, principalmente em processos que necessitam de conhecimentos altamente especializados, tais como serviços fiscais, tributários e jurídicos.

O catálogo de serviços do CSC normalmente é extenso e entre as atividades podem existir algumas que seria vantajoso contar com empresas terceiras para executá-las, porém é importante que a gestão e o controle sejam de responsabilidade do CSC, pois essas execuções do BPO devem ter total integração e sincronia com os processos executados internamente pelo próprio CSC. Para melhor ilustrar essa situação, podemos exemplificar o caso dos serviços contábeis e fiscais executados pelo CSC, cujas obrigações acessórias e apuração de impostos são executadas por uma empresa especializada tributária – neste exemplo as atividades executadas pelo BPO têm total interface e dependência com os processos contábeis e, portanto, é obrigação do CSC garantir que esses processos sejam executados em total sincronia e de forma integrada.

Esse caso ilustrado de atividades fiscais executadas pelo BPO pode ser justificado pela necessidade de profissionais altamente especializados com todas as obrigações acessórias da legislação tributária, bem como atualizados com as frequentes mudanças da legislação, tornando muitas vezes vantajoso para o CSC optar por essa modalidade de contratação.

Cabe ressaltar que, para o cliente interno, a obrigação e a responsabilidade de responder pela entrega, qualidade e prazos sempre são do CSC, sendo este executado internamente ou através de BPO.

Optar por esse modelo híbrido de execução de alguns serviços tem suas vantagens, seja por uma melhor eficiência em seus custos operacionais, seja pela necessidade de manter internamente mão de obra altamente especializada.

Devemos ressaltar que ter alguns serviços no CSC executados por terceiros traz alguns desafios, como ter equipe interna para fazer a gestão, o controle e o acompanhamento dos serviços prestados pelo BPO, garantindo total sincronia com os demais processos executados pelo CSC, atendimentos dos prazos e qualidade de entrega, o que nem sempre é fácil e simples de garantir. Um grande erro nesse modelo híbrido de execução de serviços é os gestores do CSC imaginarem que não é necessário manter uma equipe para fazer essa gestão de terceiros, o que muitas vezes pode levar ao fracasso da parceria.

240 Jornada CSC

Podemos notar que o serviço prestado por um BPO se assemelha muito às atividades executadas pelo CSC, porém a principal diferença é a capacidade do CSC de se moldar às necessidades e à cultura do grupo empresarial a que pertence, diferentemente do BPO. Outro ponto de atenção é que o BPO de fato trabalha de forma padronizada e necessita executar atividades que sejam totalmente maduras e que cumpram prazos rígidos de entregas, tendo baixa aderência a processos não padronizados ou com volume expressivo de exceções de execução.

A segunda hipótese referente ao modelo de BPO é o próprio CSC tornar-se um BPO, passando a prestar serviços especializados a outras empresas fora do grupo empresarial a que pertence.

Já temos diversos casos de CSCs que passaram a prestar serviços para fora do grupo empresarial, buscando uma oportunidade de gerar receitas adicionais ou até se tornando empresas independentes da empresa que lhe deu origem, tornando-se um prestador de serviços.

Mas quando o CSC pode passar a fazer o papel de BPO para outras empresas? Entendo que isso só é possível quando o CSC atinge nível alto de maturidade, com os processos estabilizados e indicadores de controle e SLAs estabelecidos, alto nível de eficiência operacional e já possuindo a formalização e a documentação dos processos, serviços e indicadores, para garantir a gestão do conhecimento e o aprimoramento do relacionamento com o cliente interno, além de maior transparência e qualidade. Nesse nível de maturidade as interações com os clientes no dia a dia são raras, ocorrendo de forma padronizada e por canais formais de atendimento, através do alinhamento das regras e dos canais de comunicação, permitindo dessa forma o registro das solicitações atendidas.

Podemos considerar que este é o último grau de maturidade do CSC, com a transformação de um departamento dentro da empresa em uma unidade de negócio que se torna uma fonte de receita.

Finalmente, fica claro que, ao tratarmos de BPO no mundo CSC, temos duas possibilidades: o BPO como um parceiro do CSC, executando alguns processos dentro do CSC com a finalidade de ter maior eficiência operacional e financeira em processos que exigem grande especialização, atualização e acompanhamento intensivo da legislação; e o CSC maduro se tornando um BPO e passando a prestar esse serviço como uma unidade de negócio, deixando de ser um centro de custo para um se tornar um gerador de renda.

32. Centro de Excelência

Newton Akira Fukumitsu
Breno Rabelo

O que leva o CSC a se tornar um Centro de Excelência para toda a organização?

O início

A palavra excelência significa qualidade de excelente; primário; qualidade de nível muito superior; superioridade em qualidade. Para o site Wikipédia, "no ambiente corporativo é possível também caracterizar um Centro de Excelência, ou Rede de Excelência, como a qualificação atribuída a um conjunto de recursos físicos, financeiros, de conhecimentos, de tecnologias e de metodologias, reunido por iniciativa de liderança(s) que almeja(m) alcançar e manter a supremacia em um campo escolhido, a valorização contínua e sustentada dos elos da rede formada e das pessoas que conduzem os trabalhos, bem como a geração de produtos, processos ou serviços de alta qualidade para uso próprio ou no mercado".

Faz parte da razão da existência do CSC a capacidade de executar com excelência todos os serviços que estejam em sua responsabilidade. Também é fato, como podemos verificar ao longo dos diversos capítulos deste livro, que a capacidade plena de executar com qualidade superior vem com a experiência e o amadurecimento, que estão intimamente relacionados com a busca incessante da evolução contínua do CSC.

Como todos podem ter notado até aqui, o CSC reúne um volume expressivo de processos e passa, em sua atividade operacional, a ter acesso a uma gama enorme de dados, bem como a vivenciar uma série de experiências em processos e seus impactos no dia a dia da operação, o que resulta em uma necessidade de busca constante por ganho de eficiência operacional e financeira.

No primeiro estágio de maturidade resultado dos primeiros anos de operação do CSC, a estrutura funcional tem foco muito intenso na execução dos processos de forma a

242 Jornada CSC

atender aos prazos e à qualidade, o que normalmente exige um esforço grande das equipes. A execução ainda não possui a padronização adequada, e a própria equipe muitas vezes não está totalmente inserida no conceito de prestação de serviço. A gestão da operação ainda não é plenamente baseada em indicadores, porém já é possível identificar deficiências e gargalos que resultam na dificuldade para cumprimentos dos prazos e para garantir a qualidade da entrega.

A evolução

Ainda nessa primeira fase de maturidade, capturam-se os primeiros benefícios do modelo de CSC a partir das ações de padronização de processo, atendimentos dos prazos de entrega, no mínimo dentro do que já era realizado antes do CSC, melhoria da performance de execução pela experiência da própria equipe, mas ainda com um grau de esforço superior. Há uma necessidade de potencializar os ganhos em maior escala e de buscar formas ou soluções para executar os processos com mais eficiência, reinventar o processo, trazer novas tecnologias e buscar oportunidades de extrair o máximo das ferramentas utilizadas. É natural que cada célula dentro do CSC, mesmo de forma organizada, porém ainda que isoladamente, revisite os processos e identifique necessidades e/ou possibilidades de alterações com o objetivo do ganho de eficiência – é quando surge a necessidade de ter o escritório de processos e projetos (Capítulo 19). Esta pode ser considerada a primeira etapa do surgimento do Centro de Excelência Operacional, ainda voltado totalmente para os processos internos do CSC.

A implantação de célula com foco na excelência operacional no Centro de Serviço Compartilhados marca uma etapa de grande importância na evolução do CSC, visto que essa equipe fica totalmente focada em melhoria dos processos e ganho de eficiências, com uma visão transversal dos processos, trabalhando de forma harmônica por todas as etapas do processo e viabilizando a implementação das melhorias necessárias.

Essa evolução na melhoria dos processos abrange a necessidade de ampliar a visão para toda a organização, pois muitas vezes a potencial melhoria do processo está no cliente, ou seja, nas etapas do processo antes de chegar no CSC. Dessa forma, surge a necessidade, no CSC, de organizar de forma estruturada e multidisciplinar a equipe destinada a fazer a revisão, o planejamento e a implantação das mudanças nos processos com uma visão transversal, envolvendo as áreas impactadas seja do CSC ou dentro da organização.

Nesse estágio da evolução do CSC, ele passa a assumir um papel importante na organização, pois, por se tratar de uma área que possui uma visão ampla, pode agregar valor através do ganho de eficiência em toda a cadeia do processo, independentemente de onde ocorre a etapa. O CSC assume um papel de transformador dentro da organização, além de garantir a padronização e a consistência do fluxo do processo.

Um outro aspecto muito importante a ser considerado é a capacidade natural do CSC de ter acesso a um conjunto de informações relevantes da organização, resultado do fluxo de execução dos diversos serviços prestados às unidades de negócios e ao próprio corporativo. Isso abre uma janela de oportunidade para ser um grande fornecedor de informações relevantes à organização, com a capacidade de garantir a consistência e a padronização de critérios para montagem desses dados, resultando em relatórios extremamente confiáveis e em tempo bastante reduzido. Essa é uma oportunidade ainda pouco explorada pelo CSC.

Na maioria dos CSC são executados processos administrativos, contábeis, tributários, faturamentos e pagamentos, todos gerando uma base de dados; fora novos processos que vão se agregando aos serviços prestados pelo CSC.

Lógico que a massa de dados acumulada é extremamente volumosa, porém de grande valor e de grande importância para toda a administração da organização. Esses dados devem ser lapidados para se tornarem informações úteis e atualizadas.

Lidar com essa massa de dados traz a necessidade de agregar aos serviços novas competências, como ciência e análise de dados, e de utilizar tecnologias como *big data*, capaz de trabalhar e tratar esse grande volume de dados.

Vamos entender rapidamente o que é *big data*, *data analytics* e análise preditiva:

- ✓ **Big data**: é a área do conhecimento que estuda como tratar, analisar e obter informações a partir de um grande volume de dados incapaz de ser analisado por sistemas tradicionais.
- ✓ **Data analytics**: é um processo que envolve analisar os dados para extrair conclusões úteis para os negócios. Ele é feito por meio de softwares especializados que são utilizados para apoiar na tomada de decisões.
- ✓ **Análise preditiva**: é o modelo mais conhecido, pois permite prever cenários futuros com base na análise de padrões da base de dados, agregando informações para tomar decisões mais precisas. Os métodos usados pela análise preditiva

são dados estatísticos e históricos, extraídos da combinação de tecnologias baseadas em *big data* e *data analytics*.

Após toda essa explanação, podemos verificar o quanto o CSC pode explorar o conhecimento desenvolvido e acumulado quando da prestação de serviço. A busca constante pela excelência operacional pode ser extremamente valiosa e uma grande oportunidade de tornar o CSC o Centro de Excelência para a organização. As práticas hoje desenvolvidas no CSC que podemos destacar são:

- ✓ **Gestão e acompanhamento por indicadores:** hoje, com toda a mudança de tecnologia e a possibilidade de executar as atividades de forma remota, surge o grande desafio de acompanhar a produtividade e qualidade dos serviços executados pela equipe. As ferramentas hoje utilizadas para medição no CSC se mostram extremamente úteis para a finalidade de gestão de equipes remotas.
- ✓ **Melhoria contínua:** conhecimento dos processos e visão de potenciais melhorias através do uso de metodologias e ferramentas.
- ✓ **Tecnologias de automação e integração de sistemas com RPA:** tecnologia de automação por robôs já se provou ser extremamente vantajosa, rápida e de retorno de curtíssimo prazo, tecnologia hoje de domínio dos CSCs e que pode ser exportada para toda a organização.
- ✓ **Formação e acesso à base de dados de toda a organização:** isso permite que o CSC seja um grande fornecedor de informações a toda a empresa de forma padronizada, consistente, rápida e atualizada.

Em resumo, podemos notar que o CSC como um Centro de Excelência é uma evolução e sempre deve ser uma meta a ser atingida. Na primeira fase, incorporar a excelência de forma interna, como uma célula de apoio a toda a operação do centro, focado na melhoria exponencial dos serviços prestados e em indicadores para apoio à gestão. Ser fonte de informações da transformação da execução das atividades e da implantação de metodologias e ferramentas de gestão são alguns dos grandes benefícios de formar dentro do CSC uma célula de excelência.

Com a maturidade e grande foco em transformação contínua naturalmente seguindo essa jornada, é natural o CSC se tornar um Centro de Excelência, importando todo esse *know-how* como benefício para toda a organização.

33. Hiperautomação nos CSCs

Vitor Paulo Moreira Correa
Ana Cláudia Rodrigues

Segundo o Gartner (PANETTA, 2019), "a hiperautomação é inevitável e as organizações vão precisar identificar e automatizar todos os possíveis processos de negócio, utilizando as ferramentas certas e tornando as operações e processos mais ágeis para poder competir em um mercado cada vez mais focado em facilitar e entender as pessoas".

Portanto, se quiser ir longe de forma consistente e escalável, automatize seu CSC!!

Essas estruturas de serviços compartilhados possuem muitos processos transversais entre áreas distintas, sendo, em alguns casos, o próprio processo *core* do negócio. Com isso, agregam em si o forte potencial de promover a verdadeira transformação digital.

Como importante recurso para a jornada de transformação digital, o RPA tem sido amplamente empregado para ganhos rápidos na automação de tarefas repetitivas. Ainda que com ganhos inequívocos de rapidez e eficiência, essa abordagem, contudo, pode ser limitante, não permitindo a chance de repensar e melhorar a forma de o processo funcionar, induzindo uma solução que apenas manterá os processos como já são. Como solução para esses casos, a hiperautomação vem ganhando cada vez mais espaço e se consolidando como um complemento importante ao RPA e se firmando como uma tendência para os planos de expansão da transformação digital em um mundo digital pós-COVID-19. Segundo o Instituto Gartner (PANETTA, 2019), as organizações geraram uma demanda crescente por automatizar tantos processos quanto possível em prol de resiliência, eficiência, agilidade e produtividade. Para suprir essa demanda, a hiperautomação está deixando de ser uma opção para virar uma condição de sobrevivência das organizações. Segundo o mesmo instituto, em 2024, as organizações reduzirão os custos operacionais em 30%, combinando tecnologias de hiperautomação com processos operacionais redesenhados.

Afinal, o que é então a hiperautomação? É uma abordagem que combina o emprego de diferentes tecnologias para automatizar o processo de trabalho de forma ampla. São tecnologias como RPA (*Robotic Process Automation*), *low code* (software com pouco código), inteligência artificial, *machine learning* e assistentes virtuais (ex.: *chatbots*), já detalhadas aqui no livro. Incluímos também ferramentas que mapeiam automaticamente as atividades de um processo (ex.: *process mining* e *process discovery*), que interpretam conteúdos de documentos desestruturados, como PDF e e-mails, além de orquestrar um processo de ponta a ponta (iBPMS) com diferentes sistemas e regras complexas. Essa combinação de tecnologias (Figura 33.1) e conhecimentos possibilita melhor compreensão e aumento do escopo das automações para atender às reais necessidades do negócio, gerando mais valor e resultado para a organização.

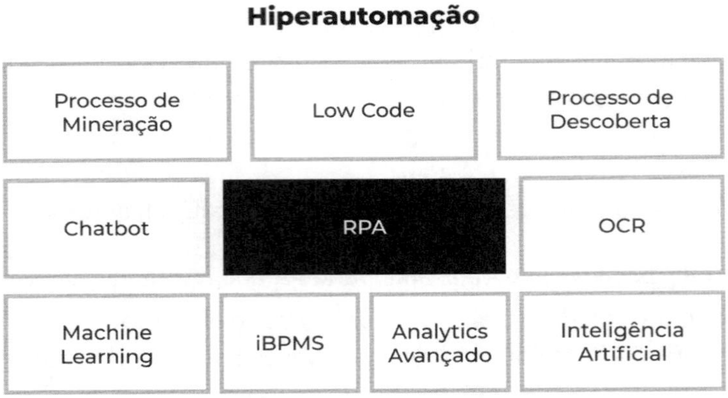

Hiperautomação

Processo de Mineração	Low Code	Processo de Descoberta
Chatbot	**RPA**	OCR
Machine Learning	iBPMS / Analytics Avançado	Inteligência Artificial

Figura 33.1. Algumas tecnologias viabilizadoras da hiperautomação.
Fonte: os autores.

Ferramentas viabilizadoras da hiperautomação

RPA

A Automação Robótica de Processos (em inglês é conhecido como *Robotic Process Automation* ou RPA) é uma tecnologia de software de computador utilizada para automatizar tarefas, como já muito bem detalhado na Parte IV deste livro.

Process mining

Process mining é um conceito relativamente novo e está relacionado à aprendizagem de máquina e à mineração de dados. O objetivo é descobrir, monitorar e melhorar processos reais, extraindo conhecimentos de *logs* de eventos disponíveis em diversos sistemas de informação em fluxos transacionais.

Qualquer que seja a natureza do processo, a partir do momento em que é suportado por ferramentas digitais, a informação é criada e armazenada pelos respectivos sistemas tecnológicos (ERP, CRM, etc.) e nomeada através de *logs* de aplicações e transações de dados de negócios. Essas informações armazenadas costumam ter semelhanças e possibilitam traçar o caminho de um "objeto" por diferentes estágios em diferentes momentos no tempo.

O *process mining* se baseia em ferramentas que utilizam essas pegadas digitais para reconstruir, visualizar e analisar processos, proporcionando transparência e objetividade ao processo real e identificando gargalos e potencial de otimização.

Segundo Aaslt (2011), a mineração de processos pode fazer três coisas: descobrir modelos de processos (criar um mapa novo e otimizado de como um processo deve se parecer); comparar um processo real a um processo "ideal" para ver como ele se comporta (conformidade real x "ideal"); ou aprimorar sua compreensão de um modelo existente com novas informações sobre desempenho, custo ou outros fatores.

O *process mining* pode ser integrado ao RPA no sentido de identificar potenciais automações e também monitorar o *log* dos robôs, fazendo comparações e demonstrando ganhos dos trabalhadores digitais.

Process discovery

Em contraste com as ferramentas convencionais de *process mining*, o *process discovery* foi projetado especificamente para agilizar o processo de planejamento e implementação do RPA.

Em vez de depender de *logs* de eventos do sistema, o *process discovery* funciona por meio de um agente virtual na área de trabalho do usuário que registra suas interações, como pressionamentos de tecla e cliques do mouse. Essas interações são combinadas com o reconhecimento de contexto para determinar como as tarefas são realizadas e para identificar variações.

As organizações podem usar a descoberta de processos para criar o que o Gartner chamou de "gêmeo digital" (GARTNER, s.d.), que é uma representação digital de uma organização responsável pelos componentes invisíveis dos processos de negócios. Eles são invisíveis porque as técnicas tradicionais de mapeamento de processos falham em identificá-los, levando a um entendimento incompleto dos processos de uma organização.

O fator mais importante para diferenciá-lo do *process mining* é que apenas o *process discovery* cria fluxos de trabalho automaticamente para cada processo que identifica. Como resultado, o *process discovery* – ao contrário do *process mining* – pode economizar o tempo de criação de fluxos de trabalho automatizados do zero usando sua plataforma RPA.

No geral, embora haja diferenças entre as duas tecnologias, elas se resumem em grande parte a uma distinção principal: ao contrário da mineração de processos, o *process discovery* foi construído desde o início especificamente para RPA – é por isso que oferece uma abordagem mais abrangente, rápida e econômica para identificar e analisar automaticamente os processos de trabalho automatizáveis.

Vale destacar que a maioria das soluções de mineração de processos também oferece recursos de descoberta de processos.

A combinação das duas tecnologias pode ajudar as organizações a aprender mais sobre seus processos de negócios, otimizar seus processos e implementar automações em toda a organização.

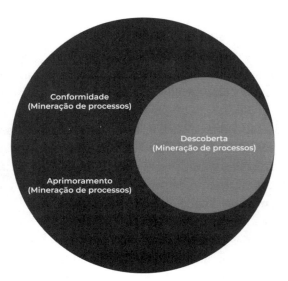

Figura 33.2. Combinando mineração de processos e descoberta de processos.
Fonte: adaptada de Rozinat (2011).

iBPMS

Gerenciamento de processos de negócios inteligentes (iBPMS) é a evolução natural do mercado de BPMS anterior, adicionando mais recursos para maior inteligência nos processos de negócios. Recursos como validação (simulação de processo, incluindo "e se") e verificação (conformidade lógica), otimização e a capacidade de obter informações sobre o desempenho do processo foram incluídos em muitas ofertas de BPMS por vários anos.

Nada mais é do que uma ferramenta que permite mapear, executar e monitorar processos com foco na transformação do negócio e na melhoria constante.

Inteligência artificial

O termo inteligência artificial (IA) representa um conjunto de software, lógica, computação e disciplinas filosóficas que visa fazer com que os computadores realizem funções que normalmente requerem intervenção cognitiva e intelectual do ser humano, como perceber o significado em linguagem escrita ou falada, aprender, reconhecer expressões faciais e assim por diante.

Embora a IA possa vir a ter um alto custo de implantação, suas vantagens geram retornos expressivos, incluindo maior eficiência e precisão nas tarefas, a liberação de trabalho manual para tarefas de maior valor agregado e realização de grandes volumes de processamento, além da capacidade humana, em menor tempo.

A IA não está relacionada apenas a soluções altamente disruptivas e distantes de nossa realidade, como carros autônomos voadores e robôs físicos "ultrainteligentes"; a verdade é que a tecnologia está presente em nossas rotinas: a Netflix usa IA para lhe apresentar os filmes com mais chances de interessá-lo, a BMW usa IA para realizar inspeções rigorosas, entre tantos outros casos de uso.

A IA caminha lado a lado com outras tecnologias, potencializando-as, como é o caso do RPA. Ela viabiliza a automatização de processos com características específicas, o que seria impossível somente com o uso do RPA puro. Com IA torna-se possível automatizar processos com muitas variáveis ou com dados desestruturados, por exemplo.

O RPA complementado com IA alcança outro patamar de automação, trazendo novas oportunidades de atuação. RPA e IA devem caminhar juntos para que os processos sejam bem-sucedidos, para entregas de alta performance e para trazer o máximo de benefícios às empresas e aos seus funcionários.

A hiperautomação como alavanca de valor para o CSC

De acordo com o Gartner (PANETTA, 2019), a hiperautomação se concentra em dois aspectos das operações de negócios: o primeiro é automatizar tudo o que pode ser automatizado dentro de uma organização. O segundo é fazer a transição do RPA de tarefas simples e com base em regras e dados estruturados para o RPA combinado com IA e outras tecnologias de automação inteligente, que possibilitam automatizar processos complexos com dados não estruturados e com significativo nível de inteligência. Os dados gerados pela automação inteligente podem ser então interpretados por humanos para a tomada de decisões estratégicas orientadas para os negócios.

De modo geral, os especialistas do mercado recomendam que as organizações iniciem a jornada com automações simples, como o RPA puro, de forma a ganhar maturidade e confiança dos usuários nas soluções de automação de tarefas para ganhos rápidos. Em seguida, com o aumento da maturidade de uso e compreensão dessas soluções em RPA, torna-se mais fácil e natural a inserção gradual das demais tecnologias integradas e complementares para a automação inteligente da hiperautomação, cuja adoção deve priorizar o emprego do menor esforço e maior benefício para cada processo de negócio.

O diagrama a seguir apresenta a evolução progressiva de benefícios em função do escopo de automação.

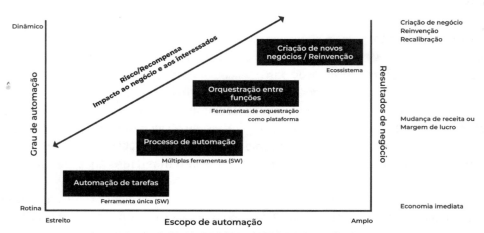

Figura 33.3. Evolução de benefícios conforme o nível de automação.
Fonte: adaptado de Panetta (2019).

Contudo, atualmente já existem plataformas de automação que facilitam a integração de tecnologias de RPA com *low coding* e modelagem de processos com inteligência artificial das mais diversas formas. A partir dessas tecnologias integradas, existem diversos benefícios imediatos que podem ser considerados, tais como a automação de processos de ponta a ponta, a produtividade em escala, além do ganho adjacente nas inovações, já que os humanos gastarão menos tempo no trabalho orientado para atividades de baixo valor agregado, liberando seu tempo para resolver problemas e inovar nos negócios e processos.

Mas por que a hiperautomação está subitamente em destaque? As previsões de RPA complementado com outras tecnologias têm apresentado números colossais. De acordo com relatório da Forrester, o mercado de automação de processos robóticos chegará a 2,9 bilhões de dólares em 2021 (IBM, 2018). Um guia de gastos do IDC prevê que, em 2023, os gastos mundiais com sistemas de IA ficarão próximos de US$ 98 bilhões (TRADE TECHNOLOGY, 2019). Em geral, várias fontes concordam que essas tecnologias terão um impacto grande e inegável nas tendências de mercado e nas decisões de negócios.

A ideia de combinar automação e IA, no entanto, não é um conceito novo. Desde que a IA existe, há um fascínio em combiná-la com robôs para ajudar os humanos. Ambas as tecnologias avançaram, as empresas desenvolveram as melhores práticas para a implementação de RPA com ótimos resultados e a adoção está aumentando. Já existem boas práticas para implementar corretamente o RPA nas operações, e isso gera segurança para a integração de outras tecnologias.

Adicionalmente, a hiperautomação se apresenta como uma alternativa para a redução do débito técnico, termo que leva em conta o custo de manutenção e de adaptação de código de programação das soluções, em razão de ser uma abordagem que promove o acoplamento e a interoperabilidade de sistemas com diferentes tecnologias. Uma dessas tecnologias de integração é conhecida como APIs (*Application Programming Interface*), por onde dados podem ser mais facilmente integrados entre sistemas diferentes. Portanto, como preparação para a empresa operar no mundo digital integrado, é fundamental possuir uma arquitetura de serviços por componentes, além da utilização de recursos em nuvem, o que permitirá que as aplicações trabalhem de forma mais fluida e com interoperabilidade entre sistemas diferentes para o processo ser automatizado de ponta a ponta.

Contudo, existem vários outros desafios a serem vencidos – e não são apenas técnicos. Incluem também dimensões variadas de processos, dados, arquitetura, carência de talentos, segurança da informação e aspectos sociais.

Um dos maiores desafios que as empresas enfrentam nas iniciativas de RPA é o aumento de escala. Até hoje as empresas não possuem total transparência de seus processos de negócios, o que torna difícil entender quais atividades são boas candidatas à automação e se o retorno do investimento justifica o esforço. Portanto, não se trata apenas de buscar a automatização de processos existentes, mas de repensar a cadeia de valor a partir da tecnologia.

Uma das causas desses desafios reside historicamente em processos de negócios sustentados por grande diversidade de tecnologias que muitas vezes não são otimizadas, enxutas, conectadas, consistentes ou explícitas (cujo conhecimento reside na cabeça das pessoas). Nesse sentido, empresas com sistemas legados e complexos terão sérios problemas para simplificar seus processos e tecnologias se não for empregada a hiperautomação, tendo em vista que o novo padrão *default-is-digital* exige eficiência, agilidade e simplicidade para o futuro do trabalho.

Dentro do arcabouço de hiperautomação há uma adoção crescente de ferramentas de mineração de processos, incluindo o *discovery*, já vistas aqui neste capítulo, que ajudam a aumentar rapidamente a automação de processos. Como o RPA, o desenvolvimento da tecnologia de *process mining* ao longo dos anos desempenhará um grande papel na adoção de RPA + IA.

Assim que a automação certa for implementada, a mineração de processos monitorará constantemente a automação para ver se ela funciona conforme o esperado. Os dados gerados a partir da automação podem ser adicionados ao processo para torná-lo cada vez mais claro e completo.

34. A perspectiva humana na transformação digital

Haroldo Sato

A digitalização e a automação das empresas

Como um dos grandes pilares de execução das estratégias organizacionais, os CSCs têm recebido cada vez mais a responsabilidade de se tornarem verdadeiras alavancas de transformação digital, não somente dos processos transacionais ou de apoio, mas também como meio de digitalização e inovação do próprio negócio como um todo.

Apesar de temas como transformação digital, inovação disruptiva, automação, etc. não serem algo novo na agenda dos executivos nos últimos anos, as restrições sem precedentes em viagens, interações físicas e mudanças do comportamento do consumidor devido à pandemia (COVID-19) forçaram empresas e consumidores a mudar a maneira como operam.

Isso levou organizações em todos os setores e seus respectivos centros de serviços a adotar e acelerar novas soluções digitais, com uma velocidade nunca vista anteriormente.

Embora muito tenha sido escrito sobre o impacto da mudança para o trabalho de funcionários, gerentes e executivos, quase metade dos líderes observa que sua adoção de estratégias para automação e digitalização acelerou moderadamente, e cerca de 20% desses líderes relataram um aumento significativo principalmente das iniciativas de automação. Como mostra uma pesquisa global da McKinsey (MCKINSEY GLOBAL INSTITUTE, 2020) com 800 executivos sobre as mudanças frente à aceleração de automação, digitalização e outras tendências, países como Estados Unidos e Índia se destacam, respectivamente, com 83% e 70% dos executivos relatando um ritmo mais rápido de adoção de automação.

Apesar de empresas de todos os setores estarem relatando maior adoção de novas tecnologias, observamos que esses projetos ainda não alcançaram os resultados esperados no curto prazo e que podem demorar mais do que se espera.

Por que alguns esforços de transformação digital têm sucesso e outros falham?

Uma pesquisa conduzida pela Forbes Technology Council intitulada "Why Digital Transformations Fail: Closing The $900 Billion Hole In Enterprise Strategy" com diretores, CEOs e executivos seniores descobriu que o risco da transformação digital (TD) é sua preocupação nº 1 em 2019 (ZOBELL, 2018).

No entanto, 70% de todas as iniciativas de TD não alcançam seus objetivos. E do US$ 1,3 trilhão gasto em TD no ano de 2019, estimou-se que US$ 900 bilhões foram para o lixo.

Por que alguns esforços de TD têm sucesso e outros falham?

A transformação digital tem a ver com pessoas

Fundamentalmente, de acordo com Steven ZoBell, membro do Forbes Tech Council, um dos principais pontos para o sucesso da transformação depende totalmente do trabalho conjunto dos funcionários para atingir os objetivos do programa.

Toda a empresa, não apenas algumas pessoas na mesma equipe, deve se unir para impulsionar o sucesso. Infelizmente, a maioria das organizações está isolada, com áreas funcionais e unidades de negócios lutando para se comunicar, coordenar e colaborar em relação às iniciativas de transformação.

De acordo com ZoBell (2018):

> Para enfrentar esse desafio, devemos repensar como nossas equipes trabalham juntas em toda a empresa e aplicar uma abordagem moderna para trabalhar com novos sistemas e modelos, habilitados pelas ferramentas certas. Só então poderemos explorar totalmente nosso enorme investimento em transformação digital e obter o retorno esperado dos US$ 900 bilhões de gastos fora da meta. Então, podemos finalmente permitir que nossas equipes se concentrem no que realmente as contratamos para fazer: sonhar, criar e inovar.

Para Behnam Tabrizi, professor da Stanford University, a transformação digital não é sobre a tecnologia. Para o autor, se as pessoas não têm a mentalidade certa para mudar e as práticas organizacionais atuais são falhas, a TD simplesmente aumentará essas imperfeições.

No artigo "Digital Transformation Is Not About Technology", Tabrizi et al (2019) enumeram cinco lições importantes que nos ajudarão a liderar nossas organizações por meio de transformações digitais bem-sucedidas.

- ✓ Lição 1: descubra sua estratégia antes de investir em qualquer coisa. A transformação digital deve ser guiada pela estratégia de negócios mais ampla.
- ✓ Lição 2: a abordagem para transformar nossas respectivas organizações é confiar nas pessoas de dentro. Elas têm o conhecimento sobre o que funciona e o que não funciona em suas operações diárias.
- ✓ Lição 3: projete a experiência do cliente de fora para dentro. Qualquer esforço deve ser precedido por uma fase de diagnóstico com informações detalhadas.
- ✓ Lição 4: quando os funcionários percebem que a transformação digital pode ameaçar seus empregos, eles podem, consciente ou inconscientemente, resistir às mudanças.
- ✓ Lição 5: o processo de transformação digital é inerentemente incerto. São necessárias agilidade na tomada de decisões, prototipagem rápida e estruturas planas. As alterações precisam ser feitas provisoriamente e depois ajustadas.

Anatomia da transformação digital

Mais do que qualquer outra coisa, a transformação digital requer talento. Na verdade, para Tom Davenport, professor e consultor especialista em Economia Digital pela Babson University, reunir a equipe certa de tecnologia, dados e pessoas de processamento para trabalhar juntas – com um líder forte que consiga trazer mudanças – pode ser o passo mais importante que uma empresa que está considerando a transformação digital pode dar.

Mesmo o melhor talento não garante o sucesso. Mas a falta dele quase garante o fracasso. Vamos explorar o talento necessário em cada um dos quatro domínios: tecnologia, dados, processo e a cultura organizacional.

Tecnologia

Da internet das coisas ao *blockchain*, dos lagos de dados à inteligência artificial, o potencial bruto das tecnologias emergentes é impressionante. E enquanto muitas delas estão se tornando mais fáceis de usar, é preciso entender como qualquer tecnologia em particular contribui para a oportunidade de transformação, adaptando essa tecnologia às necessidades específicas do negócio e integrando-a aos aos sistemas existentes.

256 Jornada CSC

Atualmente as áreas de tecnologia estão extremamente sobrecarregadas operacionalmente e sem direcionamento e estratégia. Com a pressão por implementar soluções disruptivas de forma rápida, as áreas não tiveram tempo de se estruturar e de desenvolver talentos internos.

Dessa forma, um dos grandes desafios de TI será reconstruir a confiança, fornecendo e demonstrando valor comercial para cada inovação tecnológica. Assim, os líderes devem ter o sentido estratégico de fazer escolhas tecnológicas que equilibrem inovação e dívidas técnicas.

Dados

A triste realidade é que em muitas empresas hoje a maioria dos dados não atende aos padrões básicos, e os rigores da transformação requerem uma qualidade de dados e análises muito melhores. A transformação quase certamente envolve a compreensão de novos tipos de dados não estruturados e grandes quantidades de dados externos à sua empresa, aproveitando dados proprietários e integrando tudo junto, ao mesmo tempo em que são eliminadas enormes quantidades de dados que nunca foram (e nunca serão) usados.

Os dados apresentam um paradoxo interessante: a maioria das empresas sabe que são importantes e sabe que a qualidade é ruim, mas desperdiça enormes recursos ao deixar de estabelecer as funções e responsabilidades adequadas.

Processo

Ter processos internos alinhados é fundamental para orientarmos a transformação digital na criação de valor para os *stakeholders*, especialmente para os clientes internos e externos. Não ter uma visão integrada da organização resultará em uma digitalização "torta" e sem valor para todos.

Quando os gestores começam a melhorar a forma como trabalham, a tendência natural é que façam isso dentro dos departamentos e não melhorem necessariamente os processos que cruzam as funções – e os processos muitas vezes devem ser reprojetados para melhorar a experiência do cliente em uma visão cruzada de fora da organização para dentro.

O gerenciamento de processos – horizontalmente, entre silos e focado nos clientes – é difícil de conciliar com o pensamento hierárquico tradicional. E, como resultado, a maioria dos movimentos de transformação digital está reduzida a uma série de melhorias incrementais – importantes e úteis, mas não verdadeiramente transformadoras.

Cultura organizacional: o elemento-chave para a verdadeira transformação

Felizmente, muito foi escrito sobre esse tema por muitos anos, porém, na prática, não temos evidências firmes para dizer que as organizações estão considerando a gestão da cultura como algo relevante para apoiar a TD. Para Davenport e Redman (2020):

> *parece que aqueles que gravitam em torno de tecnologia, dados e processos são menos propensos a abraçar o lado humano da mudança.*

Finalmente, o trabalho com tecnologia, dados e processo deve prosseguir na sequência apropriada. É geralmente aceito que não há sentido em automatizar um processo que não funciona; então, em muitos casos, a melhoria ou reengenharia de processos deve vir em primeiro lugar. Por outro lado, algumas transformações apresentarão grandes doses de inteligência artificial. Se dados ruins impedem o desenvolvimento e a implantação de bons modelos de IA, o trabalho com os dados deve vir primeiro.

Comece com seus objetivos finais e, em seguida, desenvolva essas sequências de etapas mais adequadas para alcançá-los.

De quais elementos da cultura devemos cuidar?
Embora resultantes da COVID-19, são notáveis os resultados positivos obtidos pela liderança nas novas iniciativas de gestão de pessoas durante a pandemia. Atender a uma série de novas demandas organizacionais, com a rapidez exigida e sem padrões referenciais, tem sido, indiscutivelmente, uma quebra de paradigma e uma demonstração de capacidade de adaptação e reposicionamento. É certo que a gestão de pessoas se adaptou e mudou.

Mas será que foi o suficiente? Os principais elementos da cultura para uma execução mais eficiente da TD são:

- ✓ **Estratégia:** definição e desdobramento das estratégias empresariais, redesenho das estruturas e revisão dos sistemas de pessoas.

- ✓ **Jornada dos colaboradores:** uso do *human analytics* para definição e implementação de serviços especializados e personalizados para equipes.
- ✓ **Liderança:** preparação de uma liderança digital com foco em colaboração, comunicação e inspiração.
- ✓ **Formação contínua para equipes:** definição de modelos híbridos, estruturas flexíveis e carreiras multidisciplinares para formação contínua.
- ✓ **Diversidade cognitiva:** gerenciamento de equipes multigeracionais, trabalho em rede e remoto, gestão do conhecimento.
- ✓ **Definição do propósito:** o propósito não é apenas um ideal elevado; tem implicações práticas para a saúde e sustentabilidade de sua empresa.

Liderar a transformação está mais difícil do que nunca, principalmente com o ritmo acelerado das mudanças nos negócios e na tecnologia. E ser ou estar digital será um elemento fundamental para a sobrevivência dos negócios. Mas não podemos desconsiderar que os seres humanos são os principais protagonistas dessa transformação. E a tecnologia é somente um viabilizador para o aumento da nossa criatividade e inteligência.

PARTE V

PANDEMIA COVID-19: DESAFIOS E APRENDIZADOS

35. O novo normal ficou velho (e rápido); o que aprendemos e quais são os novos desafios?

Laércio Ávila

O ano de 2020 passou de maneira avassaladora, impondo uma série de mudanças inesperadas não somente para o mundo corporativo, mas também para a vida humana de maneira geral.

A pandemia alterou profundamente a dinâmica global, proporcionando o surgimento de termos que buscaram definir esse momento tão desafiador – dentre vários, o jargão mais disseminado (e por isso mais desgastado) ficou conhecido como o "novo normal".

O mundo do CSCs, mesmo que assustado em um primeiro momento diante de toda a situação, conseguiu se adaptar com certa rapidez e prontidão aos novos desafios impostos, apoiado principalmente nas boas práticas preconizadas pelo modelo de serviços compartilhados, como: processos padronizados, acordos de nível de serviços (SLAs) estabelecidos, canal de atendimento estruturado, automação e robotização de processos.

Esses pilares possibilitaram, por exemplo, que o *home office* pudesse ser adotado de forma efetiva pela maioria dos CSCs. Ou seja, tecnicamente o desafio de trabalhar à distância acabou sendo um paradigma relativamente fácil de ser superado.

Outro desafio que se acentuou durante a crise foi o da otimização de recursos, outro pilar nativo dos CSCs que nascem com o DNA da redução de custos e com o eterno desafio de entregar cada vez mais com menos.

O que podemos notar após mais de um ano de pandemia é que a situação inicial que pegou todos de surpresa, nos obrigando a trabalhar de casa compulsoriamente, vem se tornando uma realidade presente e com expectativa de manutenção futura em inúmeras organizações, incluindo desmobilização de ativos fixos, como edifícios e mobiliário.

O novo normal ficou velho (e rápido); o que aprendemos e quais são os novos desafios? **261**

Com o teletrabalho se consolidando e as tecnologias ganhando cada vez mais relevância como verdadeiros canais de entregas profissionais, os novos desafios já se apresentam rapidamente.

Mais uma vez precisamos entendê-los para encará-los. São alguns deles:

- ✓ **A busca do equilíbrio entre vida profissional e pessoal:** sem a "separação física" desses dois mundos tão diferentes (casa e trabalho) em um passado recente, como encontrar o ponto ideal da produtividade e do convívio familiar saudável?
- ✓ **Controle ou entrega de valor:** como abrir mão do "controle" da força de trabalho e efetivamente "colocar os olhos" nas entregas de valor, e não nas pessoas?
- ✓ **Isolamento social:** qual o impacto da não convivência presencial nos relacionamentos profissionais? Isso vai interferir na efetividade das organizações?
- ✓ **Mercado de trabalho global:** se as fronteiras não são mais as do mapa, como aproveitar as oportunidades de um mercado do tamanho do mundo inteiro? Isso é remédio ou veneno?
- ✓ **As plataformas de negócio:** os CSCs finalmente se transformarão em plataformas de negócio que funcionam como *hubs* de processos automatizados capazes de entregar altíssimo valor agregado, com pouquíssimo trabalho operacional?
- ✓ **A vez da inovação:** com o trabalho operacional automatizado, os CSCs finalmente se tornarão protagonistas e verdadeiras alavancas de inovação, contribuindo, inclusive, para a transformação radical do *core* do negócio?
- ✓ **O presencial ainda teria espaço:** o modelo híbrido (mescla de presencial e remoto) será adotado pela maioria das organizações ou não faz mais sentido nos encontrarmos fisicamente para podermos realizar as entregas que já conseguimos fazer remotamente?

Ciente de que o primeiro passo é buscar fazer as perguntas corretas, tenho plena consciência de que essas são apenas algumas das centenas que ainda precisam ser respondidas nos próximos meses.

Certeza não temos quase nenhuma, apenas que as mudanças vieram para ficar e que a imprevisibilidade fará cada vez mais parte do jogo.

Para buscar aprofundar essas reflexões e compartilhar como a ABSC e alguns CSCs enfrentaram esse momento, dedicamos, a seguir, algumas páginas a esse tema tão relevante.

36. Como a ABSC e o CSC da Algar lidaram com a pandemia

Flávio Feltrin

No biênio 2019-2020 tive a honra de assumir a posição de Diretor Presidente da ABSC – Associação Brasileira de Serviços Compartilhados. Estar à frente da associação foi ao mesmo tempo um grande desafio e uma excelente escola para mim como executivo e também no âmbito pessoal, afinal, a responsabilidade é grande perante a nossa comunidade de associados, o tempo disponível é o mesmo, pois acumulamos funções e atuamos como voluntários, orientados a um propósito maior, o de conectar e fortalecer o ecossistema de Serviços Compartilhados no Brasil.

Eu e os demais diretores do time de gestão da ABSC tivemos um primeiro ano de mandato bastante desafiador, com foco no entendimento do que significava estar à frente da associação, ou seja, um processo de aprendizado mesmo, e, ao mesmo tempo, lançar um novo planejamento de atividades, muitas delas estruturantes, para que a ABSC pudesse se fortalecer e ganhar dimensões ainda maiores nos próximos anos. Mas, ao assumir esse desafio, jamais imaginávamos que em 2020 enfrentaríamos outro ainda maior e completamente inesperado, que foi a pandemia da COVID-19.

Não tenho dúvidas de que os impactos bem como os aprendizados foram os mais diversos durante esse período e estão totalmente conectados com o estado de prontidão para a mudança que tanto os CSCs quanto os negócios possuíam. Dessa forma, as reflexões e os aprendizados que compartilho partem da perspectiva da ABSC, mas também da perspectiva de um associado da ABSC, o Centro de Soluções da Algar, no qual eu ocupava o cargo de Diretor Superintendente durante esse período.

Na segunda quinzena do mês de março de 2020, a grande maioria das empresas e dos Centros de Serviços Compartilhados foi obrigada a mover as suas operações para o *home office*. O estado de *lock down* de algumas regiões ou a simples recomendação do "fique em casa", em outras regiões, trouxeram subitamente essa necessidade para a qual muitos estavam parcialmente preparados, outros, completamente despreparados, e ainda um grupo, como foi o nosso caso na Algar, que estava preparado, mas não sabia.

De forma geral, a primeira reação que percebemos foi uma mistura de susto e surpresa e ao mesmo tempo uma certa paralisia no sentido de estarmos enfrentando uma situação totalmente nova, sem precedentes na nossa geração, sem planejamento e sem rotas previamente desenhadas. Na ABSC, tínhamos pronto o nosso *roadmap* de *webinars* para o ano, palestrantes contatados, planos para o encontro semestral da associação, que normalmente ocorre em junho/julho, enfim, um ano inteiro planejado e pensado para um contexto que não era mais aplicável.

Nas organizações, o tema – preservar caixa – era premente e todas as empresas fizeram alguma ação nesse sentido, seja reduzindo investimentos ou postergando pagamentos. O fato é que existia um cenário de total incerteza sobre a duração da pandemia e os impactos que ela traria para os negócios, nos aspectos financeiros e até estratégicos. Nesse cenário, e em muitos casos, a participação dos Centros de Serviços Compartilhados nessas ações foi fundamental para os negócios.

Mas a paralisia também tomou conta, por alguns instantes, da ABSC. Não sabíamos como ajudar, o nosso planejamento para o ano não fazia mais sentido. Provavelmente os nossos associados também estavam buscando algum nível de redução de custos nos Centros de Serviços Compartilhados, mas, para além disso, certamente precisavam de ajuda, de um fórum onde pudessem compartilhar as dores do momento e buscar soluções com o aprendizado dos demais associados. Naquele momento, todos nós, diretores dos nossos próprios centros de serviços, estávamos imersos nos nossos próprios problemas e presos em um plano que não funcionaria mais.

Foi um telefonema de um dos conselheiros da ABSC que quebrou esse estado de paralisia e a pergunta que me foi feita foi: o que a ABSC vai fazer para ajudar os associados nesse momento? Eu não tinha a resposta.

Em abril ainda mantivemos o nosso *webinar* sobre processos fim a fim, mas era evidente que a demanda dos associados não era mais aquela. Logo após o *webinar* tivemos uma reunião envolvendo todos os diretores e conselheiros e deliberamos algumas ações que acreditávamos que faria sentido naquele momento. As ações foram comunicadas para os associados em uma carta aberta com o posicionamento da ABSC 17 dias após as movimentações iniciais do mercado.

264 Jornada CSC

A carta começava dizendo: "A pandemia tem afetado a todos nas nossas vidas pessoais e profissionais, estamos enfrentando novos desafios, mas também tem sido um período de grande aprendizado. Temos certeza de que teremos importantes reflexões para o futuro do modelo compartilhado após a pandemia".

No aspecto financeiro, reduzimos em 50% as mensalidades por três meses (maio, junho e julho) e nos comprometemos a revisar os temas dos próximos *webinars* de acordo com a necessidade dos associados, tratando prioritariamente dos assuntos pertinentes à crise. Já em maio realizamos o *webinar* com o tema: "Sobrevivência do CSC na pandemia – principais ações e aprendizados na fase inicial de adequação ao novo cenário". Tivemos uma grande adesão a esse *webinar* e compreendemos que *webinars* mensais não entregavam o valor que os associados estavam buscando naquele momento. Começamos a realizar "lives" com uma frequência maior. Estar em contato, trocar experiências e compartilhar aprendizados e práticas se demonstrou a mais efetiva contribuição para os associados.

Durante os meses de maio e junho realizamos algumas *lives* muito ricas em aprendizados e conseguimos estruturar a situação em três diferentes momentos: susto – momento inicial –, adaptação e o futuro pós-pandemia.

O susto ou momento inicial foi caracterizado, como mencionado anteriormente, pela mistura de surpresa e necessidade de ações rápidas e pela paralisia, por conta da situação inédita. Com maior ou menor dificuldade, a grande maioria dos Centros de Serviços Compartilhados conseguiu se adaptar ao trabalho remoto e garantiu a continuidade das operações. Em muitos casos, inclusive, os CSCs foram reconhecidos pela rapidez e pela garantia de continuidade das operações até em melhores condições do que as próprias unidades de negócio.

Dessa fase inicial ficam questionamentos como: temos mesmo um plano de contingência que funciona? Por que não fizemos isso antes? O que falta para garantirmos a continuidade das operações se mantidas essas condições por um longo período?

Passado o momento inicial, entramos na fase de adaptação e muitos outros desafios apareceram. Apenas para citar alguns mais comuns: convivência entre familiares, filhos e impacto na produtividade, espaço inadequado nas residências para o trabalho, medo de ir ao escritório e também o medo de perder o emprego, auxílios *home office*, produtividade, engajamento e tantos outros. Mas nessa fase também apareceram coisas positivas, como maior liberdade, flexibilidade para a execução das atividades, autonomia, aumento da relação de confiança e maior interação entre líder-liderado.

Para os líderes mais atentos, a fase de adaptação foi um MBA intensivo trazendo dia após dia novos desafios e novas soluções. A ABSC, através das suas *lives*, contribuiu de forma muito positiva para que as soluções fossem aceleradas através da troca de experiências, tendo no encontro digital, realizado em julho de 2020, seu ponto alto. Este foi o primeiro grande evento totalmente virtual que realizamos na nossa gestão, o que por si só já foi um tremendo desafio e aprendizado. Cunhamos o termo CSC Virtual.

Para a minha realidade, como Diretor do CSC da Algar, esse momento foi decisivo, pois, logo após o evento, reunimos toda a liderança para discutirmos se ainda fazia sentido esperar pelo pós-pandemia e continuar fazendo as coisas como sempre fizemos. E o resultado foi um sonoro não, muitas coisas precisavam ser mudadas, nascendo daí o manifesto **CSC *Evolution***, onde exercitamos tudo o que havíamos aprendido por nós e nos eventos da ABSC até aquele momento e projetamos o futuro do nosso Centro de Soluções, definindo como nossa ambição nos tornarmos um CSC ágil, digital e virtual.

Arriscamos, ainda durante o encontro digital de julho de 2020, olhar para o futuro e avaliar os impactos que o modelo de serviços compartilhados sofreria, quais seriam as novas ondas e como os CSCs deveriam se adaptar a essa nova realidade. Nesse momento que escrevo estas linhas, há exatos 12 meses após essa primeira tentativa de olhar para o futuro, ainda temos muitos questionamentos: a pandemia ainda não terminou, o risco de variantes do vírus nos provoca a pensar se já não estamos embarcados nesse tal futuro há meses, nos adaptando e criando novas soluções para novos problemas que aparecem continuamente. A minha sensação é que sim!

E diante de tantas incertezas temos alguns sinais bem positivos sobre o futuro do modelo de serviços compartilhados. Ele precisa ser reinventado, adaptado, digitalizado, virtualizado, mas continua sendo um modelo importante para a gestão dos negócios – aliás, dada a capacidade de rápida adaptação, flexibilidade de estrutura e foco na eficiência, ganhou ainda mais força como modelo de gestão e, sem dúvida, precisa ser inovado para continuar sendo relevante.

Das lições que ficaram e da aceleração de muitas tendências provocadas pela pandemia, gostaria de destacar a necessidade de termos modelos de operação mais ágeis, mais orientados às necessidades dos clientes do que ao modelo tradicional, e a necessidade do domínio dos dados, pois através deles conseguimos tomar melhores decisões sobre dimensionamento, produtividade e engajamento. Se antes alguém pilotava esse avião fazendo voos visuais, agora só é possível pilotar usando os instrumentos.

Sobre os times, aprendemos que a liberdade, a flexibilidade e a qualidade de vida podem andar de mãos dadas com a produtividade, a eficiência e a geração de valor. O CSC virtual veio para ficar e a realidade da operação remota, com colaboradores espalhados em várias localidades deve permanecer. O escritório, menor do que antes, agora tem outra função.

Mas a dúvida acerca de tudo isso ainda é grande. Tenho convicção de que a ABSC tem um papel fundamental em continuar a provocar essas discussões, cocriando com os seus associados os novos modelos para que a prática dos serviços compartilhados continue gerando resultados significativos para os negócios.

37. Lições da pandemia (visão de um executivo)

Anfrísio Souza

Qual é a visão dos CSCs para o futuro pós COVID-19? O que mudará e quais serão os novos desafios?

Independentemente do negócio atendido pelo CSC, se sofreu mais ou menos com a crise, se cresceu ou diminuiu de tamanho, a pandemia trouxe desafios e oportunidades de desenvolvimento do modelo de serviços compartilhados e acelerou algumas tendências.

Talvez a oportunidade mais óbvia tenha sido a aceleração da transformação digital para habilitar o trabalho remoto, através da infraestrutura de TI, conectividade, ferramentas de colaboração virtual e gestão remota. Outra dimensão dessa transformação foi a digitalização e a automação para redução ou eliminação de processos manuais (ex.: fluxo de aprovação em papel). Certamente os CSCs puderam capitalizar em eficiência, qualidade e nível de serviços. Outro desdobramento disso foi a maior participação do CSC no processo *end to end* e na cadeia de valor, pela simples quebra de paradigma de que alguns processos precisavam ser feitos em campo por requerer interface com o negócio, que no final provou-se desnecessário.

O trabalho remoto massivo que foi forçado pela pandemia acabou se transformando em uma estratégia operacional permanente em muitos CSCs. Com o respaldo da legislação trabalhista brasileira, os contratos de teletrabalho foram adotados em larga escala por muitos CSCs com vários benefícios:

✓ Redução de custos operacionais associados à manutenção e gestão predial.
✓ Aumento da capacidade operacional para expansão de serviços sem investimento em ampliação do escritório.
✓ Atração de talentos de diferentes partes do país ou do mundo, possibilitando acesso a *skills* diferenciados, como *digital* e *analytics* que poderiam ser escassos na localidade do CSC.

268 Jornada CSC

✓ Capacidade de ajuste da demanda com horários flexíveis e foco em entregas.
✓ Possibilidade de formar uma força de trabalho diversa e inclusiva.
✓ Flexibilidade para os colaboradores obterem um melhor equilíbrio entre a vida pessoal e profissional.

A pandemia deixou o CSC e o corporativo mais próximos um do outro. A comunicação entre eles se tornou mais fluida e o relacionamento mais colaborativo. O CSC passou a atender a requerimentos de negócio especiais, como ajuste de serviços à flutuação de demandas ou prazos de entregas mais curtos, além do envolvimento em projetos estratégicos, como integração de M&A (*Merges & Acquisitions*) e desenvolvimento de novos modelos de negócio. Surgiram também oportunidades de ampliação de escopo de serviços além do catálogo tradicional, como marketing, vendas digitais (*e-commerce*) e *business analytics*. O CSC passou a focar mais no cliente e na entrega de uma melhor experiência ao usuário.

Naturalmente, a pandemia também trouxe vários desafios para os CSC, tais como:

✓ Manutenção da cultura organizacional e do orgulho de pertencer em um ambiente virtual e remoto.
✓ Da mesma forma que o trabalho remoto possibilitou acesso irrestrito a talentos geograficamente dispersos, trouxe também uma guerra implacável para atraí-los e retê-los.
✓ Cuidado e apoio amplo ao colaborador: saúde física e mental, segurança e bem estar fora do escritório. Socialização como forma de aliviar o estresse e a monotonia do trabalho remoto e virtual.
✓ *Compliance* e TI: gestão de ativos geograficamente dispersos, confidencialidade de informação e gestão de dados sensíveis.
✓ Qualidade de serviço e produtividade no ambiente virtual.
✓ Práticas de gestão de pessoas e perfil de liderança adequados à nova realidade.

O CSC pós-COVID-19 é mais digital e virtual. O ambiente de trabalho é híbrido, com membros de equipes no escritório e em casa, trabalhando em sincronia e colaboração efetiva. A estabilidade operacional e o sucesso nesse ambiente requerem ações especiais:

✓ Plano de continuidade de negócios para colaboradores em trabalho remoto, em caso de indisponibilidade de conexão à internet ou energia elétrica.
✓ Equilíbrio entre iniciativas de engajamento virtuais e momentos de socialização e encontros presenciais no escritório para manter o toque humano das relações.

Lições da pandemia (visão de um executivo) **269**

✓ Engajamento de todos os colaboradores, inclusive os remotos, nas iniciativas de melhoria contínua e metodologias ágeis, para fomentar uma cultura de aprendizagem e inovação.

✓ Definição dos comportamentos esperados por colaboradores e líderes no ambiente híbrido e adequação das práticas de gestão de performance e talentos.

✓ Desenvolvimento de práticas de liderança que promovam o empoderamento dos colaboradores e a relação de confiança.

38. Mudanças no modelo de CSC

Eden Paz

Diante das transformações impostas, muitas de maneira compulsória, era inevitável que mudanças estruturais acontecessem em relação ao modelo de negócio operacionalizado pelos CSCs.

Particularmente, gosto de contar a história do CSC utilizando um artigo que escrevi no final de 2017 e que, mesmo nesse momento de pandemia e automação acelerada, só reforça a análise realizada naquela época.

A seguir, vou reproduzir o artigo onde procuro demonstrar a importância das mudanças do modelo de CSC e por que ele persiste até os dias de hoje.

Por que o modelo de gestão de Centros de Serviços Compartilhados (CSC) é atual e continua sendo utilizado?

No mundo dos negócios, não é comum que modelos de gestão perdurem por muito tempo se de fato não forem sustentáveis. O que vem diferenciando os Centros de Serviços Compartilhados nas últimas três décadas é a sua grande capacidade EVOLUTIVA e ADAPTATIVA!

Veja a seguir as grandes transformações que ocorreram nesse período e que justificam tal condição.

No início dos anos 80, quando a necessidade de reduzir custos e melhorar a qualidade dos serviços administrativos surgiram, o modelo de gestão de Serviços Compartilhados já inovava. Naquela época, obter ganhos de escala e sinergia eram os diferenciais que já justificavam a sua adoção. Com o passar dos anos, e após capturar ganhos expressivos em produtividade e em eficiência, as empresas começaram a perguntar se as contribuições haviam atingido seu limite.

Interessante perceber que, uma vez desafiado, o modelo dá os primeiros passos de uma jornada na qual muitas mudanças viriam a acontecer.

Ainda relacionado ao primeiro desafio, as empresas com CSC perceberam que outros ganhos seriam obtidos ampliando a atuação entre as áreas funcionais. Surgem, então, os primeiros **CSCs multifuncionais**, os quais fortaleceram os conceitos de estruturas compartilhadas e de gestão do conhecimento, tornando-os mais robustos e, com isso, melhorando significativamente a *compliance* para seus negócios. Para se ter uma ideia desse processo, segundo pesquisa da Deloitte, em 2017, 69% das empresas pesquisadas possuíam mais de uma função no CSC.

Com o passar do tempo e o amadurecimento dos Serviços Compartilhados entre as grandes e médias empresas, principalmente aquelas com atuação regional e global, novamente as questões sobre o limite de contribuições voltavam a rondar o modelo. Mais uma vez desafiadas, as empresas que adotaram o CSC conseguiram expandi-lo e adicionar mais valor aos negócios. Foram criados donos globais dos processos, definidos padrões de entrega dos serviços, criados canais de acesso organizados para todas as demandas e gerado valor adicional através da melhor utilização dos dados e das informações. Esses novos diferenciais mais uma vez deram a sustentabilidade necessária ao modelo de gestão de Serviços Compartilhados.

Cabe ressaltar que, nesse mesmo intervalo de tempo na história da administração, muitas empresas implementaram outros modelos de gestão, como *downsizing*, reengenharia, centros administrativos, os quais, sem entrar no mérito da questão, não se sustentaram e deixaram de ser utilizados com o passar dos anos.

Quem pensa que a jornada dos CSCs chegou ao fim, que o modelo exauriu toda a sua capacidade de contribuições, engana-se. Nesta década, mais uma vez desafiados, são incorporados componentes de governança, de gestão e de atendimento. O ciclo de vida dos processos e sua integração com o negócio são repensados, buscando inserir a inovação como o principal catalisador dos benefícios futuros.

Uma grande prova de amadurecimento na gestão dos CSCs foi a negociação de indicadores de performance perfeitamente alinhados às metas dos clientes, o que passou a permitir a medição do valor que o modelo de gestão de Serviços Compartilhados está agregando ao negócio.

A evolução na plataforma tecnológica passou a permitir uma gestão centralizada de unidades espalhadas em várias localidades e vários países, através da utilização de soluções como *dashboards*, com informações padronizadas e em tempo real dos processos mais relevantes. De forma nada surpreendente, pelo menos para quem vem acompanhando a evolução dos Serviços Compartilhados nos últimos anos, as plataformas digitais e colaborativas ampliam sua participação nos CSCs, incorporando mais uma vez mudanças significativas, que certamente continuarão a fazer com que esse modelo de gestão perdure por muitos anos, trazendo cada vez mais valores e resultados adicionais às empresas.

Vale destacar que, no Brasil, não temos exatamente o número de CSCs mapeados, mas acredito que existam mais de 300. Também devemos lembrar que, em resultado de 2015 da revista Exame "Maiores e Melhores", nove das dez primeiras colocadas têm em sua estrutura o modelo de gestão de Serviços Compartilhados ou, simplesmente, CSC.

Segundo nosso entendimento, conceituamos Serviços Compartilhados como: a gestão integrada de processos e sistemas, compartilhados por empresas do mesmo grupo econômico ou de atividades similares e que possibilitem a geração de valor adicional quando comparados aos modelos de gestão e governança convencionais/tradicionais. Essa visão também reflete a grande adaptação dos CSCs, pois, se compararmos com definições mais antigas, veremos que deixou de ser um modelo voltado apenas para atividades transacionais e repetitivas para compreender atividades das mais diversas, tornando-se, em muitos casos, a única área de excelência dentro das suas empresas.

A história do modelo de gestão dos chamados Centros de Serviços Compartilhados chancela sua capacidade EVOLUTIVA e ADAPTATIVA para gerar e sustentar resultados adicionais ao mundo empresarial.

PARTE VI

CASES DE SUCESSO DO BRASIL

39. *Case* SONEPAR: vestindo a camisa do CSC

William de Miranda Barreto
Edna Rocha

A SONEPAR Brasil é uma empresa do ramo de distribuição de material elétrico, MRO, soluções e automação B&B e B&C. Tem como estratégia de crescimento a aquisição de empresas do segmento. Tal estratégia faz da empresa a principal do seu segmento, tendo em sua composição as seguintes empresas: Dimensional, Eletronor e Nortel.

A SONEPAR identificou a oportunidade de realizar uma atividade de gestão da mudança organizacional junto aos seus líderes e colaboradores do CSC que foi constituída nas etapas descritas a seguir:

I – Encontro com a liderança

Foi utilizado o método da **escuta ativa**, permitindo que gerentes, diretores e CEOs se pronunciassem sobre suas principais dificuldades no processo de mudança na implantação do CSC. Escutar na essência, descobrir a causa-raiz dos principais problemas da liderança e deixar claras as diretrizes da empresa foram os objetivos desta etapa.

II – Encontro com os colaboradores

Os colaboradores foram convidados para participar do *workshop* com a seguinte mensagem: "qual o seu propósito de vida e no trabalho". As atividades eram iniciadas com uma poesia, reflexão ou um texto inspirador que proporcionasse uma comunicação direta com o lado emocional dos participantes (sistema límbico ou lado direito do cérebro). Isso permitiu que o lado crítico/julgamento pudesse ser aquietado e que surgisse um *rapport* (conexão) entre palestrante/plateia.

Atividade 1 – Descobrindo seus recursos internos

A primeira atividade tinha o objetivo de auxiliar os colaboradores a descobrir os seus recursos internos que foram utilizados em alguma experiência, boa ou ruim, em suas vidas. A lembrança de um evento que tivesse significado especial para cada participante era o ingrediente perfeito para promovermos uma associação com o momento de incerteza que agora vivenciavam com a implantação do CSC. Assim, a partir de sua própria experiência, descobrimos os recursos internos que a maioria das pessoas não tinha consciência que existiam.

Atividade 2 – Alinhando propósito de vida e CSC SONEPAR

A segunda atividade consistiu em fazer um alinhamento da identidade de cada colaborador com o seu propósito de vida, especialmente em sua atuação de excelência no CSC SONEPAR. O alinhamento promove uma poderosa conexão entre empregado e o projeto, de modo que este faça parte integrante de sua vida e passa a sensação de que atuar com excelência no projeto é contribuir para o cumprimento do seu propósito de vida na esfera pessoal e profissional.

Atividade 3 – Criando crenças fortalecedoras

A terceira atividade foi desenvolver crenças que pudessem fortalecer a nossa visão de mundo ou influenciar diretamente na construção das nossas experiências. Assim, criar crenças que fortalecessem o significado do CSC para a SONEPAR era fundamental para que as pessoas acreditassem que ele era necessário e que era viável de acontecer.

Atividade 4 – Senso de urgência do CSC SONEPAR

O senso de urgência é um aspecto fundamental para que o comprometimento se estabeleça em alguma pessoa. O porquê de uma pessoa aderir a um projeto é diretamente ligado ao senso de urgência que ela possui sobre ele, pois só haverá comprometimento se formos convencidos de que ele será preciso acontecer. Segundo David Miller (2012), criador da Metodologia *People Centred Implementation* (PCI), existem três componentes em um propósito compartilhado da mudança e que contempla a sua metodologia: **imperativo** – se o projeto não acontecer, o que acontecerá com a empresa?; **visão** – a visão do futuro sobre o CSC – como será o CSC quando estiver em funcionamento pleno?; e o **caminho** – quais os marcos que estão sendo realizados pela empresa para implantar o CSC?

Atividade final – Declaração

A declaração final que cada um dos colaboradores realizou teve como objetivo o agrupamento de todas as atividades realizadas durante o *workshop*. Assim, os empregados fizeram uma associação entre os recursos internos que possuem, juntamente com um alinhamento sobre o seu propósito de vida e o projeto, a urgência e as crenças que possuem sobre o projeto. Assim, a declaração permite que o colaborador tenha clareza da sua conexão com o sucesso do projeto e que ele está intimamente associado com seu propósito de vida.

Conclusão

Os *workshops* que foram realizados junto com os colaboradores no CSC SONEPAR produziram resultados simplesmente incríveis, manifestados durante as dinâmicas não somente por emoções como alegria, sensibilidade, encorajamento e alinhamento, como surpresa pela descoberta de recursos internos até então desconhecidos. Quase 100 empregados participaram das atividades, o que resultou em um comportamento mais atuante desses colaboradores nas atividades desenvolvidas no CSC.

Confira todos os *cases* e complementos do livro no seguinte endereço:
<https://abscweb.com/livrojornadacsc/complementos>

40. *Case* Eletrobras: implantando um CSC em empresa de economia mista

Paulo de Tarso França

Eletrobras

A Eletrobras (Centrais Elétricas Brasileiras S.A.) é a empresa líder em geração e transmissão de energia elétrica na América Latina, responsável por 29% da capacidade geradora instalada no Brasil. Contribui para que a matriz elétrica do país seja uma das mais limpas do mundo, já que 97% de nossa capacidade instalada tem origem em fontes com menor emissão de Gases de Efeito Estufa (GEE).

Empresa de capital aberto, tem o governo federal como controlador. Está presente em todo o território nacional e gera 13.803 empregos diretos. Possui 50.640 MW de capacidade instalada, tendo gerado 195.183 GWh em 2020, sendo 97% por fontes limpas (hídrica 91,3%, nuclear 3,9%, eólica 1,4% e solar ~1%), com 108 usinas em operação. Nossas linhas de transmissão alcançam 76,1 mil quilômetros, correspondendo a 43,54% do Sistema Interligado Nacional.

Projeto CSC Eletrobras

O projeto de implantação do CSC nas empresas Eletrobras estava previsto no Plano Estratégico Integrado das Empresas Eletrobras 2015-2030. Desde então, a empresa sofreu uma série de mudanças, onde destacamos o leilão das seis distribuidoras de energia da Eletrobras, finalizando nossa atuação na área de distribuição de Energia, a padronização do ERP utilizado em todas as empresas do grupo e a incorporação entre as empresas CTGEE e Eletrosul, além da realização de programas de desligamento voluntário em todas as empresas do grupo.

Nesse contexto, no último trimestre de 2016 foi contratado projeto de consultoria para a implementação do CSC Eletrobras, que tinha como principal meta viabilizar o aumento de nossa produtividade em 50%, para todos os processos definidos em seu escopo.

Durante o *case* vamos conversar sobre os principais objetivos traçados, os percalços e as dificuldades encontradas durante esse caminho. Conversaremos sobre a abordagem definida para o projeto, o conceito de atuação do CSC, seu modelo operacional e as ferramentas de suporte necessárias para a sua implementação.

Vamos comentar alguns pontos sobre os produtos desenvolvidos durante o projeto, como a definição do perímetro dos serviços e sua evolução, o modelo de prestação de serviços do CSC, seu plano de negócios, além da governança e da estrutura organizacional.

Passaremos rapidamente pelo plano de implantação e a governança do projeto, bem como as mudanças de escopo e os imprevistos enfrentados, além de requisitos regulatórios, até chegarmos aos objetivos atingidos, insucessos e nossos números.

Convido você a mergulhar nesse breve relato sobre nossa experiência na implementação de um CSC, em uma empresa de economia mista, em um mercado regulado pelo governo.

Confira todos os *cases* e complementos do livro no seguinte endereço:
<https://abscweb.com/livrojornadacsc/complementos>

41. Projeto de implementação do modelo CSC na Raia Drogasil – Os desafios muito além do planejado

Cláudio Campos
Claudia Sakakibara

Objetivo: implementar o conceito de Centro de Serviços Compartilhados para os processos PTP, RTR, OTC e HTR[6] tendo como principal objetivo melhorar o atendimento às lojas (farmácias – aproximadamente na época com mais de 2 mil lojas e um plano de inaugurações bem agressivo, com meta de 240 novas lojas a cada ano).

Considerando o *Business Case* elaborado anteriormente, a projeção do CSC seria de aproximadamente 300 HC[7].

A Raia Drogasil forma um grupo de mais de 200 anos com mais de 41 mil funcionários.

Em 06 de janeiro de 2020 realizamos o *kick-off* do projeto. Logo ao iniciar, nas primeiras reuniões para conhecer a empresa, ficou muito claro que havia um desconhecimento generalizado sobre o conceito atual de CSC, como também já havia sido formada uma opinião muito simplista e desatualizada do que seria o CSC para a Raia Drogasil. Com isso, tanto analistas como a gestão consideravam a transição para o modelo como algo ruim profissionalmente.

Percebendo esse ponto, iniciamos um trabalho de gestão de mudanças e um movimento para corrigir/mudar essa percepção negativa.

A Raia Drogasil já havia identificado alguns pontos de melhorias e planejado a execução em paralelo de projetos que traction impactos no desenho do CSC. Foi necessário então realizar um movimento para integrar os projetos e entender o escopo exato

---

[6] PTP – *Purchase to Payment* (ciclo do pedido ao pagamento).
RTR – *Record to Report* (ciclo do registro ao reporte contábil)
OTC – *Order to Cash* (ciclo Ordem de venda ao recebimento)
HTR - *Hire to Retire* (ciclo da contratação ao desligamento do colaborador)
[7] HC – *Headcount* – contagem de colaboradores da empresa, quadro oficial/orçado.

de cada um, bem como alinhar as atividades e coordenar as ações de modo que não gerassem impactos nos projetos.

Havia três grandes frentes: Projeto CSC, Projeto Atendimento Lojas e Projeto Gestão de Compras Indiretas, cada um com suas respectivas consultorias.

Foram iniciados os trabalhos de mapeamento em paralelo a um plano de gestão de mudanças com foco na comunicação e em encontros com os líderes.

Na primeira quinzena de março o trabalho presencial foi abortado devido ao coronavírus e a finalização do mapeamento foi realizada remotamente. Algumas ações de gestão de mudanças planejadas foram suspensas inicialmente, mas ainda assim ocorreram no mês de março.

À exceção das ações presenciais, que tiveram que ser remodeladas, as demais continuaram remotamente e o projeto seguiu. Porém, com a continuidade e o agravamento do cenário COVID-19, havia uma incerteza de como planejar os próximos passos.

Com o objetivo de garantir o *go live*, minimizar os riscos e trazer segurança para os executivos da Raia Drogasil, fizemos um relatório avaliando impactos para cada grande frente de trabalho, desde pessoas até processos, com plano de ação mitigatório e algumas ideias. Junto com a diretoria percebemos que poderíamos seguir em frente, considerando então algumas ações até então inusitadas. O projeto seguiu e em 14 de julho houve o *go live* de forma remota.

Confira todos os *cases* e complementos do livro no seguinte endereço:
<https://abscweb.com/livrojornadacsc/complementos>

42. *Case* gov.br: plataforma de serviços automatizados em mais de 40 órgãos federais

Tiago Amor

Cenário

- ✓ **Ampla experiência no setor público** atendendo prefeituras, institutos, fundações, etc.
- ✓ 2017: contratação realizada pelo Ministério da Economia, que ofereceu a plataforma de Automação Inteligente de Processos a outros órgãos da Administração Federal.
- ✓ 2020: **mais de 40 órgãos** utilizam nossa plataforma; ela viabiliza o acesso digital a **840 serviços públicos** através do portal www.gov.br.

Principais desafios

- ✓ **Alta burocracia para realizar solicitações**, já que era preciso ir pessoalmente até os balcões de atendimento para protocolar um pedido, e não era possível acompanhar o processo.
- ✓ **Urgência para implantar tecnologias** a fim de ganhar velocidade, fortalecer a confiança e melhorar os indicadores de digitalização. Afinal, a cada 1% de crescimento nesses índices, há um aumento de 0,5% no PIB do país, 0,13 pontos no IDH e 1,9% no comércio internacional.
- ✓ **Falta de simplicidade e transparência nos fluxos**, com processos que exigiam diversos documentos, assinaturas, cópias, guias e autenticações, dificultando a vida dos cidadãos.

Principais diferenciais

- ✓ **Agilidade**, já que em cerca de 20 dias úteis é possível implantar um novo fluxo. Alguns processos estavam no papel há 9 anos e foram disponibilizados digitalmente em 9 meses.
- ✓ **Fortalecimento da inovação no setor público**, com o uso da tecnologia BPMS por cidadãos, pessoas jurídicas e servidores.
- ✓ Adaptabilidade da plataforma, com o desenvolvimento de **recursos exclusivos, ferramentas de inclusão, integração com os sistemas legados**, entre outras funcionalidades.

Principais resultados

- ✓ Um dos processos, que envolve a emissão digital do certificado de vacinação ou profilaxia e tem **mais de 2.000 solicitações por dia**, trouxe uma economia anual de **R$ 89,3 milhões para a população e R$ 30,7 milhões para o governo**.
- ✓ Há a expectativa de digitalizar **100% dos serviços públicos** até o final de 2022. Assim, espera-se que a **economia** chegue a **R$ 38 bilhões** considerando o período entre 2020 e 2025.
- ✓ Os serviços digitalizados desde janeiro de 2019 permitem que a sociedade **economize mais de R$ 1,4 bilhão e poupe 149 milhões de horas de burocracia por ano**. O número de horas, por exemplo, equivale a um dia inteiro de trabalho de toda a população economicamente ativa da Grande São Paulo.
- ✓ Além do impacto financeiro, a plataforma contribuiu diretamente para a gestão pública, possibilitando a **extração de dados, formulários e relatórios em diferentes formatos**. Assim, há o fortalecimento dos processos de aprendizado, inteligência estratégica e qualidade.

> Com a digitalização, o governo propiciou que o cidadão deixasse de se deslocar para o equivalente a **65 milhões de atendimentos** que antes eram realizados presencialmente. Além disso, os serviços transformados antes da pandemia, como o Abono Salarial, o Seguro Desemprego e a Carteira de Trabalho Digital, tiveram seu **acesso duplicado ou mesmo triplicado**. Em um cenário tão desafiador, isso demonstra o quanto estamos no caminho certo. – Luis Felipe Monteiro, Secretário de Governo Digital

*Considerando o setor público, nenhuma plataforma fornece o que a Lecom oferece no Brasil. O projeto foi viabilizado pois a empresa possui vocação para **entregar valor** ao país e vai muito além de fazer só uma entrega. O trabalho executado é um grande legado para o Brasil. – Leonardo Haag, gerente de operações do projeto de transformação digital conduzido pelo Ministério da Economia*

Confira todos os *cases* e complementos do livro no seguinte endereço: <https://abscweb.com/livrojornadacsc/complementos>

43. *Case* Jalles Machado (agronegócio)

Tiago Amor

Cenário

Referência no setor sucroenergético nacional; maior exportadora de açúcar orgânico do mundo; 40 anos de experiência e 3.700 colaboradores diretos; comercialização de produtos para mais de 20 países, incluindo Estados Unidos, Canadá e China; Mais de 4 mil clientes, incluindo gigantes do mercado internacional, como a rede americana de supermercados Costco.

Principais desafios

Necessidade de migração de processos analógicos para o digital; lentidão em processos burocráticos em todas as áreas da empresa; falta de padronização e monitoramento de processos internos e externos; dificuldade para que os colaboradores do campo acessem processos via *smartphone*.

Principais diferenciais

Recomendações positivas no mercado; facilidade de uso; agilidade na execução de processos; simplicidade na implantação; flexibilidade para atender às especificidades do negócio; suporte durante todo o projeto; versatilidade na criação de fluxos.

Principais resultados

- ✓ Processos digitais implantados em todos os departamentos da companhia, incluindo RH, Jurídico, Financeiro, SAC, Qualidade, Construção Civil e Suprimentos.

- ✓ Maior visibilidade e eficiência nas operações e atividades do dia a dia.
- ✓ Acessibilidade e digitalização para os colaboradores do campo.
- ✓ Troca ágil de informações entre equipes, com atividades que eram realizadas em três dias e passaram a ser feitas em duas horas.
- ✓ Ganho de maturidade na jornada de transformação digital.

> *Sempre tive boas referências sobre a Lecom e ouvi relatos positivos sobre a plataforma. Desde o início da parceria, em janeiro de 2020, implementamos uma série de processos e fizemos diversas melhorias. Hoje, a plataforma é utilizada em todas as áreas da empresa, e essa implantação aconteceu rapidamente. É uma ferramenta fácil e escalável, com grande simplicidade de desenvolvimento, e por isso se tornou uma peça importante para a aceleração da nossa jornada de transformação digital. – Eder Fantini Junqueira, Gerente de TI da Jalles Machado*

Confira todos os *cases* e complementos do livro no seguinte endereço: <https://abscweb.com/livrojornadacsc/complementos>

44. *Case* Cooperativas

Tiago Amor

Destaques do segmento

- ✓ **Área financeira:** o Brasil possui mais de 800 cooperativas, que, por sua vez, englobam cerca de 12 milhões de associados em todos os estados do país. Além disso, a rede de atendimento nessa área representa 18% das agências bancárias, e o Brasil possui o 16º maior volume de ativos de instituições financeiras cooperativas do mundo.
- ✓ **Área da saúde:** nesse setor, o cooperativismo é um modelo genuinamente brasileiro, criado na década de 60 e referência mundial até os dias de hoje. O formato agrupa cerca de 240 mil profissionais que atendem 25 milhões de pacientes em 83% dos municípios brasileiros, movimentando aproximadamente 36 bilhões de reais.

Principais desafios

- ✓ Melhorar a experiência dos cooperados por meio da tecnologia.
- ✓ Facilitar a atribuição de responsabilidades e a otimização das formas de organização interna.
- ✓ Gerenciar, controlar, otimizar e padronizar processos de maneira eficiente e inteligente.
- ✓ Obter informações e estatísticas com facilidade, rapidez e credibilidade.
- ✓ Ganhar escala e desenvolver estruturas de apoio para suprir as necessidades dos cooperados.
- ✓ Reduzir a burocracia e os custos, tornando os procedimentos mais ágeis e estratégicos.

Principais diferenciais

✓ Desenvolvimento do "relógio do cooperado", que mapeia todos os fluxos que têm relação com o associado, atribuindo para cada processo um SLA a fim de medir o tempo de entrega em cada produto ou serviço e, assim, otimizar o atendimento.
✓ Funcionalidades que permitem o acesso multiplataforma às informações, trazendo flexibilidade e facilidade ao dia a dia.
✓ *Cases* de cooperativas de crédito premiados no WfMC, a maior premiação de BPM do mundo.
✓ Rápida implementação, com metodologias de entrega ágil que geram ganhos em curto prazo.
✓ Inúmeras possibilidades de processos automatizados nos setores administrativos, comerciais e operacionais das cooperativas, facilitando a realização de solicitações, atualizações, aplicações, adesões, concessões, entre outras demandas.

Principais resultados

✓ Rastreabilidade dos processos, trazendo impacto direto na produtividade e diminuindo o prazo de resposta para o cooperado em até 72%.
✓ Garantia da confiabilidade dos processos e do controle objetivo de gastos.
✓ Realocação estratégica de atividades, ampliando a autonomia e o empoderamento da equipe.
✓ Melhoria considerável na experiência proporcionada aos cooperados, ocasionando a retenção dos pedidos de desligamento em até 35%.
✓ Escalabilidade dos processos, com ampliação do alcance e da abrangência dos atendimentos.
✓ Flexibilidade, segurança, transparência e facilidade de acesso a dados importantes, o que permite uma gestão da informação à vista.

> *A plataforma proporciona a entrega rápida dos processos automatizados às áreas de negócio, garante a rastreabilidade e permite a verificação constante das ações para realizar intervenções pontuais quando ocorrem possíveis desvios. Isso garante a total satisfação dos associados, e, assim, os colaboradores da Cooperativa são grandes defensores do projeto de implantação e da plataforma. – Renato Dias, Supervisor de Processos da Sicoob Credicitrus*

A experiência com a Lecom resulta em grande produtividade em nossos processos de negócio. Com autonomia e livre acesso, desenvolvemos fluxos completos mantendo a independência e o domínio tecnológico da nossa equipe de desenvolvimento próprio. – Gilmar Ragonetti, Gerente de TI da Unimed Curitiba

Confira todos os *cases* e complementos do livro no seguinte endereço: <https://abscweb.com/livrojornadacsc/complementos>

45. Case Comgás

Tiago Amor

> **Saiba como a automação inteligente de processos fez a diferença nesse contexto.**

Comgás

- ✓ **Maior distribuidora de gás natural** canalizado do Brasil.
- ✓ Mais de **2,1 milhões de clientes**.
- ✓ Mais de **1.200 funcionários diretos**.
- ✓ Mais de **3.000 prestadores de serviços**.
- ✓ Mais de **100 mil clientes** por ano nos segmentos residencial, comercial e industrial.
- ✓ Mais de **650 mil notas de serviço emitidas** por ano para atividades em campo.
- ✓ **Mais de 9 mil processos de pagamento** de prestadores de serviço por ano.

Principais desafios

- ✓ Lentidão e limitações da solução de *workflow* com a qual trabalhavam.
- ✓ **Retrabalho gerado pela repetição de etapas** em um mesmo processo.
- ✓ **Dificuldade de obter relatórios** para embasar tomadas de decisão estratégicas para o negócio.
- ✓ **Dificuldade de criar integrações** para otimizar o dia a dia.

Principais razões pela escolha da solução

- ✓ **Flexibilidade e agilidade** para entender e atender ao dinamismo da empresa e às diferentes necessidades de integração dos sistemas.

- ✓ **Facilidade de acesso, suporte e parceria** proporcionada por uma empresa brasileira.
- ✓ Contribuição importante para a **inovação e a governança** com a gestão de processos implantada na empresa.
- ✓ Possibilidade de estruturar processos complementares, **realizar fluxos** paralelos e efetuar migrações de maneira ágil.

Principais resultados

- ✓ Mais de 115 processos **automatizados e robotizados**.
- ✓ Maior autonomia e objetividade na **geração de relatórios**, extraindo informações diretamente da plataforma.
- ✓ Ampla facilidade de aprovações por conta das **integrações entre sistemas** e da possibilidade de realizar tais ações via celular.
- ✓ Ampla **otimização do** *backoffice*, com cerca de **550 usuários** ativos na plataforma.
- ✓ **Redução considerável de erros**, retrabalhos e SLAs em diversos fluxos.

> *Para nós, a tecnologia só traz valor e só gera valor se ela for orientada ao negócio, e a Lecom atua diretamente nesse aspecto.* **Já rodamos mais de 90 mil processos na plataforma**, *pois temos uma solução robusta, simples de usar, presente na nuvem e altamente disponível, que envolve praticamente todas as áreas da Comgás. Essa solução contribui diretamente para o* **aumento da eficiência operacional do negócio** *e para a essência da empresa de colocar o cliente no centro de todos os processos. – Diego Oliveira, Gerente de Tecnologia da Comgás*

> *Um dos processos presentes na plataforma envolve o pagamento de fornecedores, e representa o maior volume de custos da companhia. Ele possui dez etapas, e com a Lecom estamos automatizando cinco delas. Isso gera uma redução de 57% do SLA, com* **retorno financeiro direto** *para a empresa. – José Henrique de Almeida, Gerente de BPO da Comgás*

Confira todos os *cases* e complementos do livro no seguinte endereço:
<https://abscweb.com/livrojornadacsc/complementos>

46. *Case* Solar Coca-Cola

Paulo Castello

> Nos últimos anos, a empresa abraçou uma jornada de transformação digital que envolveu várias mudanças, dentre elas a redução de tempo em rotinas operacionais, equilibrando a jornada de trabalho dos times. Veja neste *case* como a Solar Coca-Cola aumentou a produtividade ao reduzir 110 horas mensais em tarefas improdutivas e repetitivas após implementar solução da Fhinck.

Com mais de 11 mil colaboradores e nove fábricas por todo o Nordeste e no Mato Grosso (MT), a Solar Coca-Cola, a segunda maior produtora e distribuidora da marca de refrigerante no país, comemora a parceria com a Fhinck, *startup* de alta tecnologia que ajuda grandes empresas a ter maior desempenho operacional, eficiência, produtividade e qualidade de vida a partir da geração de dados inteligentes.

A fabricante, que está presente em 20 milhões de lares e tem faturamento anual de mais de R$ 6 bilhões, buscava uma solução capaz de melhorar o fluxo de processos do CSC – Centro de Serviços Compartilhados –, núcleo que geralmente agrupa contas a pagar, a receber, folha de pagamento, jurídico, compras e TI nas maiores e principais empresas do país.

Com uma metodologia proprietária, o software da Fhinck foi instalado em fevereiro de 2020 e já é possível mencionar os ganhos. Ao identificar tarefas repetitivas e improdutivas das equipes com planilhas de Excel, a economia de tempo foi de **aproximadamente 110 horas mensais nas 46 unidades da empresa**. O profissional gastava, todos os dias, cerca de seis minutos só para a tarefa de tratamento dos dados, o que consumia **cerca de 40 horas mensais**.

"O tempo de execução desta rotina foi reduzido para apenas um minuto, sendo importante destacar que, agora, uma única execução por dia é capaz de produzir as informações para todas as unidades e simultaneamente", explica Cláudio Fontes, diretor de Tecnologia da Informação e Serviços Compartilhados da Solar. Ele afirma que o tempo economizado foi realocado e reaplicado em atividades mais analíticas e menos repetitivas.

Além disso, menciona que, cerca de 15 dias após a contratação do sistema, a empresa foi surpreendida com a pandemia da COVID-19. "Tivemos uma rápida movimentação de funções que pudessem ser executadas no modelo *home office*. Com uma gestão pautada em dados, conseguimos acompanhar essa transição evitando rupturas e assegurando a aderência necessária para a continuidade dos processos transacionais", explica o executivo, que está na companhia há mais de sete anos.

Outro ponto destacado por Fontes, e que acredita ser um fator de sucesso, é que, logo no início da jornada, a produção em massa de *insights* revelou que nem todas as ideias resultavam em interpretações óbvias para os colaboradores. "Acompanhamos os processos realizados por 300 usuários/colaboradores, garantindo assim uma variedade significativa de análises. Quinzenalmente comparávamos nossas conclusões com as produzidas pela Fhinck, e digo que esses encontros foram essenciais para amadurecer conceitos, ampliar as possibilidades de uso e, principalmente, calibrar as ações a serem tomadas a partir daquelas informações", assegura.

O sistema ajudou a avaliar as rotinas que mais consomem o tempo dos usuários, guiando entrevistas qualificadas de mapeamento dos processos que permitiram então enxugar e padronizar ou até mesmo automatizar a execução. "A visão 'do que se faz', correlacionada ao 'como', nos permite simplificar os processos, treinar as pessoas, reduzir retrabalhos e, com isso, redirecionar esforços para atividades com maior valor agregado", finaliza Fontes.

Por meio da ciência de dados (*data science*) – que é um método multidisciplinar que traz conhecimento estatístico e de programação – a solução mapeia toda a jornada e interação de trabalho dos colaboradores ao identificar perfis de comportamento desses usuários diante das máquinas e de seus processos diários, bem como mapeia rotinas, tarefas, plataformas e sistemas.

A Fhinck garante que a solução, após instalada nos computadores, aumenta em 15% o tempo total em treinamentos e multiplicação de conhecimento, até 19% em ganho de padronização de processos e aproximadamente 21% em iniciativas de melhoria de sistemas e ambientes de TI.

Algumas das melhorias notadas

- ✓ Redução de algumas licenças do sistema integrado de gestão (ERP) a partir da identificação de usuários habilitados.
- ✓ Treinamento dos operadores da central de atendimento na operação do sistema de maneira padronizada, adotando a sequência mais objetiva e resultando em um menor tempo médio de atendimento aos clientes.
- ✓ Melhoria no sistema de pedidos, agrupando informações até então distribuídas em várias telas. Essa visão unificada eliminou a necessidade de alternar telas para consulta de dados necessários para a execução do processo. Ainda que cada "clique" evitado pareça uma economia de pequenas frações de tempo, a intensa frequência de execução por um time muito grande resulta em muitas horas a cada mês.
- ✓ Integração de informações entre transações ERP que demandavam ação humana para "copiar e colar" informações entre elas.
- ✓ Identificamos rotinas com mais de 6.000 execuções por mês que, automatizadas, trouxeram bastante celeridade ao processo.

Sobre a Solar Coca-Cola

Segunda maior fabricante do Sistema Coca-Cola no país, a companhia conta com mais de 11 mil colaboradores e possui nove fábricas espalhadas por todo o Nordeste e no Mato Grosso. Dentro desse território a Solar é responsável pela produção e distribuição de mais de 150 produtos da Coca-Cola. Com 330 mil pontos de venda, a empresa chega a 20 milhões de lares em todo o país e tem faturamento anual de mais de R$ 6 bilhões.

Sobre a Fhinck

Fundada em 2015 pelo programador Paulo Castello, a *startup* é membro do Cubo Itaú, maior centro de empreendedorismo tecnológico da América Latina. Já são mais de 14 mil usuários com licença para usar o software, e a solução já está presente em mais de 20 países, a exemplo de México, Argentina e Colômbia, por meio de parceiros estratégicos e de consultorias como Accenture, Avanade, Everis e Deloitte. O objetivo é ampliar a tecnologia e até 2022 levar para São José, na Costa Rica, Dallas, nos Estados Unidos, Varsóvia, na Polônia, e Kuala Lampur, na Malásia.

Empresas como Cogna/Kroton, Natura, Avon, Bodyshop, Totvs, Rede D'Or, Rede Ímpar, Solar (distribuidora da Coca-Cola no Nordeste), LASA, Santander, Banco BV, HDI, Vivara, DHL, Itatiaia, Grupo Ultra, Bunge e outras já usam a solução.

Para saber mais, acesse: <https://fhinck.com/>.

Confira todos os *cases* e complementos do livro no seguinte endereço: <https://abscweb.com/livrojornadacsc/complementos>

47. *Case* Grupo Ancar Ivanhoe

Tiago Amor

Saiba como a Ancar Ivanhoe teve seus processos padronizados de forma rápida e objetiva e obteve uma grande redução de custos na aquisição de shoppings centers.

Ancar Ivanhoe

- ✓ Uma das empresas líderes da indústria de shopping centers do Brasil, com um portfólio de 28 estabelecimentos espalhados pelas cinco regiões do país.
- ✓ Mais de 45 anos de experiência no mercado, com participação ativa no desenvolvimento do segundo shopping brasileiro, o Conjunto Nacional Brasília.
- ✓ Em 2006, associou-se à canadense Ivanhoe Cambridge, líder global no setor imobiliário e detentora de mais de 70 shoppings no mundo.

Principais desafios

- ✓ Implantação eficiente do **Centro de Serviços Compartilhados (CSC)**, com a contratação de uma solução BPM para **gerenciar e otimizar os processos**, além de eliminar o uso de papéis.
- ✓ Gargalos gerados pela grande quantidade de **tarefas executadas manualmente**.
- ✓ Dificuldade para efetuar medições, controlar o SLA dos chamados e acompanhar indicadores dos processos.
- ✓ Necessidade de promover evoluções tecnológicas, centralizar operações e **otimizar a produtividade**.

Principais razões pela escolha da solução

✓ Boas indicações do mercado, com *feedbacks* **relevantes** sobre a plataforma.
✓ **Brasilidade da empresa**, com suporte no país.
✓ **Relevância das informações** compartilhadas nas apresentações da solução.
✓ **Facilidade, simplicidade e usabilidade** da ferramenta.

Principais resultados

✓ CSC estruturado sem o uso de papel, com recorde de **152 processos** automatizados, padronizados e integrados em **10 meses** nas áreas de contas a pagar, contas a receber, contabilidade, controle fiscal, RH, suprimentos, faturamento e gestão.
✓ **Centralização das operações e rastreabilidade das informações**, facilitando a gestão do fluxo de atividades e o crescimento sustentável do negócio.
✓ **Aumento de 100% da produtividade em três meses**, especialmente por conta da redução de custos operacionais, da diminuição das atividades manuais e da otimização de recursos.
✓ **Empoderamento da equipe** para a transformação digital e para a melhoria contínua dos processos.

> *Na área de TI é muito comum você escolher um sistema e se tornar refém dele quando o fornecedor não é objetivo. Isso nunca aconteceu com a Lecom. Desenvolvemos o projeto em uma parceria muito proveitosa, com flexibilidade, agilidade na automação e ciclos curtos de entregas de valor que viabilizaram um retorno rápido e eficiente. Além disso, nos impressionamos com a usabilidade da plataforma, que tem uma interface simples que facilita muito o aprendizado para a utilização da solução. Com todas as automatizações realizadas, começamos 2020 com um CSC funcionando 100% sem o uso de papel, o que permitiu que, em uma situação de isolamento social provocada pela pandemia do COVID-19, cada um seguisse trabalhando em sua casa sem impacto nos fluxos.* – Fernando Wanderley, Líder da Ancar Labs

Confira todos os *cases* e complementos do livro no seguinte endereço:
<https://abscweb.com/livrojornadacsc/complementos>

48. Liga Solidária mostra eficácia do modelo CSC para o terceiro setor

Danielle Araújo

Inovação é, seguramente, um dos vetores que move a Liga Solidária ao longo de sua história de realizações. Criada na segunda década do século XX, em São Paulo, a entidade manteve sempre o seu foco voltado às ações sociais em prol de jovens e de pessoas em situação de vulnerabilidade. Ao longo de dez décadas, a entidade criou colégios com sólidas bases pedagógicas, humanas e cristãs; criou instituições de longa permanência para idosos e centros também para pessoas da terceira idade, além da geração de inúmeros programas sociais.

O modelo de gestão, calcado na excelência dos serviços e do atendimento, proporcionou nessa trajetória a expansão externa da entidade. Hoje a Liga Solidária mantém e administra três colégios e duas instituições de longa permanência para idosos, além do Núcleo de Convivência de Idosos (NCI), do Geros Center e das várias ações de cunho social. A expansão da estrutura externa levou ao crescimento do suporte interno, necessário para atender às muitas iniciativas.

Dentro desse cenário, em 2019, a Liga Solidária iniciou a implantação do Centro de Serviços Compartilhados (CSC), com a finalidade de racionalizar processos e aumentar a eficácia dos trabalhos e, consequentemente, a produtividade.

O processo deu especial enfoque ao desenvolvimento dos colaboradores, bem como à busca de novas competências no mercado visando à sustentabilidade e à consolidação do propósito da entidade dentro da sociedade civil.

A etapa da profissionalização deu origem à cultura de mudanças, com a preparação das equipes e de seus colaboradores para o novo cenário em andamento. A análise para identificação de potencialidades e a detecção de pontos que pediam uma revisão foram outros aspectos integrantes naquele momento.

Todas as unidades da Liga Solidária tornaram-se parte da dinâmica dessa transformação: os dois residenciais e os centros de atividades; os três colégios; o *flat* localizado nos Jardins; os programas sociais; e a própria matriz, que desde o início centralizou as mudanças. Todas as áreas passaram a atuar em sinergia e a contar com o Centro de Serviços Compartilhados instalado na sede.

Tornou-se consenso que não bastaria "centralizar" as unidades em uma só: era preciso gerar sinergia, considerando todos os processos de ponta a ponta. Somente assim, detectando as necessidades da empresa como um todo, seria possível buscar soluções, fazendo com que as ações gerassem valor para chegar às melhorias almejadas.

Na etapa de *benchmark* foram realizados contatos e visitas às empresas que adotam o modelo CSC. Nenhuma entidade do terceiro setor, porém, fez parte desse rol, uma vez que, segundo a própria Associação Brasileira de Serviços Compartilhados (ABSC), a Liga Solidária é a primeira a adotar esse modelo de gestão.

Paralelamente, iniciou-se a revisão da estrutura organizacional existente na Liga, com enfoque na gestão a partir das diversas áreas de competência. O processo iniciou-se com um grupo multidisciplinar, com 12 pessoas, formado pelas lideranças das áreas de tecnologia e processos, gestão de pessoas, controladoria e suprimentos. Esse grupo foi o responsável pela busca de referências no mercado, isto é, empresas com expertise no acompanhamento, na revisão de processos e na implantação de *workflow*, lançando bases ao programa. No cômputo final, 90 pessoas da estrutura da Liga engajaram-se com as mudanças.

Ao todo, foram oito meses de trabalho, desde a escolha da consultoria e a pesquisa de mercado até o *go live*, passando pelo *benchmark* e pela escolha da ferramenta para a implantação. O mapeamento dos processos, incluindo sugestões de melhorias e o modelo e áreas que fariam parte do CSC, levou 16 semanas, com a equipe da consultoria e a de processos da Liga focadas nesse estudo.

A seguir, o grande desafio foi a mudança da cultura de trabalho. O passo decisivo mostrou que o empenho foi compensador: a transformação foi se dando ao longo do tempo, ainda que curto, simultaneamente à colocação em marcha das etapas. A primeira sensação pode ter sido, para uns, de perda de autonomia sobre ações em suas áreas. Para outros, de aumento de responsabilidade e grau de exigência.

No entanto, durante a implementação notou-se que, em lugar da perda de autonomia, o que se deu foi uma positiva mudança de papéis, com o aumento da capacidade para realizar as atividades próprias de cada área. Notável foi também, desde então, a melhoria da produtividade e da eficiência e, na mesma proporção, a redução de

Liga Solidária mostra eficácia do modelo CSC para o terceiro setor **299**

custos e processos. Podem ser citados exemplos referentes às diferentes áreas de atuação da Liga, seja dos centros de longa permanência para idosos, seja dos colégios ou mesmo dos programas sociais: gestores e agentes educacionais passaram a estar focados em suas áreas de atuação, atribuições para as quais são insubstituíveis.

Os resultados podem ser comprovados por meio de números. Um ano após a implantação do CSC, a Liga Solidária realizou pesquisa com seus colaboradores. Nessa pesquisa de satisfação, 63% do time se disse satisfeito em fazer parte da equipe; 32% se disse muito satisfeito e apenas 5% teve uma posição neutra. No estudo, 93% avaliou positivamente o ambiente de trabalho com o seu time e 70% não enviou nenhuma sugestão para melhorias.

Quanto às funções do sistema de *workflow*, 50% disse conhecer as funções, 28% disse conhecer muito, 14% se considerou neutro, 9% disse desconhecer as funções e 5% afirmou se sentir inseguro.

Já com respeito ao acordo de nível de serviço, identificado pela sigla SLA (*Service Level Agreement*), o índice é alto e chega a 93%, demonstrando que a rastreabilidade alcança níveis muito satisfatórios e que, se há atrasos em algum ponto dos processos, eles são administráveis.

Hoje o CSC conta com 80 pessoas na Liga, atuantes nas áreas de atendimento, financeiro, contabilidade, gestão de parcerias, compras, almoxarifado, gestão de pessoas, *facilities*, tecnologia e inovação. As maiores conquistas são: a rastreabilidade, a padronização das atividades, a implantação do modelo e a melhoria dos processos. Além disso, propiciou maior utilização do ERP (em português, Planejamento de Recursos Empresariais) e crescente sinergia entre as áreas. Houve um ganho de maturidade e de expertise nas equipes, paralelamente à necessidade de revisão do quadro de colaboradores, com mudanças visando à flexibilidade e agilidade que o modelo requer.

Quanto ao aspecto prático, verificou-se notável redução no uso do papel, ao mesmo tempo em que processos realizados manualmente foram transformados em digitais. Os reembolsos, as solicitações de benefícios e os avisos de férias, por sua vez, que necessitavam de assinaturas, pelo sistema de *workflow* passaram a ser aprovados conforme políticas e alçadas. O mesmo ocorreu com notas fiscais referentes a serviços e produtos: antes geradas manualmente pelas unidades, passaram a ser emitidas pelo Centro de Serviços Compartilhados por sistema digital, que detecta possíveis divergências, trabalhando ao lado do ERP.

O próximo passo é tornar o Centro de Serviços Compartilhados da Liga Solidária uma entidade mantenedora da própria organização. A Liga adquiriu conhecimento e expertise e pode vir a atender a outras organizações do terceiro setor com seus serviços, levando em consideração que transparência e gestão eficiente de recursos na prestação de contas são requisitos essenciais junto aos parceiros públicos e privados.

Confira todos os *cases* e complementos do livro no seguinte endereço: <https://abscweb.com/livrojornadacsc/complementos>

49. Case Unicoob – Precificação de serviços

Emerson Iten

Cenário

Central de 17 cooperativas de crédito filiada ao sistema Sicoob, com mais de 3.700 funcionários e 445 agências.

Principais desafios

Necessidade de estratificar o custo das unidades transacionais do Centro de Serviços Compartilhados, demonstrando que os custos precificados já eram repassados na forma de rateio.

Principais resultados

- ✓ Transparência no processo de prestação de serviços.
- ✓ Flexibilidade para atender aos usuários em prazos distintos.
- ✓ Previsibilidade orçamentária para os usuários e para o CSC.
- ✓ Maior gestão do tempo, impulsionando o ganho de eficiência operacional.

Confira todos os *cases* e complementos do livro no seguinte endereço:
<https://abscweb.com/livrojornadacsc/complementos>

50. *Case* Ball: implementação de *Global Business Center* como estratégia de negócio

Cátia Pereira

Cenário

A Ball Corporation, uma empresa multinacional norte-americana no ramo de embalagem de alumínio para bebidas, cuidados pessoais e também no segmento aeroespacial, adquiriu em 2016 um de seus principais concorrentes em embalagem de alumínio para bebidas, assumindo assim a posição de líder nesse segmento a nível global. A aquisição trouxe complementaridade no posicionamento geográfico global, expectativa e acordo de retorno aos acionistas e o desafio de administrar um *footprint* em 30 países, distribuídos pelas Américas do Sul e Norte, Europa, Ásia e África. Como parte do modelo estratégico, a Ball trouxe o *Global Business Service* como pilar operacional e, com ele, a criação de dois centros, um na Sérvia, Belgrado, como base para as operações da Europa e Ásia e outro em Querétaro, México, em atendimento à América do Norte e Central, ambos programados para começar em 2017, ano em que foi solicitada a inclusão da América do Sul como participante do modelo como demanda e apoio da alta gestão da região.

A América do Sul, ao longo de 2017, investiu em seu ERP (SAP), trouxe o conceito de automação para seus processos e ferramentas de acompanhamento de demanda, e tudo isso foi um importante passo para a inclusão no modelo global da GBS América do Sul.

Estruturação

A América do Sul, com 14 fábricas localizadas em quatro países (Brasil, Chile, Argentina e Paraguai), iniciou seu plano de migração começando pelo Brasil, por sua representatividade na quantidade de fábricas e no resultado da região. Como etapas seguidas durante a construção do *Business Case*, podemos citar:

Case Ball: implementação de *Global Business Center* como estratégia de negócio **303**

✓ Mapeamento dos processos financeiros nas 11 fábricas do Brasil para:
- avaliar atividades elegíveis a centralização;
- determinar volume transacional e complexidade;
- identificar oportunidades em sistemas e padronização de processos.

✓ Definição da estrutura do centro por área e processos.

✓ Definição quanto à localização para o estabelecimento do centro, segundo variáveis como IDH, disponibilidade de mão de obra qualificada, proximidade com nossos clientes e com fábricas, assim como acordos e alinhamentos com o município sobre o papel do centro dentro da companhia.

✓ Definição da estrutura societária do centro e modelo definido para alocação de custos entre diferentes entidades fiscais.

✓ Definição do plano de migração das atividades por fábrica e processo e com isso definir o tempo de projeto.

✓ Definição do plano de investimento em tecnologia (sistemas, automação e ferramentas) para suportar a criação do centro e sua jornada até a maturidade.

✓ Definição do plano de comunicação e de gestão de mudanças.

Preparação

✓ Alto nível de comprometimento das equipes financeiras locais no processo de mapeamento de procedimentos, na transferência de conhecimento e no suporte ao período de migração.

✓ Alto alinhamento com equipe de RH, comunicação e gestores.

✓ Contratação de mão de obra em tempo recorde.

✓ Capacitação da equipe em *Lean Office* e desenvolvimento de programa de melhoria de contínua para garantir um olhar de transformação a partir da migração para o centro.

✓ Capacitação da equipe em *soft skills* no atendimento aos clientes internos, garantindo a cultura de prestação de serviços e a preparação para o entendimento, a utilização e o desenvolvimento de automação.

✓ Investimento em automação como resultado do processo de diagnóstico, melhoria de processo e padronização.

Resultado

✓ Migração dos processos *invoice to pay* (registro de nota fiscal e contas a pagar), *customer to cash* (faturamento, contas a receber, gestão de crédito), *time to pay* (gestão de folha de pagamento), *account to report* (contabilidade), custo, fiscal e viagem de 11 fábricas realizadas em 10 meses.

- ✓ Estrutura GBS constituída com 30% a menos de *headcount* e 50% a menos de custo comparativamente à operação descentralizada.
- ✓ Excelente resultado no primeiro *Customer Survey* global com a participação dos três centros globais – 1 ano desde sua criação.
- ✓ Padronização de *reports*, otimização de processos, mitigação de riscos com definição de controles e *compliance* a partir da centralização do atendimento de serviços.
- ✓ Aprovação de *rollout* do modelo, incorporando os processos de Argentina, Chile e Paraguai, com *leverage* de ferramentas, sistemas, processos e ganhos de produtividade.
- ✓ Aprovação do Centro de Expertise de Automação (RPA) a partir do GBS da América do Sul, suportado pelos *cases* de sucesso compartilhados com a comunidade GBS Ball.
- ✓ Desenvolvimento da equipe e exposição a partir dos resultados, abrindo espaço para oportunidades globais.
- ✓ Desenvolvimento de uma equipe global alinhada com o modelo futuro de organização por processo, interação entre equipes diversas e *report* matricial.

Confira todos os *cases* e complementos do livro no seguinte endereço:
<https://abscweb.com/livrojornadacsc/complementos>

51. *Case* Eletrobots: jornada robótica da Eletrobras

Vitor Paulo Moreira Correa
Ana Cláudia Rodrigues

Cenário

A Eletrobras é líder em geração e transmissão de energia elétrica no país e contribui para que a matriz energética brasileira seja uma das mais limpas e renováveis do mundo. Também atua nos segmentos de comercialização e eficiência energética.

Maior companhia do setor elétrico da América Latina, é a controladora de grande parte dos sistemas de geração e transmissão de energia elétrica do Brasil por intermédio das subsidiárias Eletrobras Amazonas GT, Eletrobras CGT Eletrosul, Eletrobras Chesf, Eletrobras Eletronorte, Eletrobras Eletronuclear e Eletrobras Furnas. Além de principal acionista dessas empresas, é dona, em nome do governo brasileiro, de metade do capital de Itaipu Binacional. Também controla o Centro de Pesquisas de Energia Elétrica (Eletrobras Cepel) e a Eletrobras Participações S.A. (Eletrobras Eletropar).

Em 2019, a partir de uma iniciativa de Furnas para a aquisição de licenças e serviços de RPA, a Eletrobras *Holding*, em parceria com Furnas, vislumbrou a possibilidade de que outras empresas do Sistema Eletrobras aderissem à compra, em forma de ata de preços para o grupo. A partir desse momento, mais do que apenas serviços e licenças, começou a ganhar força a ideia de uma solução integrada para o Sistema Eletrobras, com valiosa oportunidade para ganhos em escala. Nesse âmbito, o CSC se apresentou não apenas como um importante beneficiado, com seus processos compartilhados e transversais, mas também como elo de ligação para a operação conjunta, potencializando o reaproveitamento de soluções e a operação através de uma infraestrutura centralizada.

Desafios e oportunidades

✓ Uma consultoria especializada realizou estudo com 308 processos das empresas Eletrobras e projetou uma redução de custos superior a 70%, a partir da abordagem conjunta de automação RPA nas empresas.
✓ Integração de infraestrutura entre ambientes distintos.
✓ Padronização de processos transversais das empresas Eletrobras.
✓ Estruturar o mapeamento das iniciativas comuns de automação das empresas para viabilizar o reaproveitamento de soluções atendendo à agilidade exigida pelo negócio.

Resultados

✓ Economia gerada pela aquisição conjunta foi superior a R$ 10 milhões.
✓ Otimização dos recursos, padronização da governança e centralização da operação e do suporte.
✓ Com cerca de seis meses de operação conjunta, já havia 69 robôs em processo de desenvolvimento e 36 robôs em ambiente de produção.
✓ Aumento da produtividade e da qualidade de vida dos colaboradores.
✓ Transparência e confiabilidade.

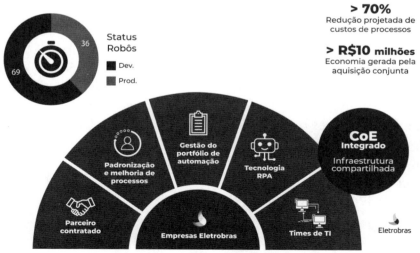

Figura 51.1. Eletrobots (RPA e hiperautomação).
Fonte: os autores.

Confira todos os *cases* e complementos do livro no seguinte endereço:
<https://abscweb.com/livrojornadacsc/complementos>

52. *Case* Grupo Aliansce Sonae

Tiago Amor

Aliansce Sonae

A Aliansce Sonae nasceu da fusão entre a Aliansce Shopping Centers e a Sonae Sierra Brasil, em agosto de 2019. É a maior administradora de shopping centers do Brasil, com 39 shoppings em seu portfólio. Seu Centro de Serviços Compartilhados (CSC) começou a ser desenhado em 2015 para otimizar as operações, melhorar o atendimento na ponta e reduzir custos.

Ancar Ivanhoe

Com 50 anos de experiência, a Ancar Ivanhoe é uma das maiores plataformas de shopping centers de capital privado do Brasil; possui 24 shoppings que somam mais de 4,5 mil lojas em seu portfólio. Implementado em 2019, o CSC da Ancar Ivanhoe agrupou processos e passou a gerenciar acordos de compras e serviços, priorizando a otimização de recursos, além do aumento da produtividade e competitividade dos shoppings.

Principais desafios

- ✓ Mapear processos críticos e criar fluxos com eficiência e agilidade.
- ✓ Padronizar, integrar e acelerar processos de forma simples, objetiva e inteligente.
- ✓ Criar controle e capacidade de gerenciamento de indicadores e métricas.
- ✓ Desenvolver um *mindset* digital na equipe, traduzindo os processos para o ambiente virtual.
- ✓ Facilitar a definição de papéis e responsabilidades na organização da equipe interna.
- ✓ Automatizar atividades repetitivas e liberar os colaboradores para funções estratégicas.

Principais diferenciais da plataforma

✓ Desenvolvimento da padronização dos processos dos diferentes shoppings, que trabalhavam de forma descentralizada.
✓ Facilidade de uso e interface amigável para os colaboradores, impulsionando a adoção da plataforma pelas equipes.
✓ Liberdade para o desenvolvimento de novos fluxos.
✓ Solução focada nos resultados do negócio, e não apenas nos departamentos de TI e tecnologia.
✓ Percepção de valor por parte das áreas de negócio pela rápida implementação, com metodologias de entrega ágil que geram ganhos em curto prazo.

Principais resultados

✓ As empresas somaram 170 processos automatizados em 12 meses.
✓ Ganho de produtividade, com redução de 50% no *full-time equivalent* (FTE) em seis meses.
✓ Economia de tempo em trabalhos repetitivos, permitindo a realocação de pessoas em funções estratégicas.
✓ Redução de custos e aumento da eficiência operacional.
✓ Padronização de processos, garantindo o cumprimento das políticas internas.
✓ Redução de gargalos e retrabalho.
✓ Mais transparência para os gestores sobre a performance a partir do monitoramento de métricas.

> *Com a Lecom, padronizamos e criamos uma camada de orquestração de processos comum a todas as áreas de negócio e a todos os shoppings. A plataforma também se consagrou como uma aceleradora importante da transformação digital do nosso CSC, unificando a nossa forma de trabalhar. Implementações rápidas e com alto valor agregado permitiram a automação e padronização de processos, reduzindo custos e erros operacionais, além de simplificar a medição de KPIs e a aplicação de políticas e normas internas. Rapidamente, em menos de seis meses, melhoramos o cenário do nosso CSC. Nesse breve período, já tínhamos migrado todos os processos e descontinuado a ferramenta anterior, feito novas integrações e implementado novas funcionalidades. Foi um processo muito acelerado e positivo, e desde então a plataforma se tornou essencial para o nosso trabalho e peça-chave na evolução da maturidade do nosso CSC. – Antonio Melo, IT Business Partner da Aliansce Sonae*

Escolhemos a Lecom pela sua facilidade de uso. De todas as ferramentas disponíveis no mercado, foi a que demonstrou maior clareza e simplicidade para a equipe. O fato de ser uma empresa nacional e ter um produto premiado internacionalmente também foram diferenciais importantes para nós. Além disso, recebemos muitas indicações positivas no mercado, o que pesou muito na nossa decisão. Com a plataforma Lecom, conseguimos digitalizar e padronizar processos com agilidade, e com isso ganhamos mais produtividade e centralizamos a operação, otimizando os fluxos de atividades. Além disso, empoderamos nosso CSC para a transformação digital, minimizando as atividades manuais. – Fernando Wanderley, Diretor de Tecnologia da Ancar.

Confira todos os *cases* e complementos do livro no seguinte endereço:
<https://abscweb.com/livrojornadacsc/complementos>

PARTE VII

TENDÊNCIAS E VISÃO DE FUTURO
PARA O ECOSSISTEMA DE CSCs

53. Algumas tendências dos CSCs brasileiros

Vanessa Saavedra
Lara Pessanha
Taís Nascimento
Cátia Pereira

O modelo de Serviços Compartilhados vem evoluindo ao longo dos anos, mas o dinamismo do mercado tem exigido uma velocidade cada vez maior dessa evolução, fato que foi acelerado com o início da pandemia da COVID-19, trazendo também um novo modelo de CSC – o virtual.

Considerando o contexto atual dos CSCs brasileiros e as boas práticas abordadas neste livro, destacam-se algumas tendências observadas para o mercado pautadas nos principais pilares estratégicos do modelo definidos pelo IEG: **inovação contínua, gestão de gente, experiência do cliente, excelência em processos, inteligência em dados** e **cultura**.

Inovação contínua

No mundo corporativo, de forma geral, sabe-se que as organizações e os profissionais precisam inovar para se manter e crescer em suas carreiras e no segmento em que atuam. Nos CSCs esse cenário não é diferente, já que os centros têm sido cada vez mais percebidos como alavanca de inovação e, também, cobrados por ideias e proposições para melhorar a atuação de suas empresas.

Com os centros assumindo um papel mais estratégico, é esperado que passem a ser convidados para participar dos comitês de inovação das organizações, que costumam reunir profissionais de diferentes departamentos para pensar em inovações para a empresa como um todo.

Figura 53.1. Comitê de inovação.
Fonte: IEG (2021).

Além desses comitês, a criação de uma área de inovação dentro do CSC é uma das boas práticas que tende a se manter, ganhando corpo aos poucos para incentivar a transformação do centro com uma equipe focada em inspirar, provocar e engajar novos projetos. É importante evitar que a inovação seja ofuscada pela pesada rotina que constitui o cotidiano dos Centros de Serviços Compartilhados.

Entretanto, as ideias não precisam estar restritas a esses grupos seletos (comitê e área de inovação). Por isso, já observamos os CSCs estruturando programas de ideias para incentivar os profissionais a dar sugestões, pois nada melhor do que quem está no dia a dia da operação para entender os problemas e as oportunidades. Normalmente os programas são abertos a toda a equipe do centro e os funcionários que criam as ideias selecionadas recebem recompensas, que podem ser em forma de viagens, vale-compras, jantar/almoço ou até mesmo um momento de reconhecimento.

Dessa forma, observa-se que as empresas possuem diversas fontes internas de inovação – mas por que não contar com ideias externas também? Nessa linha, a parceria com *startups* tem se mostrado uma boa opção. Esse mercado vem crescendo exponencialmente, pois as *startups* costumam ser mais baratas e mais ágeis do que as grandes organizações e sabe-se que a falta de agilidade gera uma adequação ao que já existe em vez de inovação. Tal parceria pode ser realizada de diversas formas, como por meio da criação de *hubs* de inovação, programas para desenvolver soluções para problemas específicos, como o *hackathon*, contrato de prestação de serviço, aquisição de produto ou até mesmo o acesso para o desenvolvimento de ferramentas.

Apesar de a inovação não se resumir apenas à tecnologia, ela é uma alavanca para esse pilar. De acordo com a pesquisa *benchmark* em CSC 2020 do IEG, dentre as novas tecnologias utilizadas pelos CSCs, destaca-se o RPA (*Robotic Process Automation*), que já é encontrado na maioria dos centros e tende a se manter, sendo aplicado em ainda mais atividades. Além da robotização, o *big data analytics* e a inteligência artificial prometem dar um salto nos próximos anos e potencializar uma mudança considerável no papel que os Serviços Compartilhados possuem atualmente.

Gestão de gente

Outro fator muito importante no mercado de CSC são as **pessoas**, a capacidade de desenvolver as equipes em um modelo matricial, onde o autogerenciamento, a habilidade de interagir com grupos diversos, com culturas distintas e em outros idiomas é fundamental para o sucesso. Sem as pessoas, nenhum centro consegue operar e, por isso, é importante destacar algumas tendências relacionadas à gestão de gente nos Centros de Serviços Compartilhados.

De acordo com a Pesquisa Perspectivas CSC COVID-19 realizada pelo IEG, observa--se que a saúde mental e emocional passou a ser, após o início da pandemia, uma das principais preocupações das empresas em relação a seus funcionários; por isso, mais da metade dos CSCs já realizou ações de suporte nesse sentido, e aqueles que ainda não oferecem têm planos de fazê-lo.

Como se pode observar, a COVID-19 gerou impactos significativos no ambiente corporativo, mudando não só a forma de se relacionar, mas também de trabalhar. Segundo o MIT Technology Review (2020), ao mesmo tempo em que o mundo experimentou um aumento exponencial na produtividade dos trabalhadores, as empresas viram na prática como é possível reduzir consideravelmente os custos trabalhando com equipes em *home office*. Antes da pandemia, eram poucos os Centros de Serviços Compartilhados que utilizavam o trabalho remoto, mas, desde então, a maioria dos CSCs teve que se adaptar a essa prática e o movimento tende a se manter, segundo o estudo do IEG, já que a maioria das empresas apontou cogitar utilizar o *home office* parcial ou total na operação de seus centros, mesmo após o fim da pandemia.

Diante de todas essas mudanças que estão sendo observadas, os profissionais de Serviços Compartilhados precisarão desenvolver ainda mais suas habilidades sociais e emocionais, bem como habilidades tecnológicas, a fim de se manter no mercado e crescer em suas carreiras. Segundo a pesquisa Perfil de Profissionais de CSC 2020 do IEG, dentre as competências mais desejadas para os funcionários de CSC, destacam-se:

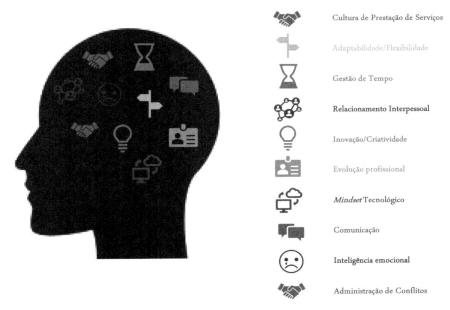

Figura 53.2. Competências desejadas para funcionários do CSC.
Fonte: Pesquisa Perfil de Profissionais CSC (2020).

Experiência do cliente

Sabe-se que uma das principais diferenças entre o modelo de CSC e uma simples centralização de processos é o foco no cliente. E por mais que essa característica exista desde a criação do modelo, percebe-se que nos últimos anos houve uma intensificação da preocupação dos líderes de Serviços Compartilhados em relação não só às necessidades dos clientes, mas também à sua experiência.

Pesquisas e entrevistas realizadas pelo IEG com líderes de grandes empresas de CSC em 2020 possibilitaram a identificação de CSCs contratando profissionais ou alocando funcionários em posições voltadas especificamente para a experiência do cliente, tendo o papel de mapear a jornada dos usuários, acompanhar os níveis de satisfação e identificar oportunidades de melhoria para garantir um bom relacionamento.

Mas para realmente entender quais são as necessidades e os desafios de seus clientes, alguns CSCs apontaram que têm buscado formas de fazer com que seus times vivenciem o dia a dia das unidades de negócio consumidoras dos serviços. Por meio de programas de visitas que permitem vivenciar o outro lado, por exemplo, é possível entender como o cliente gosta de ser atendido e, também, ajuda a conhecer suas rotinas e dores. Dessa forma, fica mais fácil atendê-lo com base em suas necessidades específicas.

Ainda segundo os estudos do IEG em 2020, outra maneira indicada pelas empresas para conhecer melhor os seus clientes é através da criação de comitês ou da realização de reuniões frequentes entre o CSC e as unidades de negócio. O objetivo é estreitar o relacionamento e discutir pontos relevantes para os dois lados, como mudanças, resultados e oportunidades de melhoria.

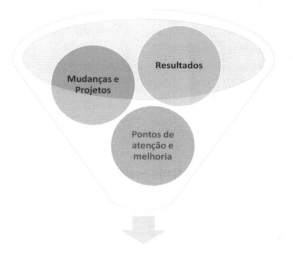

"Cliente é consultoria de graça"
Figura 53.3. Comitês/reuniões com clientes do CSC.
Fonte: IEG (2021).

As pesquisas de satisfação também consistem em um importante meio para formalizar a percepção dos clientes e garantir um acompanhamento dessa visão. Elas não substituem as demais práticas citadas, mas, quando estruturadas adequadamente, complementam trazendo uma visão quantitativa e qualitativa que possibilita a criação de planos de ação efetivos.

Para garantir que CSCs e unidades de negócio estejam alinhados, algumas organizações indicaram utilizar o compartilhamento de metas. Essa é uma prática muito demandada pelos próprios clientes, que esperam que a equipe do centro se esforce para buscar formas de atender às demandas e solucionar os problemas, respeitando as suas limitações e garantindo o *compliance*.

Excelência em processos

Os processos são a base da operação de um CSC e por isso precisam estar em constante revisão para garantir a evolução de todo o modelo de Serviços Compartilhados.

Com o avanço da tecnologia, a tendência observada pelos estudos e entrevistas do IEG com CSCs de grandes empresas em 2020 é que grande parte das atividades operacionais e transacionais dos CSCs seja automatizada. Com isso, os centros terão mais disponibilidade de recursos (pessoas e tempo) para atuar em atividades que agregam valor.

A expectativa é que o CSC passe a ter um papel de monitoramento dos processos transacionais e consiga fazer mais análises e trazer ideias para a empresa como um todo, com o objetivo de agilizar as operações, inovar, melhorar os controles e trazer mais resultados positivos para o negócio.

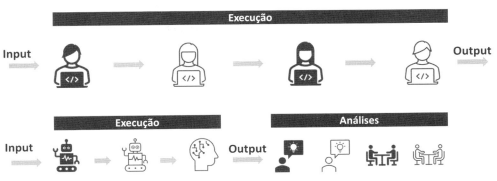

Figura 53.4. Evolução do papel dos CSCs nos processos.
Fonte: IEG (2021).

Dessa forma, observa-se que, com a automatização de processos, o CSC terá recursos e expertise para prestar outros serviços que não eram tão comuns no início do modelo, como os que possuem um viés mais estratégico e analítico. Alguns deles são oferecidos pelo CSC, pois, mesmo não sendo transacionais, apresentam sinergia entre as unidades da empresa, como logística, engenharia, marketing, comunicação interna e ouvidoria. Por outro lado, alguns CSCs têm oferecido determinados tipos de serviços testados internamente com retornos positivos, passando a oferecer também para as unidades. É o caso de *analytics*, gestão de riscos, *business transformation*, robotização e soluções digitais, por exemplo.

Além disso, nas empresas estudadas pelo IEG existe a tendência de uma maior flexibilidade nos processos do CSC. A padronização sempre foi um dos principais benefícios do modelo, mas tem-se observado um movimento de tentar criar um nível de flexibilidade para garantir o atendimento das necessidades dos clientes, que podem variar entre as unidades de negócio.

A padronização é importante e traz controle, redução de custos e *compliance*, mas se o CSC for engessado apenas no processo padronizado, deixará de atender a outro pilar importante que é o cliente. Por isso, o ideal é criar um equilíbrio no qual a padronização permita algumas flexibilizações dependendo das necessidades específicas, desde que não comprometa o *compliance* da empresa.

Inteligência em dados

A inteligência em dados é um tema que vem ocupando a pauta de muitas empresas, pois, com o avanço tecnológico, a geração de dados se intensificou significativamente e as empresas que não estão conseguindo tratar e analisar esses dados estão perdendo espaço no mercado. Esse cenário também se aplica aos CSCs, que geram uma grande quantidade de informações diariamente.

A análise de dados como um serviço prestado pelos Centros de Serviços Compartilhados é realmente um divisor de águas na percepção dos CSCs como parceiro das áreas de negócio para além do tradicional *backoffice* transacional. A infinidade de dados que transitam pelo CSC organizado por processos, com as perguntas corretas e com as habilidades específicas na tratativa dos dados, gera importantes *insights* para a tomada de decisões pelo negócio e inclusive oportunidades para melhorar as entregas *core* dos CSCs e garantir a experiência positiva do cliente. Alguns centros já estão adequando suas estruturas, incluindo a análise de dados em seus portfólios e agregando a suas áreas de *Business Excellence*.

Entretanto, no cenário atual, os Centros de Serviços Compartilhados brasileiros ainda se encontram pouco maduros no pilar de dados, segundo estudos recentes do IEG. Por isso, precisam estruturar uma estratégia consistente que maximize o potencial do CSC em aproveitar os dados de toda a empresa para fornecer serviços completos.

Se o CSC quiser basear a sua operação em dados, um passo importante é garantir que os funcionários tenham habilidade para transformar dados em informações – e como encontrar esses profissionais prontos no mercado ainda é um desafio, muitas empresas estão recorrendo a capacitações internas para preparar suas equipes adequadamente.

O potencial retorno que a análise de dados pode trazer para as organizações é imensurável. Com ela, é possível realizar, por exemplo, análises preditivas que trazem informações importantes para a tomada de decisão.

Cultura

Considerando as tendências expostas neste capítulo, observa-se que o papel do CSC está migrando aos poucos, deixando de ser apenas um prestador de serviços e evoluindo para um parceiro dos negócios, monitorando e analisando processos, buscando inovação, gerando *insights* proativos e oferecendo soluções personalizadas.

Dessa forma, os centros têm desenvolvido algumas habilidades e competências que são importantes para qualquer organização, fazendo com que se tornem peças fundamentais na definição e no desdobramento da estratégia das empresas.

Figura 53.5. Palavras que definem a cultura do CSC.
Fonte: IEG (2021).

Diante disso, as organizações estão se questionando se faz sentido manter a utilização do CSC como mandatória, pois, com todo o potencial que o modelo tem, o ideal é que ele seja contratado por opção e não por obrigação, estimulando inclusive a concorrência saudável.

Com essa evolução do modelo de Serviços Compartilhados, é importante que o novo papel que os CSCs estão absorvendo esteja claro para toda a equipe, para que possam trabalhar de forma unificada e direcionada para atender às expectativas.

54. Visão de futuro dos CSCs brasileiros

Anfrísio Souza

Nos últimos tempos, os Centros de Serviços Compartilhados evoluíram de fábricas de processos transacionais para centros de excelência operacional. A visão de futuro é que se tornem *hubs* digitais de conhecimento. Nesse cenário evolutivo, o foco sai da excelência operacional, através da redução de custos e melhoria de qualidade, e vai para a geração de valor, com impacto direto nos indicadores do negócio, como aumento de *market share* e melhoria da experiência dos clientes.

O CSC como um centro digital de conhecimento implica em:

- ✓ Expansão do escopo de serviços além do *backoffice* e mais próximos dos clientes, como serviços de marketing e vendas.
- ✓ Processos desenhados em função da jornada do consumidor.
- ✓ Operações com completa interoperabilidade em uma de rede virtual de centros de serviços geograficamente distribuídos com funcionamento integrado e balanceamento da demanda.
- ✓ Forte musculatura digital: habilidades digitais superiores, cultura empreendedora, amplos ecossistemas de talentos e inovação.
- ✓ Arquitetura integrada de dados e tecnologias flexíveis e responsivas.

Esse novo ambiente de CSC requer uma obsessão por *customer first*, para traduzir as necessidades dos clientes em valor de negócio e inovação contínua para converter soluções de serviços em experiências transformadoras. Os requisitos de negócios que o CSC do futuro precisa satisfazer são:

- ✓ **Personalização em escala:** novas plataformas e ecossistemas de experiência do cliente/consumidor, nova geração de conteúdos integrados, mecanismos de ativação de *e-business*.
- ✓ **Inteligência comercial:** gestão estratégica de receitas, execução personalizada no ponto de vendas, novos modelos de vendas diretas ao consumidor.

322 Jornada CSC

✓ **Próxima geração de inteligência empresarial:** capacidades analíticas preditivas e prescritivas, automação fim a fim e em escala.

O contexto futuro dos CSCs traz possibilidades de novas ofertas de serviços além do escopo tradicional, associadas à análise de dados avançados e de experiência do consumidor. A agenda de expansão dos CSCs é construída sobre uma base sólida de excelência operacional e forte parceria e colaboração com os negócios. Isso torna o processo de identificação, desenho e implementação de soluções inovadoras mais natural, assim como habilita novos serviços alinhados às estratégias de negócios. A oferta de serviços dos CSCs evolui da abordagem mais convencional de transferência de atividades das unidades de negócio para serviços consultivos que vão do desenho e otimização de processos à digitalização e automação na origem.

Os CSCs vão se tornar cada vez mais protagonistas dos serviços de análise de dados (*business analytics*), com um amplo portfólio de serviços (visão E2E) e orientado à geração de valor através da gestão do conhecimento organizacional. Os principais componentes desse modelo de entrega são:

✓ **Produtos e serviços:** modelos analíticos baseados em *machine learning*, ativos de dados e plataformas de integração.
✓ **Modelo operacional:** *hubs* operacionais com foco em áreas específicas e com um núcleo de inovação *cross* funcional e multidisciplinar.
✓ **Talento e cultura:** desenvolvimento de praticantes de disciplinas de análise, comunidade de cidadãos de dados (usuários com ferramentas e conhecimentos para o autodesenvolvimento de aplicações analíticas) e evangelização da cultura de dados.

Os serviços focados na jornada do consumidor suportam a operacionalização da estratégia de marketing em escala e podem ser divididos em três blocos:

✓ Dados como um motor de crescimento através da coleta e ativação de marcas por meio de dados. Aqui podemos exemplificar serviços de atendimento a consumidores *omnichanel*.
✓ Próximo nível de conteúdo que direciona a performance de marcas através de comunicação integrada sistemática. São exemplos estúdios ou fábricas de conteúdo, serviços de *website*, serviços de busca e serviços de *e-commerce*.
✓ Análises *always on* para medir a performance de cada investimento feito em marcas ou campanhas. Os serviços de monitoramento de redes sociais e de análise de performance de campanhas de marcas são bons exemplos.

Visão de futuro dos CSCs brasileiros **323**

A estratégia de automação dos CSCs também evolui para um modelo *automation by design*, onde o desenho de novos serviços e soluções já traz o componente de automação nativo e *automation as a service*. Alguns preceitos desse modelo:

- ✓ Automação baseada em análise de dados, mineração de dados e *design thinking*.
- ✓ *Intelligent automation*: soluções avançadas que combinam o melhor dos mundos de soluções tecnológicas, como RPA, *system automation*, inteligência artificial etc.
- ✓ Maior foco em soluções voltadas para personalização em escala, *customer experience* e soluções *e-commerce*.
- ✓ Modelo operacional multiprodutos, *multivendors* e com ciclos de desenvolvimento cada vez mais curtos e dinâmicos.

A inovação se torna uma parte da forma de trabalho do CSC. Ela é construída em cima da forte base de melhoria contínua e cultura empreendedora. É uma fonte de eficiência, criação de serviços pioneiros e agregação de valor. Principais características:

- ✓ Modelo típico vai da ideação, prova de conceito, prototipação, *rollout* e replicação.
- ✓ *Pipeline* vivo e robusto de inovação, com ideias advindas de operações e negócios.
- ✓ Resultados das inovações quantificados com indicadores do negócio.
- ✓ Evolução contínua das capacidades digitais e modelos de trabalho ágeis.
- ✓ Ecossistema de inovação próprio do CSC conectado à empresa mãe.

O CSC do futuro é o parceiro preferido dos negócios, pois é o exímio integrador do *backoffice* e do *front office* da companhia, através de soluções inovadoras que entregam resultados superiores em termos de agilidade, valor e experiência.

55. Considerações finais e próximos passos da ABSC

Max Carneiro
Laércio Ávila
Timóteo Tangarife

O futuro aponta para a ampliação e posterior redirecionamento das fronteiras de atuação dos Centros de Serviços Compartilhados, em que o papel processual, operacional e de serviços dará vez ao papel inovador e de suporte estratégico. – Iuri Guerra (2020)

Nossa jornada até aqui demonstrou como o modelo de Centro de Serviços Compartilhados surgiu, se desenvolveu e como vem evoluindo rapidamente de maneira adaptativa. Durante essa jornada, que ainda está em construção, foi possível percebermos o poder do compartilhamento e da construção coletiva voltado para a geração de valor. Nosso ecossistema vem crescendo de forma exponencial e também foi obviamente bastante impactado pelas recentes transformações globais, mas a força dos CSCs foi demonstrada de maneira prática, por meio um modelo de gestão ágil, maduro e bastante versátil.

Por conta dessa evolução percebe-se que a estratégia das organizações que possuem Centros de Serviços Compartilhados está mudando e evoluindo com o próprio modelo. Visto no passado como uma estrutura puramente transacional, separada do negócio, vem crescendo mais e mais o investimento em recursos estratégicos, para criar mais valor para os negócios e clientes. Eles também estão mudando para modelos de entrega mais globais e híbridos para acessar e reter talentos, como núcleo de inteligência para facilitar tomadas de decisões e pilar de iniciativas para transformar o negócio em uma estrutura capaz de atender às necessidades dos clientes com rapidez e acuracidade.

Sendo assim, todo e qualquer movimento de futuro dos Centros de Serviço Compartilhados, quer no modelo local, quer no modelo global, parte do investimento contínuo em pessoas, processos e sistemas. Isso é parte não somente da agenda de manutenção, mas também do futuro. Afinal, acompanhar o ritmo de transformação dos últimos anos, por si só, é desafio para toda a comunidade CSC.

O CSC do futuro será uma plataforma, omnichannel, inteligente e preditiva, com uma camada externa de experiência baseada em autosserviço, simples e intuitiva e uma camada interna baseada em inteligência de processos e automação. – Flávio Feltrin (2021)

A qualidade e produtividade no CSC são fundamentais, mas adaptar e se reinventar são as palavras de ordem nesse cenário de transformações. – Pedro Arruda (2019)

A revolução tecnológica e de serviços de negócios em que estamos entrando, à medida que cruzamos esse novo milênio, dará às pessoas oportunidades de trabalho mais interessantes, gratificantes e agradáveis do que tem sido até agora. – Carlos Magalhães (2018)

Observando algumas reflexões buscadas na literatura e em pesquisas realizadas recentemente, podemos observar que os Serviços Compartilhados, como modelo de gestão, ainda têm uma jornada longa a ser percorrida, e com ela, ao longo do caminho, contabilizamos muitos benefícios para as corporações, seja no modelo tradicional, regional ou global.

No âmbito da ABSC, nosso intuito é continuarmos sendo um grande *hub* de negócios, atraindo empresas que possuem na sua estrutura um CSC, fornecedores de soluções, *startups*, governo e fazendo uma aproximação contínua com associações ao redor do mundo.

Temos como ambição estratégica o posicionamento do Brasil como destino no mundo para a atração e evolução dos Centros de Serviços Compartilhados. E na América Latina temos observado de perto os resultados obtidos por Colômbia e Costa Rica, aproximados pelo termo de cooperação existente entre a ABSC e as associações desses respectivos países (CamSCAT e ANDI) para troca de experiências e conhecimento.

Outra característica fundamental que acreditamos em relação à competitividade é a organização do setor de Serviços Compartilhados como uma comunidade em constante colaboração, como temos feito, como um modelo de troca de conhecimentos e melhores práticas, se posicionando como uma das referências na América Latina.

O mundo mudou e os CSCs continuarão sendo protagonistas dessa transformação nas organizações, de modo a melhorar a qualidade de vida, aumentar ainda mais a produtividade das empresas e contribuir para a competitividade do país. Para tanto, a ABSC se apresenta não somente como uma entidade de apoio às empresas que possuem esse modelo de gestão, mas também como uma alavanca de construção do futuro.

Este livro representa a síntese do espírito da ABSC... **compartilhamento na veia!** Esperamos que esta Jornada CSC tenha sido incrível e útil para você e sua empresa e que tenha servido de inspiração e reflexão sobre esse modelo em que estamos inseridos. Nos vemos no próximo livro! Até lá!

Referências bibliográficas

AASLT, Wil van Der. **Process Mining:** discovery, conformance and enhancement of business processes. Berlin: Springer Berlin Heidelberg, 2011.

ABSC. **ESG/ASG e como esses fatores ou princípios podem gerar valor para as empresas e o papel dos CSCs.** Webinar de abril de 2021. Apresentado por Amaral Lewandowski Advogados.

ABSC. **Estudo sobre o Mercado Brasileiro de Serviços Compartilhados.** 2019.

ABSC. Site. Disponível em: <https://abscweb.com>. Acesso em: 31 ago. 2021.

ACADEMIA IN. **Qual a diferença entre Big Data e Data Analytics.** 12 dez. 2018. Disponível em: <https://blog.academiain1.com.br/entenda-a-diferenca-entre-big-data-e-data-analytics/>. Acesso em: 31 ago. 2021.

ALES. **Centros de Servicios Compartidos:** estudio comparativo: Costa Rica, India, Polonia y Uruguay. Disponível em: <http://ales-lac.org/uploads/products/21/centros-de-servicios-compartidos.pdf>. Acesso em: 30 ago. 2021.

ALMEIDA, Daniela. **Catálogo de serviços.** 15 out. 2009. Disponível em: <https://mundoitil.wordpress.com/2009/10/15/catalogo-de-servicos/>. Acesso em: 30 ago. 2021.

ANAND, Akshay. ITIL 4 Explained. **ITSM Tools**, Mar. 5, 2019. Disponível em: <https://itsm.tools/its-here-itil-4-explained/>. Acesso em: 31 ago. 2021.

ARRUDA, Pedro. A tecnologia cada vez mais presente nos CSCs. **IT Forum**, 03 abr. 2019. Disponível em: <https://itforum.com.br/colunas/a-tecnologia-cada-vez-mais-presente-nos-cscs/>. Acesso em: 31 ago. 2021.

BECK, Kent et al. **Manifesto para Desenvolvimento Ágil de Software.** Disponível em: <https://agilemanifesto.org/iso/ptbr/manifesto.html>. Acesso em: 31 ago. 2021.

BIGARELLI, Barbara. Treinar funcionários aumenta lealdade e retenção. **Valor Econômico**, 19 maio 2020. Disponível em: <https://valor.globo.com/carreira/noticia/2020/05/19/treinar-funcionarios-aumenta-lealdade-e-retencao.ghtml>. Acesso em: 04 out. 2021.

BOARETTO, Daniela. Gerações Baby Boomers, X, Y, Z e ALPHA. **New Routes**, s.d. Disponível em: <https://www.newroutes.com.br/blog/geracoes-baby-boomers-x-y-z-e-alpha/>. Acesso em: 31 ago. 2021.

328 Jornada CSC

BRASIL. Normas. Solução de divergência COSIT nº 23, de 23 de setembro de 2013. Publicado no Diário Oficial da União de 14 de outubro de 2013, p. 25. Coordenação-geral de tributação, 2013.

BROWN, Peter C.; MCDANIEL, Mark A.; ROEDIGER, Henry L. **Make It Stick:** the science of successful learning. Cambridge, Massachusetts: The Belknap Press of Harvard University Press, 2014.

BUGHIN, Jacques et al. Skill shift: automation and the future of the workforce. Discussion paper. **McKinsey Global Institute**, May 23, 2018. Disponível em: <https://www.mckinsey.com/featured-insights/future-of-work/skill-shift-automation-and-the-future-of-the-workforce>. Acesso em: 04 out. 2021.

CAMARGO, Barbara Atelia Drewanz. Centro de Serviço Compartilhado (CSC): análise do modelo. **Revista Científica Núcleo do conhecimento**, ano 3, n. 9, vol. 9, set. 2018. Disponível em: <https://www.nucleodoconhecimento.com.br/administracao/csc>. Acesso em: 31 ago. 2021.

CAMPOS, Vicente Falconi. **TQC:** controle da qualidade total no estilo japonês. 9.ed. Nova Lima: Falconi, 2014.

CANAVER, Gustavo. **ITIL Foundation – Processos do Desenho de Serviço – Gerenciamento de Nível de Serviço.** 16 nov. 2014. Disponível em: <https://gustavocanaver.wordpress.com/2014/11/16/itil_37/>. Acesso em: 04 out. 2021.

CARDOSO, Alessandra. **CSC Shared Services:** módulo 3 – estágios de evolução da prática. Addunt Consulting, 2018. Disponível em: <https://www.addunt.com.br/wp-content/uploads/2018/07/CSC3.pdf>. Acesso em: 28 set. 2021.

CASCIO, Jamais. Facing The Age of Chaos. **Medium**, Apr. 29, 2020. Disponível em: <https://medium.com/@cascio/facing-the-age-of-chaos-b00687b1f51d>. Acesso em: 31 ago. 2021.

CASTRO, Laudifer Sfreddo de. O que é produto e o que é serviço: para entender de verdade. **Conta Azul blog**, 22 jun. 2016. Disponível em: <https://blog.contaazul.com/o-que-e-produto-e-o-que-e-servico-entender-de-verdade>. Acesso em: 31 ago. 2021.

CAVALCANTI, Leo. Indicadores de centro de serviços compartilhados: qual sua importância + como implantá-los. **Linkana**, 18 dez. 2020. Disponível em: <https://www.linkana.com/blog/indicadores-centro-servicos-compartilhados/>. Acesso em: 31 ago. 2021.

CHARVET, Shelle Rose. **Words that Change Minds:** the 14 patterns for mastering the language of influence. S.l.: Institute for Influence, 2019.

CHIARI, Renê. Catálogo de Serviços de TI: benefícios e como criar. **ITSM na prática**, s.d. Disponível em: <https://www.itsmnapratica.com.br/catalogo-de-servicos-para-que-complicar/>. Acesso em: 04 out. 2021.

CIALDINI, Robert B. **As Armas da Persuasão.** Rio de Janeiro: Sextante, 2012.

CINDE. Site. Disponível em: <https://www.cinde.org/en>. Acesso em: 27 set. 2021.

CISION PR NEWSWIRE. **Randstad Sourceright finds reskilling and talent fluidity are critical to business success.** Jan. 21, 2020. Disponível em: <https://www.prnewswire.com/news-releases/randstad-sourceright-finds-reskilling-and-talent-fluidity-are-critical-to-business-success-300989995.html>. Acesso em: 04 out. 2021.

Referências bibliográficas **329**

CODEÇO, Paulo Vitor. **Gerações X e Y e seus perfis motivacionais.** São Paulo: Appris, 2015.

CORREA, Rafael Murilo. Catálogo de Serviços de TI (CSTI): descubra o que é e como montar o seu ainda hoje. **Euax Consulting**, 18 dez. 2018. Disponível em: <https://www.euax.com.br/2018/12/catalogo-de-servicos-de-ti-csti/>. Acesso em: 30 ago. 2021.

COUGO, Paulo Sérgio. **ITIL:** guia de implantação. Rio de Janeiro: LTC, 2012.

CUNHA, Antônio Geraldo da. **Dicionário Etimológico da Língua Portuguesa.** Rio de Janeiro: Lexikon, 2010.

DAVENPORT; Thomas H.; REDMAN, Thomas C. Digital Transformation Comes Down to Talent in 4 Key Areas. **Harvard Business Review**, May 21, 2020. Disponível em: <https://hbr.org/2020/05/digital-transformation-comes-down-to-talent-in-4-key-areas>. Acesso em: 28 set. 2021.

DAVIS, Tim R. V. Integrating Shared Services with the Strategy and Operations of MNEs. **Journal of General Management**, vol. 31, n. 2, 2005.

DELL TECHNOLOGIES. **Realizing 2030 – A Divided Vision of the Future:** global businesses leaders forecast the next era of human-machine partnerships and how they intend to prepare. Disponível em: <https://www.delltechnologies.com/content/dam/delltechnologies/assets/perspectives/2030/pdf/Realizing-2030-A-Divided-Vision-of-the-Future-Summary.pdf>. Acesso em: 04 out. 2021.

DELOITTE. **2017 Global Shared Services Survey.** Deloitte Consulting LLP, Mar. 2017. Disponível em: <https://www2.deloitte.com/content/dam/Deloitte/br/Documents/strategy/Global%20Shared%20Services%20Survey%20Results_031317_vFINAL.pdf>. Acesso em: 28 set. 2021.

DELOITTE. **Global Shared Services Survey Results:** Executive Summary. 2011.

DELOITTE. **Shared Services Handbook:** hit the road. London: Deloitte, 2011.

DELOITTE. **Tendências Globais de Capital Humano 2021:** a empresa social em um mundo transformado. Disponível em: <https://www2.deloitte.com/br/pt/pages/human-capital/articles/tendencias-capital-humano.html>. Acesso em: 04 out. 2021.

DOROW, Emerson. Catálogo de Serviços de TI – Parte II. **Profissionais TI**, 22 fev. 2012. Disponível em: <https://www.profissionaisti.com.br/catalogo-de-servicos-de-ti-parte-ii/>. Acesso em: 30 ago. 2021.

DUCKWORTH, Angela. **Garra:** o poder da paixão e da perseverança. Rio de Janeiro: Intrínseca, 2016.

EBDI CORP. **CSC: modelo de gestão eficaz na crise.** 12 jul. 2021. Disponível em: <https://ebdicorp.com.br/csc-modelo-de-gestao-eficaz-na-crise/>. Acesso em: 31 ago. 2021.

EDELMAN. **2019 EdelmanTrust Barometer:** Global Report. Edelman, 2019. Disponível em: <https://www.edelman.com/sites/g/files/aatuss191/files/2019-03/2019_Edelman_Trust_Barometer_Global_Report.pdf>. Acesso em: 04 out. 2021.

EXAME MELHORES E MAIORES. Site. Disponível em: <https://mm.exame.com>. Acesso em: 28 set. 2021.

330 Jornada CSC

EY; ANDI. **Quinta Encuesta Latinoamericana de Servicios Compartidos**, Colombia, 2021.

FELTRIN, Flávio. O futuro do CSC ou o CSC do futuro?. **EBDI Corp**, 30 abr. 2021. Disponível em: <https://ebdicorp.com.br/csc-do-futuro/>. Acesso em: 31 ago. 2021.

FLATWORLD SOLUTIONS. **Latin America – fastest growing outsourcing destination.** Disponível em: <https://www.flatworldsolutions.com/articles/latin-america-outsourcing.php>. Acesso em: 31 ago. 2021.

FORBES. **Pesquisa revela que Brasil tem 343 startups focadas em soluções ESG.** 25 maio 2021. Disponível em: <https://forbes.com.br/forbesesg/2021/05/pesquisa-revela-que-brasil-tem-343-startups-focadas-em-solucoes-esg/>. Acesso em: 31 ago. 2021.

FREDERICO, Vanessa Kelly Saavedra. **Centro de Serviços Compartilhados:** melhores práticas. Rio de Janeiro: Interciência, 2014.

GARTNER. **Digital Twin.** Disponível em: <https://www.gartner.com/en/information-technology/glossary/digital-twin>. Acesso em: 30 ago. 2021.

GOLDRATT, Eliyahu M.; COX, Jeff **A Meta:** um processo de melhoria contínua. São Paulo: Editora Nobel, 2003.

GOLEMAN, Daniel. Líderes sábios focam no bem supremo. **Administradores.com.br**, 07 jul. 2014. Disponível em: <https://administradores.com.br/artigos/lideres-sabios-focam-no-bem-supremo>. Acesso em: 28 set. 2021.

GONZÁLEZ, Alejandro; SCHREIBER, Bernd; JIMÉNEZ, Mateo. Beyond cost efficiencies in shared service centers: alternative focus to maximize shared service center value generation. **Arthur D. Little Global**, nov. 2019. Disponível em: <https://www.adlittle.com/en/insights/report/beyond-cost-efficiencies-shared-service-centers>. Acesso em: 31 ago. 2021.

GRUBB, Valerie M. **Conflito de Gerações:** desafios e estratégias para gerenciar quatro gerações no ambiente de trabalho. São Paulo: Autêntica Business, 2018.

GUERRA, Iuri. O futuro dos centros de serviços compartilhados. **Administradores.com**, 08 jun. 2020. Disponível em: <https://administradores.com.br/artigos/o-futuro-dos-centros-de-servicos-compartilhados>. Acesso em: 31 ago. 2021.

GUZMAN, A. O rateio de despesas sob a perspectiva tributária. **Sinopse Tributária 2013-2014.** Impressão Régia, 2014.

HAMADA, Cristina; LISBOA, J. **Conformidade legal e tributária em um centro de serviços compartilhados como unidade de negócio.** 2014.

HIATT, Jeff M.; CREASEY, Timothy J. **Change Management:** the people side of change. Loveland, Colorado, USA: Prosci Learning Center Publications, 2012.

HSIEH, Tony. **Delivering Happiness:** a path to profits, passion, and purpose. New York; Boston: Grand Central Publishing, 2010.

IBGC. **Governança corporativa para startups & scale-ups.** (Série IBGC Segmentos). São Paulo: Instituto Brasileiro de Governança Corporativa, 2019.

Referências bibliográficas **331**

IBM. **Automação de processos robóticos:** guia do comprador "livre de hype". IBM, 2018. Disponível em: <https://www.ibm.com/downloads/cas/6AZ5EZNG>. Acesso em: 05 out. 2021.

IEG. **High Potential Program – Shared Services.** IEG, 2021.

IEG. **Pesquisa Benchmark em CSC 2020.** IEG, 2020.

IEG. **Pesquisa de Localização dos CSCs brasileiros.** IEG, 2020.

ILLANES, Pablo et al. Retraining and reskilling workers in the age of automation. **McKinsey Global Institute**, Jan. 22, 2018. Disponível em: <https://www.mckinsey.com/featured-insights/future-of-work/retraining-and-reskilling-workers-in-the-age-of-automation>. Acesso em: 04 out. 2021.

ISMAIL, Salim; MALONE, Michael S.; VAN GEEST, Yuri. **Organizações exponenciais:** por que elas são 10 vezes melhores, mais rápidas e mais baratas que a sua (e o que fazer a respeito). São Paulo: HSM, 2015.

KNAFLIC, Cole Nussbaumer. **Storytelling com dados:** um guia sobre visualização de dados para profissionais de negócios. Rio de Janeiro: Alta Books, 2019.

KPMG. Benchmarking y Caracterización de los Centros de Servicios Compartidos en Colombia. **IV ANDI Shared Services Forum – Colombia**, 2018.

KPMG. **Chegou a hora:** pesquisa da KPMG sobre Relatórios de Sustentabilidade 2020. Resultados Brasil. KPMG, 2020. Disponível em: <https://home.kpmg/content/dam/kpmg/br/pdf/2021/06/chegou-a-hora.pdf>. Acesso em: 28 set. 2021.

KPMG. **The time has come:** The KPMG Survey of Sustainability Reporting 2020. KPMG, 2020.

KPMG; CAMSCAT. **Corporate Services Survey Costa Rica.** KPMG Costa Rica; Chamber of High Technology Corporate Services (CamSCAT), June 2020.

LAMBERT, David. Optimized Governance. **Shared Services News**, vol. 12, n. 5, July 2009. Disponível em: <https://www.ssonetwork.com/business-process-outsourcing/articles/optimized-governanc>. Acesso em: 31 ago. 2021.

LEONARDO, Bruno. Quatro passos para o Brasil combater os anticorpos da educação. **Estadão**, 18 abr. 2021. Disponível em: <https://politica.estadao.com.br/blogs/fausto-macedo/quatro-passos-para-o-brasil-combater-os-anticorpos-da-educacao/>. Acesso em: 07 set. 2021.

LINKEDIN. **3rd Annual 2019 Workplace Learning Report.** LinkedIn, 2019. Disponível em: <https://learning.linkedin.com/content/dam/me/business/en-us/amp/learning-solutions/images/workplace-learning-report-2019/pdf/workplace-learning-report-2019.pdf>. Acesso em: 06 set. 2021.

MADRUGA, Roberto. **Gestão do Relacionamento e Customer Experience.** São Paulo: Atlas, 2018.

MAGALHÃES, Carlos. **Centro de Serviços Compartilhados.** 2.ed. rev. ampl. São Paulo: All Print, 2018.

MANSUR, Fábio. O guia imperdível de qualidade de dados: tudo o que você precisa para combater dados ruins. **BringData**, 21 jul. 2020. Disponível em: <https://blog.bringdata.co/guia-completo-de-data-quality/>. Acesso em: 30 ago. 2021.

MARCELO PIMENTA INOVADOR. Do Mundo VUCA ao Mundo BANI [Aula exclusiva]. **YouTube**, s.d. Disponível em: <https://www.youtube.com/watch?v=rv14fcVmyvU>. Acesso em: 31 ago. 2021.

MATTOS, Thiago. **Vai lá e faz:** Como empreender na era digital e tirar ideias do papel. Caxias do Sul: Belas Letras, 2017.

MCKINSEY GLOBAL INSTITUTE. **What 800 executives envision for the postpandemic workforce.** Sep. 23, 2020. Disponível em: <https://www.mckinsey.com/featured-insights/future-of-work/what-800-executives-envision-for-the-postpandemic-workforce>. Acesso em: 30 ago. 2021.

MICHAELIS. Excelência. **Dicionário Brasileiro da Língua Portuguesa.** Disponível em: <https://michaelis.uol.com.br/moderno-portugues/busca/portugues-brasileiro/excelencia>. Acesso em: 31 ago. 2021.

MILLER, David. **Gestão de Mudança com Sucesso:** uma abordagem organizacional focada em pessoas. São Paulo: Integrare, 2012.

MIT TECHNOLOGY REVIEW. **Comparativo entre trabalhadores remotos e na empresa.** 28 dez. 2020. Disponível em: <https://mittechreview.com.br/comparativo-entre-trabalhadores-remotos-e-na-empresa/>. Acesso em: 31 ago. 2021.

NATIONAL GEOGRAPHIC. **Y2K bug.** Disponível em: <https://www.nationalgeographic.org/encyclopedia/Y2K-bug/>. Acesso em: 30 ago. 2021.

NICZAY, Victor Hugo; SAKAKIBARA, Claudia. Implementação do Centro de Serviços Compartilhados no Grupo Santa Maria. **Shared Services News**, n. 68, 2021. Disponível em: <https://ieg.com.br/blog/revista/a-68-edicao-da-shared-services-news-aborda-o-tema-gestao-na-nova-era-corporativa/>. Acesso em: 31 ago. 2021.

O'CONNOR, Joseph. **Manual de Programação Neurolinguística:** um guia prático para alcançar os resultados que você quer. Rio de Janeiro: Qualitymark, 2015.

PAINE, Nigel. **Workplace Learning:** how to build a culture of continuous employee development. London: Kogan Page, 2019.

PANETTA, Kasey. Garner Top 10 Strategic Technology Trends for 2020. **Gartner**, Oct. 21, 2019. Disponível em: <https://www.gartner.com/smarterwithgartner/gartner-top-10-strategic-technology-trends-for-2020/>. Acesso em: 30 ago. 2021.

PARNITZKE, James. Big Data Analytics – Unlock Breakthrough Results: (Step 5). **Applied Enterprise Architeture**, Jan. 13, 2016. Disponível em: <https://pragmaticarchitect.wordpress.com/2016/01/13/big-data-analytics-unlock-breakthrough-results-step-5/>. Acesso em: 28 set. 2021.

PAZ, Eden. Apresentação gestão e governança, 2020.

PAZ, Eden. Evolutivo & Adaptativo: por que o modelo de gestão de serviços compartilhados (CSC) é atual e continua sendo utilizado? **ConsulPaz**, nov. 2017. Disponível em: <https://consulpaz.com/evolutivo-e-adaptativo/>. Acesso em: 31 ago. 2021.

PORTULHAK, Henrique et al. Papéis, responsabilidades e desafios na implantação e na manutenção de centros de serviços compartilhados: uma análise empírica em uma multinacional instalada no Brasil. **RIGC**, vol. XI, n. 22, Julio-Diciembre 2013.

POWELL, Calvin Yee Jon. Shared Services as an Asset in Supporting Innovation and Growth. **SSON**, Jan. 10, 2012. Disponível em: <https://www.ssonetwork.com/business-process-outsourcing/articles/shared-services-as-an-asset-in-supporting-innovati>. Acesso em: 31 ago. 2021.

PROJECT MANAGEMENT INSTITUTE. **Gerenciando mudanças nas organizações:** um guia de práticas. São Paulo: Saraiva, 2016.

PWC. **21**st **CEO Survey:** the anxious optimist in the corner office. PWC, 2018. Disponível em: <https://www.pwc.com/gx/en/ceo-survey/2018/pwc-ceo-survey-report-2018.pdf>. Acesso em: 04 out. 2021.

QUALITOR. **Confira as 5 principais tendências em centros de serviços compartilhados (CSC).** 26 fev. 2020. Disponível em: <https://blog.qualitor.com.br/tendencias-em-csc/>. Acesso em: 31 ago. 2021.

QUINN, Barbara; COOKE, Robert; KRIS, Andrew. **Shared services:** mining for corporate gold. Harlow: Prentice-Hall, 2000.

QUINTANA, Javier. Apresentação. **IV ANDI Shared Services Forum – Colombia**, 2018.

RAMOS, Luciano José Trindade. **Serviços compartilhados como forma de estruturação organizacional.** Dissertação (Mestrado Profissional em Administração). UFBA, Escola de Administração, Salvador, 2005.

REDAÇÃO IEG. Como aumentar a eficiência do CSC considerando seu nível de maturidade. **IEG Connection**, 01 maio 2015. Disponível em: <https://ieg.com.br/blog/como-aumentar-a-eficiencia-do-csc-considerando-seu-nivel-de-maturidade/>. Acesso em: 31 ago. 2021.

REDAÇÃO IEG. Custeio e Cobrança dos Serviços Prestados pelo CSC. **IEG Connection**, 23 nov. 2017. Disponível em: <https://ieg.com.br/blog/custeio-e-cobranca-dos-servicos-prestados-pelo-csc/>. Acesso em: 31 ago. 2021.

ROGERS, David L. **The Digital Transformation playbook.** New York: Columbia University Press, 2016, p. 4.

ROZINAT, Anne. Process Mining or Automated Process Discovery? **Fluxicon**, Aug. 11, 2011. Disponível em: <https://fluxicon.com/blog/2011/08/process-mining-vs-automated-process-discovery/>. Acesso em: 30 ago. 2021.

SACHS, Jeffrey et al. **Sustainable Development Report 2021:** The Decade of Action for the Sustainable Development Goals. Cambridge: University of Cambridge Press, 2021.

SALVADOR, Antonio; CASTELLO, Daniel. **Transformação Digital:** uma jornada que vai muito além da tecnologia. São Paulo: Atelier de conteúdo, 2020.

SCHULMAN, Donniel S. et al. **Shared services:** serviços compartilhados. São Paulo: Makron Books, 2001.

SCHULMAN, Donniel S. **Shared services:** adding value to the business units. New York: Wiley, 1999.

SHOOK, John. **Gerenciando para o aprendizado.** São Paulo: Lean Institute Brasil, 2008.

334 Jornada CSC

STEINMAN, Dan; MURPHY Lincoln; MEHTA, Nick. **Customer Success**. São Paulo: Autêntica Business, 2017.

TABRIZI, Behnam et al. Digital Transformation Is Not About Technology. **Harvard Business Review**, Mar. 13, 2019. Disponível em: <https://hbr.org/2019/03/digital-transformation-is-not-about-technology>. Acesso em: 30 ago. 2021.

TED. Angela Lee Duckworth: a chave para o sucesso? A determinação. **YouTube**, s.d. Disponível em: <https://www.youtube.com/watch?v=H14bBuluwB8>. Acesso em: 31 ago. 2021.

TOTVS CONSULTING. **Pesquisa de maturidade CSC Brasil 2015**. 2015.

TRADE TECHNOLOGY. **O valor de investir em inovação tecnológica nas empresas**. 26 dez. 2019. Disponível em: <https://blog.tradetechnology.com.br/o-valor-de-investir-em-inovacao-tecnologica-nas-empresas/>. Acesso em: 05 out. 2021.

UNITED NATIONS. **The Lazy Person's Guide to Saving the World**. Disponível em: <https://www.un.org/sustainabledevelopment/wp-content/uploads/2018/10/LazyPersonGuide.pdf>. Acesso em: 28 set. 2021.

VAN DER MEULEN, Rob. 5 Shared Services Pricing Approaches. **Gartner**, Apr. 2, 2021. Disponível em: <https://www.gartner.com/smarterwithgartner/5-shared-services-pricing-approaches/>. Acesso em: 30 ago. 2021.

WIKIPÉDIA. **Centro de excelência**. Disponível em: <https://pt.wikipedia.org/wiki/Centro_de_excelencia>. Acesso em: 31 ago. 2021.

WIKIPÉDIA. **Full-time equivalent**. Disponível em: <https://pt.wikipedia.org/wiki/Full-time_equivalent>. Acesso em: 28 set. 2021.

WIKIPÉDIA. **Unidade de resposta audível**. Disponível em: <https://pt.wikipedia.org/wiki/Unidade_de_resposta_aud%C3%ADvel>. Acesso em: 28 set. 2021.

ZOBELL, Steven. Why Digital Transformations Fail: Closing the $900 Billion Hole In Enterprise Strategy. **Forbes**, Mar. 13, 2018. Disponível em: <https://www.forbes.com/sites/forbestechcouncil/2018/03/13/why-digital-transformations-fail-closing-the-900-billion-hole-in-enterprise-strategy/#4f74e9207b8b>. Acesso em: 30 ago. 2021.

Dedicatória e agradecimentos

Dedico mais um livro aos amores da minha vida: meus filhos Lucas e Luisa, minha esposa Keila, meus pais Iracema e José Prado e meus irmãos Simone, Paulo e Sandra. Agradeço a Deus essa nova conquista e parabenizo o time organizador pelo comprometimento na curadoria e aos coautores pela dedicação e excelência que resultou em mais uma obra incrível para nossa série da Jornada Colaborativa. Agradecimento especial para o amigo Timóteo Tangarife pela maestria na liderança do livro e aos organizadores Cátia Pereira, Eden Paz, Laércio Ávila e Marcelo Pardi. Agradeço a meus familiares e amigos da SulAmérica, Jornada Colaborativa e ADAXL pelas oportunidades de aprendizado e aos milhares de alunos, leitores e participantes das minhas palestras pela grande receptividade e troca de experiências que me tornam uma pessoa melhor a cada dia.

Antonio Muniz
Fundador da Jornada Colaborativa

Agradeço aos meus pais, João e Benilda, que me ensinaram desde muito cedo o valor do conhecimento e da dedicação a um propósito e que me transmitiram todos os valores e princípios que pautaram minha vida profissional e pessoal e me trouxeram até aqui. Dedico este livro ao meu marido Terceiro Ramos e ao meu filho Artur Terceiro por toda dedicação a mim, respeito e apoio em todas as iniciativas e projetos que abracei ao longo da minha jornada profissional, mas principalmente a esta em particular, onde o tempo escasso foi dividido e dedicado a compartilhar um pouco da minha experiência para deixar um legado para gerações futuras.

Agradeço também aos profissionais com quem tive o prazer de interagir durante toda a minha jornada profissional, com os quais aprendi e compartilhei conhecimento e experiências, aos colegas da ABSC e associados, que juntos fizemos acontecer algo tão incrível como um livro construído a várias mãos por um grupo tão experiente no assunto.

336 Jornada CSC

Sonhar grande e sonhar pequeno dá o mesmo trabalho. – João Paulo Lemann.

Este livro é o resultado de um sonho grande e de uma realização ainda maior!

Cátia Pereira
Organizadora e coautora da Jornada CSC

Agradeço aos meus pais Eden e Dora que me deram o melhor que possuíam, valores e princípios, me prepararam para os desafios da vida e que me servem de inspiração.

À família que constituí, minha esposa Juliana e meus filhos Luigi e Constanza, que me motivam a seguir em frente, são fontes de alegria e orgulho e que me apoiam sempre.

Aos amigos e profissionais que tive o privilégio de encontrar durante a minha jornada. Seria injusto nomear apenas alguns.

Só posso compreender um todo se conheço especificamente as partes, mas só posso compreender as partes se conhecer o todo. – Pascal

Tudo que fazemos deve ser com base no humano, no respeito ao próximo, no desenvolvimento da alma e do pensamento e na superação pessoal.

Eden Paz
Fundador e Conselheiro da ABSC, organizador e coautor da Jornada CSC

Toda minha gratidão aos meus pais Talma e Vera, minha esposa Michelle e meus filhos Matheus e Lucas por estarem sempre ao meu lado nessa jornada de busca constante por crescimento e evolução.

Aos meus colegas da ABSC, que um a um com sua contribuição possibilitaram que chegássemos na concepção e no desenvolvimento do maior *hub* de troca de conhecimentos relacionados a Centro de Serviços Compartilhados, viabilizando assim a materialização deste livro.

Laércio Ávila
Organizador e coautor da Jornada CSC

Neste livro a dedicatória fica para todas as pessoas que fizeram e fazem parte do meu time. A cada dúvida, questionamento, dificuldade, vontade, necessidade, a cada combate, embate, troca de opiniões e indignação por melhorar tudo ao seu redor, sempre me mantiveram apaixonado pelo que faço e incessantemente preocupado em sermos referência no que fazemos. Quando entramos de cabeça no mundo do compartilhamento e da capacidade de servir melhor, nunca mais somos os mesmos, a gente se torna mais exigente como profissional e muito mais nas necessidades pessoais. Passamos a analisar o mundo com a perspectiva de que tudo sempre pode ser melhor. E não podemos deixar de agradecer aos colegas organizadores que formam um time impressionante, que sejamos sempre assim!

Marcelo Pardi
Organizador e coautor da Jornada CSC

Agradeço à minha esposa Priscila Tangarife e ao meu filho Miguel Tangarife por todo o apoio e por terem participado ao meu lado desse momento importante na minha vida. Aos meus pais Ana Sheila e Miguel Angel Tangarife, pelo incentivo de sempre e pelos ensinamentos e virtudes transferidos ao longo da vida. Aos meus colegas da ABSC e a todos os nossos associados que acompanharam de perto essa jornada, ao Antonio Muniz por ter aceitado liderar comigo essa aventura e aos colegas da Eletrobras, seja incentivando ou participando deste lindo projeto conosco.

> *Sem sonhos, a vida não tem brilho. Sem metas, os sonhos não têm alicerces. Sem prioridades, os sonhos não se tornam reais. Sonhe, trace metas, estabeleça prioridades e corra riscos para executar seus sonhos. Melhor é errar por tentar do que errar por omitir. – Augusto Cury*

Timóteo Tangarife
Diretor Presidente da ABSC e Líder do time organizador e curadoria

Sobre os organizadores e coautores

Comitê organizador

Antonio Muniz – Palestrante, *podcaster*, professor, *Head* de Agilidade, *DevOps*, Produto e SRE. Como fundador e líder da Jornada Colaborativa, mobilizou milhares de coautores e novas lideranças para escrever dezenas de livros sobre tecnologia, desenvolvimento de software, agilidade, inovação e liderança. Já inspirou mais de 30 mil pessoas e times em cursos de MBA, *bootcamps*, videoaulas, *workshops*, consultorias e palestras em empresas líderes de mercado, como SulAmérica, Petrobras, Vivo, Itaú, Oi, Furnas, Eletrobras, DHL, Banco do Brasil, Ernst & Young, Finep, Sebrae, UOL, Pagseguro, Makro, Totvs, Jucesp, Ambev Tech e Dafiti. Sua formação tem uma base multidisciplinar em negócios, tecnologia e liderança, com mestrado em administração no Ibmec, MBA em telecomunicações na FGV, graduação em tecnologia na Unigranrio e certificações em agilidade, *Lean*, tecnologia, projetos, processos e serviços.

Cátia Pereira – Profissional com 27 anos de experiência na área financeira de grandes empresas nacionais e multinacionais, como TV Globo, Embratel e Ball Corporation à frente das áreas de planejamento financeiro, controladoria, tesouraria e *Global Business Service* (Centro de Serviços Compartilhados). Com formação em Economia, MBA em Engenharia Econômica, Controladoria e Finanças, Finanças Corporativas e Mestrado em Administração, nos últimos três anos esteve à frente do planejamento e da estruturação do GBS América do Sul da Ball, com um modelo pautado na transformação e automação de processos. Nos últimos três meses assumiu como Diretora Financeira das operações do Chile, Argentina e Paraguai. À frente da ABSC na Diretoria Comercial e de Parcerias, dedica-se a ações de fortalecimento do mercado de Centro de Serviços Compartilhados no Brasil.

Eden Brazil da **Paz** Junior – Empreendedor, empresário, consultor, conselheiro e ex--executivo, graduado em Administração de Empresas (IMES), com pós-graduação em Recursos Humanos (FAAP), MBA em Gestão Financeira, Controladoria e Auditoria

340 Jornada CSC

(FGV) e MBA Executivo Internacional (Gerdau/INSPER), *Master* em Governança & Nova (Gonew). Experiência profissional diversa, tendo iniciado a carreira na área de Recursos Humanos, posteriormente migrando para a área de Serviços (CSC) e projetos, atividades essas desenvolvidas em empresas como Whirlpool, Scania, Cofap, Accenture, Camargo Corrêa, Syngenta e Gerdau. Posteriormente, inquieto e buscando novos desafios, decidiu empreender, participando de algumas iniciativas, dentre elas a criação da ConsulPaz, consultoria de gestão e serviços empresariais, da qual atualmente é CEO e onde desenvolve projetos de CSC, processos e gestão de mudanças junto a clientes como Randon, Midea Carrier, DSM, AESC, Fleury, Ailos, SLC, Usaflex, PetroRio, dentre tantos outros. Também é fundador, ex-vice-presidente, ex-presidente e atualmente conselheiro da ABSC.

Laércio Ávila – Administrador de Empresas pela PUC Goiás, Pós-MBA em Inteligência Empresarial pela FGV, pós-graduado em Negócios e Marketing pela Faculdade Ávila, especialista em transformação digital e organizacional, inovação corporativa, gestão estratégica, gestão por processo, governança para nova economia, mentor de *startups*, ex-sócio da Oficina Gestão e Resultado, professor de pós-graduação e membro do Conselho de Administração Consulpaz, Meliva e Maxtool. No momento atua como *Transformation Lead* e já ocupou posições de Diretor de Estratégia e Inovação, Diretor de Graduação e Pós-Graduação, Gerente de Estratégia e Processos. Ex-presidente do Grupo Coopera e do Conselho ABSC.

Marcelo Pardi – Especialista pós-graduado em Administração de CSC, gestão de pessoas e em marketing de serviços, com formação superior em Tecnologia da Informação. Certificado pela *Scaled Agile* em SAFe® 4 *Agilist* e *Product Owner/Product Manager*. Diretor do CSC da Cogna Educação e Conselheiro da Associação Brasileira de Serviços Compartilhados, recebeu prêmios de executivo do ano em CSC e de melhor CSC do ano pela ABSC. Como Embaixador da Inovação, recebeu o prêmio de Ninja Corporate, que é um reconhecimento do Cubo Itaú pela implantação de inovações com uso das soluções oferecidas por *startups*. É palestrante em implantação, desenvolvimento e performance de CSC, sendo um apaixonado por transformar as áreas e os processos por meio de uso da tecnologia e de times engajados com o propósito.

Timóteo Moreira **Tangarife** – Graduado em Desenho Industrial pela UFRJ, com Mestrado pela PUC-RJ, MBA Executivo pela COPPEAD/UFRJ, APG Avançado pela Amana-Key e Administração de Negócios pela UEXP. Mais de 20 anos de experiência no setor elétrico atuando nas áreas de Tecnologia da Informação e Centro de Serviços Compartilhados. Atualmente é Superintendente do CSC da Eletrobras, desempenhando atividades globais de forma estratégica com objetivos de redução de custos, criação de valor e otimização, com forte conhecimento nas áreas de tecnologia da informação, gestão de serviços, inovação e governança. É Diretor Presidente da Associação Brasileira de Serviços Compartilhados (ABSC) no mandato 2021-2022 e atuou como Diretor Vice-Presidente Comercial e de Parcerias no mandato 2019-2020. É palestrante representando a Eletrobras em diversos eventos no Brasil e no exterior (EUA, Holanda, México, Costa Rica e Colômbia), com publicação de diversos artigos científicos.

Coautores

Ana Cláudia Rodrigues – Graduada em Matemática com pós em Análise de Sistemas, MBA em Gerenciamento de Projetos e MBA em Gestão de Negócios com Ênfase no Setor Elétrico, além de especialização em Desenvolvimento de Grupos, que é uma formação focada no aprimoramento do autoconhecimento, das competências emocionais e das relações interpessoais, intervindo em processos de mudança organizacional. Atua na área de TI há mais de 20 anos em empresas nacionais e multinacionais, como a Nestlé, onde foi Gerente de Tecnologia. Atua no momento como mentora de negócios no InovAtiva Brasil e na ABMEN – Associação Brasileira de Mentores de Negócio. Trabalha também em FURNAS Centrais Elétricas, onde ingressou em 2005. Já atuou na Governança de TI como Assistente da Superintendência de Tecnologia e foi gerente das áreas de Desenvolvimento de Sistemas Administrativos, Qualidade de Software, Análise de Soluções de Negócio e *Business Intelligence*. Hoje está à frente do departamento de Transformação Digital.

Anfrísio Souza – Graduado em Administração e Engenharia Elétrica pela UFU (Universidade Federal de Uberlândia) e MBA em Gestão Empresarial pela FGV. Está há 15 anos na Nestlé, na organização global de serviços compartilhados. Atualmente é o Diretor Executivo do Centro de Serviços Compartilhados para a América Latina, que atende a 20 países, através de uma operação com 1.100 colaboradores (800 em Ribeirão Preto e 300 em Assunção, Paraguai), com um escopo multifuncional (*Hire to Retire, Source to Pay, Order to Cash, Record to Report, Integrated Marketing Services, Master Data Management* e *Data Operations*). Anteriormente foi o responsável global pela transição de serviços para todos os centros de serviços da Nestlé, com base na Ucrânia. Antes disso, foi o responsável pela Gestão de Relacionamento com os Negócios e Transição de Serviços no centro de serviços da Nestlé para a Ásia, Oceania e África, situado nas Filipinas. Antes da Nestlé, trabalhou no grupo Algar por 7 anos, no negócio de *Business Process Outsourcing*, como gerente de Tecnologia da Informação e Desenvolvimento de Novos Negócios. Atualmente é conselheiro da

ABSC (Associação Brasileira de Serviços Compartilhados), onde atuou como Diretor Vice-Presidente de Pesquisa e Mercado no biênio 2019 e 2020. Foi premiado entre os três executivos do ano da ABSC em 2017 e o 2018, e o Centro de Serviços da Nestlé recebeu em 2020 e 2018 o prêmio de melhor CSC.

Breno Rabelo de França e Silva – Graduado em Administração de Empresas pela ESAMC-MG, com especialização em Estatística. Mestrado pela UFU-MG, MBA em Gestão Estratégica de Pessoas pela FGV e *Xponential Business Administration* pela StartSe University. Mais de 15 anos de experiência em *Outsourcing* e Centro de Serviços Compartilhados. Atualmente é Gerente de Serviços no CSC do Grupo Ultra. Pelo caminho, apoiou a estruturação de três CSCs e a condução de programas de transformação com objetivo de eficiência de custos e reestruturação de negócios e áreas. Possui conhecimentos das áreas de governança, relacionamento com o cliente, melhoria contínua, projetos, gestão orçamentária e gestão de pessoas. Empreendeu por um período e sabe o quão é importante, além de entregar resultados com consistência, criar condições para a formação contínua do time. Propósito pessoal: "ajudar pessoas a se desenvolver e alcançar seus sonhos".

Bruno Leonardo – CEO da Witseed. Engenheiro de Produção com Mestrado em Gestão e Inovação pela UFRJ. Empreendedor serial, com foco em educação. Possui mais de 15 anos de experiência no mercado de educação executiva, tendo fundado quatro empresas, onde já desenvolveu modelos educacionais para mais de 60 mil alunos. Atua no meio acadêmico também, onde já foi Coordenador do Programa de MBA do Coppead/UFRJ e é atualmente professor da FGV. No ecossistema empreendedor, foi Diretor do Founder Institute para o Rio de Janeiro.

Camila Rocha – Graduada em Engenharia Química pela UNISANTA e com Pós--Graduação em Engenharia de Produção pela mesma universidade. Experiência de mais de 10 anos na área de processos e projetos, em segmentos tais como indústria, logística, varejo e, mais recentemente, educação. Início da atuação na multinacional Saint-Gobain Glass, seguida pelo Grupo Libra, operador portuário e de logística, chegando ao varejo no Grupo Drogarias Pacheco e São Paulo e na Vivara, onde também gerenciou a área de atendimento ao cliente. Possui as certificações *Black Belt* e *Scrum Master*. Atualmente ocupa a posição de Gerente de Excelência e Melhoria de Processos no CSC da Cogna Educação.

Claudia Sakakibara – Formada em Administração de Empresas e com MBA em Gestão Corporativa pela FGV, possui certificações em Gestão de Mudanças pela Prosci e PSC 'Professional Scrum Master I' pela Scrum.org. Desde 2007 atua em projetos de Centro de Serviços Compartilhados em empresas de grande porte, como FEMSA Coca-Cola e Heineken. Atualmente é Consultora e Gerente de Projetos em processos de *backoffice* e Centro de Serviços Compartilhados no IEG (Instituto de Engenharia de Gestão).

Cláudio Campos – Formado em Ciências Contábeis, com pós-graduação em Controladoria e MBA em Gestão Empresarial pela FGV e UCI – *University of California Irvine*. Possui quase 15 anos de experiência no mundo dos CSCs, liderando anteriormente os CSCs da Pepsico, Marfrig e AccorHotels. Participação ativa como palestrante convidado dos principais fóruns sobre CSCs no Brasil, na América Latina e nos Estados Unidos. Eleito o terceiro melhor líder de CSC em 2016 pela Associação Brasileira de Serviços Compartilhados. Atualmente é Diretor de Projetos e Consultoria no IEG (Instituto de Engenharia de Gestão).

Cristina Hamada – Graduada em Comércio Exterior pelo Centro Universitário do Norte Paulista (UNORP), MBA em Gestão Empresarial pela FGV *Management* e MBA em Gestão de Serviços Compartilhados pelo SENAI-SC. Possui 17 anos de experiência profissional em empresa de grande porte do varejo automotivo e de serviços financeiros (Rodobens), atuando nas áreas comercial, administrativa, planejamento estratégico e em projetos para implantação do Centro de Serviços Compartilhados (CSC), sistema SAP, sistema ADP Expert e sistema SISDIA. Prêmio Destaque 2011 com a implantação do Acordo de Nível de Serviço (ANS). Experiência gerencial na área de gestão e planejamento de um CSC. Há mais de cinco anos com parceria em consultorias empresariais e atuação em projetos, há três anos é consultora associada na ConsulPaz, desenvolvendo projetos de CSC e processos em clientes como Grupo Fleury, Ailos, COFCO e Sistema Sebrae.

Danielle Araújo – Graduada em Tecnologia, com pós-graduação em *Business Intelligence* pela Instituição Fiap e Gestão de Projetos e Processos Organizacionais pela Instituição Centro Paula Souza. Experiência em consultoria de tecnologia, implementando melhorias em infraestrutura e sistemas. Gestão de pessoas, equipes focadas na escuta ativa, alinhadas a soluções de tecnologia e melhoria de processos que atendam ao sucesso do cliente e que façam sentido para o negócio, para os clientes internos/externos e para as equipes envolvidas. Atualmente no terceiro setor, trabalhando por um lindo propósito, onde potencializa o objetivo de entregas com qualidade, eficiência, experiência do cliente e ambiente colaborativo como Gerente Executiva do Centro de Serviços da Liga Solidária.

Dione Nunes – De Belo Jardim, pernambucana, com formação em matemática, pós-graduada em contabilidade, controladoria, empreendedorismo, com especialização

344 Jornada CSC

em finanças, gestão de pessoas, negócios, processos e serviços compartilhados. Possui 22 anos de experiência na área financeira e no desenvolvimento de equipes com foco em resultados e no cliente. Atualmente é Gerente Financeira e de Pessoas no CSC do Grupo Moura e Vice-presidente do Grupo Inova formado pelo IEG (Instituto de Engenharia e Gestão).

Edna Rocha – Executiva de Recursos Humanos, graduada em psicologia, com MBA em Gestão Estratégica de Pessoas e Gestão de Projetos pela FGV e também MBA em Gestão do Comportamento Humano pela UNIFESP. Atua há mais de 20 anos em empresas nacionais e multinacionais com a implantação de RH estratégico, gestão de cultura e clima, desenvolvimento de lideranças, implantação de CSC e, atualmente, em transformação digital e inovação.

Eduarda Espindola – Engenheira de Produção pela UFJF (Universidade Federal de Juiz de Fora) e Mestre em Ciência de Dados pela UC Berkeley. Apaixonada por tecnologia, é cofundadora da Fhinck e *Head* de *Data Science*, liderando o desenvolvimento de diversas funcionalidades e melhorias voltadas para o mercado de CSC.

Eloisa Ribeiro Moro – Graduada em Psicologia pela USF (Universidade São Francisco) e Especialista em Gestão Estratégia de Pessoas pelo Instituto Politécnico. MBA em Liderança de *Coaching* pela Uniderp. Formada em *coaching* pelo ICI (*Integrated Coaching Institute*). Experiência de mais de 15 anos em gestão de recursos humanos e em serviços e operações de RH no segmento da educação. Atualmente ocupa a posição de Gerente de Serviços de RH no CSC da Cogna, atendendo e executando serviços para mais de 150 unidades do grupo Cogna Educação.

Emerson Iten – Formado em Sistemas da Informação pela FURB e em Gestão de Cooperativas de Crédito e Gestão de Tecnologia da Informação pela Unisul. Possui MBA executivo em Liderança e Gestão pela Franklin Covey e Gestão Organizacional de Liderança pela Fundação Dom Cabral (MG). Atuou por mais de 17 anos no sistema cooperativo, diretamente ligado a diversas cooperativas singulares e centrais. Coordenou um dos maiores grupos nacionais de serviços compartilhados. Foi membro do Comitê de Governança Corporativa do Sicoob e do conselho da Plug and Play Brasil. Atuou como diretor de serviços compartilhados e de TI do Sicoob Central Unicoob e como gerente de TI no Sicoob Blucredi. Coordenou a migração de sistemas na Ambev e gerenciou administrativamente o Sicoob Credicor. Atualmente é o CEO da GovernarTI – empresa da qual é sócio fundador – e vice-presidente de finanças da Associação Brasileira de Serviços Compartilhados.

Felipe Sessin e Silva – *Head* do CSC do Sicredi, é formado em Administração de Empresas, com MBA em Gestão Empresarial pela FGV e *Executive MBA* pela *Business School* e *Boston College*. Atuando por mais de 22 anos em sistema cooperativo, e sendo um apaixonado pelos temas de eficiência, *Lean*, melhoria contínua e inteligência artificial, possui ampla experiência na gestão de CSCs, sendo um dos responsáveis pela implantação do CSC do Sicredi, onde inclusive iniciou a jornada de implantação de inteligência artificial. Além dessa experiência, atuou como Diretor Vice-Presidente de Finanças da Associação Brasileira de Serviços Compartilhados na gestão 2019/2020.

Flavio Couto da Silva – Graduado em Engenharia da Computação pela Universidade Positivo, com especialização em Teleinformática e Redes de Computadores pela UTFPR e pós-graduação em Gestão de TI na Universidade Santa Cruz. Atuou por mais de 10 anos na área de Tecnologia da Informação como analista e líder de *service desk*. Hoje atua como coordenador de relacionamento e gestão do CSC do Sistema Fiep. Participou do projeto de implantação do Centro de Serviços Compartilhados, do sistema de gerenciamento de chamados, além de gerir a central de atendimento ao cliente, área de melhoria contínua, indicadores e governança do setor.

Flávio Feltrin – *Head* CSC Algar, Presidente do Conselho da ABSC (2021-2022) e mentor de executivos. Conselheiro formado pela Fundação Dom Cabral (FDC), Especialista em Governança de Empresas Familiares (IBGC), Master em Governança na Nova Economia (*GoNew*) e Conselheiro de Inovação Certificado (*GoNew*). Formação em Tecnologia, Administração (MBA) e Gestão de Projetos (MBA) (*Ohio University*). Apaixonado por temas como gestão de mudanças, cultura, liderança, desenvolvimento organizacional e pensamento sistêmico, é coautor do livro "Liderança Sistêmica" (2019). Possui mais de 20 anos de experiência em Serviços Compartilhados e BPO.

Giovana Zanirato – Graduada em Ciências Contábeis pela FEA/USP e Direito pela Uniseb, com MBA em Controladoria e Finanças (FGV) e *Strategic Business Management* (Harvard). Em seus mais de 17 anos atuando nas áreas FP&A e Centro de Serviços Compartilhados, passou por grandes empresas de relevância nacional e internacional e hoje atua como Diretora de Serviços/CSC no segmento educacional implantando projetos relacionados com transformação digital, atendimento ao cliente e meios de pagamento. Tem interesse em projetos e temas relacionados com o modelo e a evolução dos CSCs em âmbito global para troca e aprendizagem contínua.

Haroldo Sato – Conselheiro de empresas, Consultor e *Chief Editor* do Rhadar Digital (associado parceiro da ABSC), *hub* de transformação digital em Madri, na Espanha. É especialista em transformação digital pela *Berkeley Haas School of Business* na

346 Jornada CSC

Califórnia (EUA). Formado em Administração pela PUC com mestrado em *Business Communication* pela *University of Florida*. É membro do comitê Global "VR for Good" da AR/VR *Association*. Foi palestrante nos últimos dois *VR/AR Global Summit* falando sobre: *Artificial Intelligence Ethics in XR Industry e How Digitalization, Environmental Sustainability, and Inequality reduction can be improved by Immersive Technologies*.

Jorge Ahicart Perlas – Executivo nascido em Montevidéu, Uruguai. Possui 20 anos de experiência em consultoria de melhoria de processos, produtividade e qualidade nos setores industriais e de serviços, em empresas nacionais e multinacionais da Espanha, Argentina e Brasil. Atuou durante 14 anos como responsável por grandes operações no mercado de *service desk*.

Lara Pessanha – Sócia do IEG. Graduada em Engenharia de Produção pela UENF (Universidade Estadual do Norte Fluminense) e pós-graduada no MBA de Gestão Empresarial da UFRJ (Universidade Federal do Rio de Janeiro). Em mais de 10 anos de experiência profissional, liderou e atuou em diversos projetos de consultoria e inteligência de mercado, como *benchmarking* de competências, *benchmarking* em Centros de Serviços Compartilhados, pesquisas de satisfação, *market vision*, pesquisas de infraestrutura, estudos sobre perfil de liderança, diagnóstico social e educacional, dentre outros. Além disso, atua na coordenação de eventos, treinamentos e grupos de discussão sobre CSCs do Brasil.

Leandro De Santi – Administrador especializado em Logística e Produtividade pela Universidade de São Paulo (USP); Finanças pelo IBMEC; Controladoria e Auditoria pela Fundação Getúlio Vargas (FGV); Compras Estratégicas pela Coppead; e Marketing pela Universidade de Berkeley, na Califórnia (EUA). Possui experiência de mais de 20 anos na gestão de grandes empresas de diferentes setores, como *oil & gas*, saúde, logística e mineração. Possui vivência prática na implantação e consolidação de Centros de Serviços Compartilhados, automação, transformação digital e desenvolvimento de *startups* para constante busca de inovações.

Luis Alberto Leal – Graduado em Ciências Econômicas pela PUC de Campinas, MBA em Finanças, Controladoria e Auditoria pela FGV e Programa *C-Level* pela FGV. Mais de 15 anos de experiência nas áreas de auditoria interna, finanças e controladoria, com passagem por empresas como PwC, EMS, ACS e NSC. Atualmente é Diretor do Centro de Serviços do Grupo NC com um CSC que atende a empresas dos setores farmacêutico, comunicações, incorporação e energia. Está sempre muito envolvido com novas tecnologias que possam gerar eficiência e redução de custos para o centro.

Luiz Augusto – É Bacharel em Matemática pela Universidade Federal do Rio de Janeiro (UFRJ) e Mestre em Administração de Empresas pela Pontifícia Universidade Católica (PUC-Rio). Atualmente é o Diretor de Gestão e Sustentabilidade da Eletrobras. Atua também como professor da Fundação Getúlio Vargas (RJ).

Max Carneiro – Profissional orientado para resultados e performance, com 20 anos de experiência gerenciando projetos globais na área de operações (BPO e Centro de Serviços Compartilhados), desenvolvimento e execução de estratégias para crescimento de negócios nas Américas, com foco no sucesso do cliente em modelos de negócio globais e locais. Atualmente é profissional da TCS (Tata Consulting) e ocupa a posição de Diretor Vice-Presidente de Pesquisa de Mercado da ABSC na gestão 2021-2022.

Newton Akira Fukumitsu – Bacharel em Ciências Contábeis pela Faculdade de Ciências Econômicas de São Paulo (FACESP), com pós- graduação em Controladoria e Auditoria pela Universidade Ibirapuera (UNIB), MBA Executivo em Finanças Corporativas (IBMEC/SP), MBA Executivo em Gestão Corporativa do Negócio de Energia pela ESPM e MBA em Gestão de Centro de Serviços Compartilhados pelo SENAI/SC. Atualmente é Diretor do Centro de Serviços Compartilhados na Arteris SA e membro suplente do Conselho Fiscal da AES Brasil. Nos últimos anos, responsável por projeto de implementação de ferramentas de ERP/SAP e estruturação e implantação de Centro de Serviços Compartilhados, sempre focado em melhoria contínua, ganho de eficiência e formação de equipe de alta performance na operação do CSC.

Paulo Castello – Executivo com mais de vinte anos de experiência, possui duplo mestrado em negócios pela Georgetown University em Washington e a Esade Business School em Barcelona. Já liderou áreas de TI, marketing, novos negócios, processos e Centros de Serviços Compartilhados em grandes multinacionais líderes em seus mercados em diversas indústrias, tais como: tecnologia, aviação, construção civil, alimentos e logística. É professor nos MBAs da FIA e IEG, mentor em programas de aceleração da Google em inteligência artificial, cofundador da ABRIA (Associação Brasileira de Inteligência Artificial) e CEO e cofundador da *startup* Fhinck, que é destaque no mercado de softwares empresariais, eleita melhor tecnologia para CSCs pela ABSC por dois anos consecutivos e melhor tecnologia de produtividade para grandes empresas pela *100 open startups*. A Fhinck é um software que ajuda as empresas a aumentar a eficiência operacional usando ciência de dados para identificar oportunidades para melhorar as equipes (*people analytics*), os processos (*process analytics*) e os sistemas (*platform analytics*), com clientes em mais de 15 países tais como Accenture, DHL, Natura, Cogna, Deloitte, TOTVS, Grupo NC, Solar Coca-Cola, Santander, Banco BV, entre outras gigantes multinacionais.

348 Jornada CSC

Paulo de Tarso França – Executivo de Produtividade e Qualidade do CSC Eletrobras, graduado em Tecnologia da Informação, MBA em Análise, Projeto e Gerência de Sistemas pela PUC-RJ, MBA em Gestão do Projetos pela FGV-RJ, MBA Executivo pela COPPEAD/UFRJ e MBA de Gerência Estratégica de Serviços pela FGV-RJ. Atua há mais de 30 anos em empresas nacionais e multinacionais, privadas e públicas, nas áreas de gestão e desenvolvimento de software, gestão de *facilities* e, em último grande desafio, PMO do projeto de implantação do CSC das empresas Eletrobras.

Rafael Scarparo – Graduado em Engenharia de Produção pela FACAMP. Experiência de mais de oito anos na área de processos e projetos, em segmentos tais como indústria, saúde e mais recentemente educação. Iniciou a atuação na Ambev, atuante em escala Global (ABInbev) nos CSCs da América Latina com projetos de criação de escritórios de projetos, centralizações e melhoria de atendimento, seguido pelo Hospital Albert Einstein, com foco em redução de riscos, custos e aumento de capacidade nas áreas de pronto atendimento e administrativas dos centros de saúde, e também lecionando Melhoria Contínua na Pós-Gradução da corporação. Possui certificação *Black Belt* pelo Hospital Albert Einstein e especialização *Lean Office* pela academia ABinbev. Atualmente ocupa a posição de coordenador de Excelência e Melhoria de Processos no CSC da Cogna Educação.

Regine Venturi – Engenheira Eletricista com mestrado em engenharia aeronáutica pelo ITA, MBA em Gestão Empresarial pela EBS e Gestão Financeira pela Mackenzie. Tem atuado desde 2013 como gerente de diversas áreas (obras de expansão de rede, frota, suprimentos) e em 2019 coordenou a implantação do CSC da Copel, onde atua até o momento. Fluente em inglês e com alemão avançado, dedica-se a contribuir para o desenvolvimento de um setor público mais eficiente.

Romeu Amaral – Advogado e sócio do Amaral Lewandowski Advogados. Doutor e Mestre em Direito Comercial pela Faculdade de Direito da USP. Mestrado (LLM) pela *Northwestern University*. Especialização em Gestão Empresarial pela Unicamp.

Roy A. Mena Solano – Diretor de Assuntos Corporativos da empresa SYKES na Costa Rica e presidente da CamSCAT. Possui 25 anos de experiência na indústria de serviços corporativos e atuou nas posições de analista de sistemas, consultor, engenheiro de produto na indústria de semicondutores e gerenciamento de operações (BPO). Trabalhou direta ou indiretamente para multinacionais como Acer Technologies, Schlumberger, Intel, Microsoft, AT&T, Asurion, Metlife, P&G e Bank of America. Roy tem estudos em Ciência da Computação e Informática, bem como inglês como segunda língua na Escola de Línguas Modernas, ambas na Universidade da Costa Rica. Também se aventurou nas áreas de ciência política, administração, marketing digital, comunicação e gerenciamento de projetos. Participa ativamente de sindicatos e entidades não governamentais como: Câmara de Serviços Corporativos de Alta Tecnologia (CamSCAT), AmCham, Associação de Zonas Francas (Azofras), Consórcio de Exportação de Serviços de Portão Central e Conselho de Promoção da Competitividade (CPC). Desde a sua função na SYKES, é o porta-voz da empresa e responsável pelas relações corporativas, apoia o trabalho de desenvolvimento de negócios e é gestor de múltiplas alianças público-privadas com entidades do Governo Central, bem como autônomas, a favor do desenvolvimento de competências para a sustentabilidade empresarial e mobilidade social, fortalecendo o setor de serviços e sua competitividade no país.

Santiago Pinzón Galán – Advogado da Pontificia Universidad Javeriana, bolsista da OEA e LASPAU, com Mestrado em Administração Pública pela American University de Washington, DC. Foi consultor do BID e da FAO e também trabalhou para organizações não governamentais como o Instituto Internacional de Propriedade Intelectual, o Instituto Republicano Internacional e a Fundação Heritage. Ele atuou como Diretor de Competitividade e Produtividade no Ministério do Comércio, Indústria e Turismo. Atualmente é Diretor Executivo da Câmara de Indústria e Serviços Digitais da Associação Nacional de Empresários da Colômbia (ANDI), à qual pertencem empresas nacionais e internacionais. Desde maio de 2016, também foi nomeado Vice-Presidente de Transformação Digital da Associação, com o objetivo principal de promover a agenda digital para que a Colômbia e seus empresários sejam digitais.

Taís Nascimento – Sócia do IEG. Graduada em Engenharia de Produção pela UFRJ (Universidade Federal do Rio de Janeiro), com MBA em Gestão Estratégica de Pessoas pela UFRJ. Liderou e atuou em diversos projetos de consultoria e inteligência de mercado, como *benchmarking* em CSC, estudos sobre perfil de profissionais, pesquisas de satisfação, estudos sobre o mercado de educação, diagnóstico social e educacional, dentre outros. Além disso, atua na coordenação de eventos, treinamentos e grupos de discussão sobre CSCs do Brasil. Atualmente lidera o *High Potential Program – Shared Services*, primeiro programa de formação de talentos de CSC do mercado brasileiro.

Tiago Amor – É sócio da Lecom Tecnologia e investidor anjo (membro associado do BR Angels). Possui larga experiência em automação de processos em grandes companhias, como BMW, Honda, Melitta, Localiza, Bayer, Bradesco, entre outras. Mais de 150 clientes utilizam a plataforma Lecom para transformar os processos organizacionais. A Lecom também é a ferramenta utilizada por mais de 70% dos órgãos federais dentro do programa de transformação digital do Governo chamado GOV.BR (www.gov.br) com mais de 100 milhões de usuários, 600 serviços transformados em digitais em menos de dois anos e bilhões de economia ao cidadão e ao governo. Bacharel em Sistemas de Informação pela Unesp, algumas especializações em gestão (Unesp, FGV e Insper), algumas certificações (CBPP e PMP) e atualmente responsável por toda a área de vendas e alianças, como KPMG, Deloitte, Falconi, Microsoft. Maratonista, golfista, pai da Lorena e da Melina e do Pingo (*dog*).

Tiago Ferreira – Especialista em dados, com mais de sete anos de experiência no desenvolvimento de KPIs, *dashboards* e relatórios gerenciais para o Centro de Serviços Compartilhados da Cogna Educação. Graduado em Ciência da Computação, pós-graduado em Análise e Gerência de Sistemas, concluindo pós-graduação em *analytics*, *big data* e *data science*, e possui certificação *Green Belt*. Um dos vencedores do prêmio Jovem Profissional em 2018, organizado pela ABSC.

Tiago Póvoa – Pós-graduado em Administração de empresas pela FGV-SP, atua há mais de 20 anos na área de relacionamento com clientes, nos segmentos de *telecom*, financeiro, automotivo, agronegócio e educação. Há 10 anos atua em Centros de Serviços Compartilhados, participando de projetos de implementação, migração e unificação de CSCs da América do Sul.

Vanessa Saavedra – Fundadora e sócia atual do IEG e da Witseed. Como Diretora do IEG, já trabalhou com mais de 200 grandes empresas do país em soluções de ensino, pesquisa e consultoria. Na área de inteligência de mercado, liderou e atuou em diversos estudos e pesquisas de mercado nos mais variados setores da economia, além da condução de *benchmarking* nas áreas de CSC, logística, compras/suprimentos, processos e gestão empresarial. Também consolidou forte experiência em estudos sobre perfil de profissionais, pesquisas de satisfação e diagnóstico social e educacional. É responsável pelos principais eventos de CSC do país desde 2013 e na área de consultoria atuou em muitos projetos de planejamento estratégico de operações e *Business Case* em vários segmentos. Fundadora e Conselheira atual da ABSC. Autora do livro "Centro de Serviços Compartilhados: melhores práticas" (2014).

Vitor Paulo Moreira Correia – Graduado em informática pela PUC-RJ, possui quatro pós-graduações, incluindo MBA em Gerência de Projetos pela FGV-RJ e MBA em Governança de TI pela FGV-RJ. É certificado como profissional PMP há 10 anos e atua na área de TI há mais de 25 anos, com passagens por empresas nacionais e multinacionais em funções técnicas e de gestão, como análise de negócios, análise de processos e gestão de projetos de tecnologia, principalmente nos ramos da indústria e de seguros. Está há 11 anos na Eletrobras *Holding*, onde atualmente ocupa a função de Gerente do Departamento de Transformação Digital.

William de Miranda Barreto – Especialista em gestão de mudanças, atuou em diversos projetos de melhoria de processos na Eletrobras e mais recentemente na Coordenação Global do Centro de Serviços Compartilhados da empresa. Formado em Administração e mestre em Bens Culturais da FGV-RJ, foi gerente da área de educação corporativa da Eletrobras e um dos responsáveis pela criação da Universidade Corporativa da Eletrobras – UNISE.

Anexo I. Material complementar

Confira todos os *cases* e complementos do livro no seguinte endereço:
<https://abscweb.com/livrojornadacsc/complementos>

Compre já os outros livros da Jornada Colaborativa e complete sua coleção!

Jornada DevOps 2ª edição

Jornada Ágil e Digital

Jornada Ágil de Qualidade

Jornada Saudável

Jornada Ágil do Produto

Jornada Ágil de Liderança

Jornada do Ágil Escalado

Jornada Business Agility

Jornada Kanban na prática

Jornada Java

Jornada Colaborativa

Jornada RH Ágil

À venda em: www.brasport.com.br

Este livro foi impresso nas oficinas gráficas da Editora Vozes Ltda.,
Rua Frei Luís, 100 – Petrópolis, RJ.